河南省高等学校哲学社会科学研究"三重"重大项目"中原水文化资源开发利用及其数据库建设"（2014SZZD24）

中原水文化资源
开发利用与数据库建设

朱海风　史鸿文　等著

中国社会科学出版社

图书在版编目（CIP）数据

中原水文化资源开发利用与数据库建设/朱海风等著 . —北京：中国社会科学出版社，2017.3
ISBN 978 - 7 - 5161 - 9154 - 5

Ⅰ. ①中… Ⅱ. ①朱… Ⅲ. ①水—文化—资源开发—研究—河南 Ⅳ. ①K928.4

中国版本图书馆 CIP 数据核字（2016）第 261081 号

出 版 人	赵剑英
责任编辑	刘晓红
责任校对	王纪慧
责任印制	戴　宽

出　　版	中国社会科学出版社
社　　址	北京鼓楼西大街甲 158 号
邮　　编	100720
网　　址	http://www.csspw.cn
发 行 部	010 - 84083685
门 市 部	010 - 84029450
经　　销	新华书店及其他书店

印　　刷	北京明恒达印务有限公司
装　　订	廊坊市广阳区广增装订厂
版　　次	2017 年 3 月第 1 版
印　　次	2017 年 3 月第 1 次印刷

开　　本	710×1000　1/16
印　　张	15.75
插　　页	2
字　　数	252 千字
定　　价	76.00 元

目　　录

绪　论

习近平总书记指出，文明是多彩的，各种文明都具有独特价值。人类自步入文明时代开始，不同的文化土壤就培育出五彩绚丽的文明之花。每一种文明都有其独特意蕴，每一种文明形态都有其存在价值。中国古代的农耕文明孕育了璀璨的华夏文化，铸就了中华民族团结统一、爱好和平、勤劳勇敢、自强不息的民族精神。弘扬中华文化，是一个宏大课题，也是一项系统工程，必须打好基础，扎扎实实地摸清中华文化资源的"存量"。"不知有汉，无论魏晋。"如今时代，弘扬中华文化，焉能以"存量"之昏昏，使人于"增量"而昭昭？中华文化源远流长，博大精深，履行弘扬中华文化之责任，承续弘扬中华文化之使命，势必要坚持存量与增量的辩证统一，实现传承与创新的有机结合。当代人应懂得"观今宜鉴古，无古不成今"的道理，更应该把继承优秀传统文化，坚守中华民族的文明底蕴的责任担在肩上，更应该按照习近平总书记要求的那样，"把跨越时空、超越国度、富有永恒魅力、具有当代价值的文化精神弘扬起来，让收藏在博物馆里的文物、陈列在广阔大地上的遗产、书写在古籍里的文字都活起来"。让我们怀着对中华民族传统文化的崇拜和敬畏之心，在永续传承中与时俱进，在吐故纳新中永葆中华文化的生命活力，在创新中华文明的内涵要素和表现形式过程中，实现社会主义核心价值观的光辉普照。

中原水文化资源开发利用与数据库建设，其主旨也正是为此、如此。

第一节 中原水文化资源开发利用与数据库建设课题解析

研究任何课题或命题，必须开宗明义，从明确其基本概念及范畴入手。研究中原水文化资源开发和保护，当然也不例外。

一说"中原"。不难理解，中原首先是个地理概念。但是，真到具体划分和指谓时，却有所不同：其一是指"以河南省域为主体，延及周边地区之范围"的中原，如2012年11月国务院正式批复的《中原经济区规划》之谓，范围包括河南全省；山东西南部聊城、菏泽、泰安市东平县；安徽西北部亳州、淮北、阜阳、宿州、蚌埠、淮南市凤台县；河北南部邢台、邯郸和山西东南部运城、晋城、长治；共5省30市2县。中原经济区不仅地理位置重要，经济总量大，而且文化底蕴深厚；它不仅是国家重要的粮食生产和现代农业基地，全国工业化、城镇化和农业现代化协调发展示范区，还是全国重要的经济增长板块，全国区域协调发展的战略支点和重要的现代综合交通枢纽，同时也是华夏历史文明传承创新区。中原经济区在全国政治建设、经济建设、社会建设、文化建设和生态建设"五位一体"发展大局中具有重要战略地位。其二则是地理划分与行政区划的统一，即指河南全省。河南位于中国中东部、黄河中下游，因大部分地区位于黄河以南，故称河南。远古时期，黄河中下游地区河流纵横，森林茂密，野象众多，河南又被形象地描述为人牵象之地，这就是象形字"豫"的根源，也是河南简称"豫"的由来。《尚书·禹贡》将天下分为"九州"，豫州位居天下九州之中，现今河南大部分地区属九州中的豫州，故有"中原""中州"之称。按1998年河南省行政区划，河南省省辖郑州、开封、洛阳、平顶山、安阳、鹤壁、新乡、焦作、濮阳、许昌、漯河、三门峡、南阳、商丘、信阳等市和周口、驻马店地区，还有省管的济源市，计16个市和2个地区158个县（市、区）。河南是人口第一大省，2014年末总人口10662万人，常住人口9436万人。2014年全年粮食种植面积10209.83千公顷。

需要说明的是，在我国早期的一些典籍中，"中原"一词常常并不像我们今天理解的那样，是指特定的地理区域。如《诗经·小雅·吉日》云："瞻彼中原，其祁孔有。"这里的"中原"是指"原野之中"，而不指"中国中部"或黄河中下游。不过在汉代以前，黄河中下游地区，特别是河洛一带，长期处于中国政治、文化中心的位置。魏晋以后，"中原"一词主要是指黄河中下游地区。《辞源》中对"中原"一词的解释为："狭义的中原，指今河南一带。广义的中原，指黄河中下游地区或整个黄河流域。"《辞海》则称中原"谓中国也，别于边疆而言"，"古称河南及其附近之地为中原，至东晋南宋亦有统称黄河下游为中原者。"当代中原文化研究者则指出："中原是一个以河南为主体的相对区域概念，一是泛指的大概念，包括整个的黄河中下游地区；二是中概念，主要指黄河的中游地区，包括陕西、山西、安徽、湖北，甚至山东的一小部分；三是小概念，仅指河南省。"① 根据以上解释，结合中原文化的历史变迁，我们把中原水文化资源看作是产生于中原地区的区域水文化事象，它可以涵盖黄河中下游地区的各种水资源成果和形态，它是中原地区长期积淀的水精神文化、水物质文化和水制度文化的凝合体。② 本书所论"中原"主要是指河南省域，有时也涉及周边平原地域。应当说，这也是文化研究的一个特征。

二说"文化"。文化本身是一个非常宽泛的概念，也是一个难以精准定义的概念。据《文化学辞典》所论，当前学界对文化的解释和定义多达500余种。由于学界至今尚无可达成共识的定论，以至于弄清文化概念的内涵问题，"路漫漫其修远兮"，不少人仍在多方探索。本书当然也是如此。

文化一词在我国最早见于《周易·贲卦》，书中说"关乎天文，以察时变，观乎人文，以化成天下。"大意就是，人们可以通过观察关注天象变化，了解事物因时而变的轨迹；可以通过观察人类社会的各种现象，用教化的手段来治理天下。古人所说的文化包括文学艺术和礼仪风俗等上层建筑，也包括自身的行为表现和国家的各种制度。在更多的层面上，文化指的是精神文化系统或要素。

三说"水文化"。应当说，在当前的文化系统中，水文化还是一个

---

① 徐光春：《中原文化与中原崛起》，河南人民出版社2007年版。
② 贾文丰：《中原文化概论》，中州古籍出版社2010年版。

新兴的概念。从思维逻辑上看，水文化的概念是从文化的一般概念中引申出来的，因为文化概念的定义有不同的表述，水文化概念的定义相应地也有不同的表述。但目前国内学界比较倾向于对水文化做如下界定：广义的水文化是人类创造的与水有关的科学、人文等方面的精神与物质的文化成果的总和；狭义的水文化是指观念形态水文化，是人们对水事活动的一种理性思考或者说人们在水事活动中形成的一种社会意识，主要包括与水有密切关系的思想意识、价值观念、行业精神、行为准则、政策法规、规章制度、科学教育、文化艺术、新闻出版、媒体传播、体育卫生、组织机构等。上述基本共识，也为本书所采用。

从实质上看，水文化的提出与深化，并不是学术思维逻辑推演的结果，而是因应时代需求的一种必然。作为文化学科的组成部分，虽然它还是一个新的文化形态即出现于20世纪80年代以后，但作为一种特殊的文化现象，它有着与人类共生共存的历史。

四说"中原水文化"。水文化本身具有地域性，所谓中原水文化，一般是指人们在中原区域或河南地域上参与水事活动所创造的一切物质和精神财富的总和。毋庸置疑，中原水文化是中华水文化的重要组成部分，是整个中华民族的精神财富的重要组成部分。本书也是基于中原地域特色的中华优秀水文化的集合体的视角研究中原水文化资源保护与开发问题。

从学理上讲，中原水文化的内涵与水文化的内涵应当是一致的。水是生命之源，人类正是依靠水才得以生存、繁衍、发展，才创造了语言、文字、文化。就水文化形成和发展的过程而言，其鲜活的、旺盛的生命力主要来自它以水为载体和源泉，充分地体现了人类对水的能动作用和水对人类的制约要素。同样，具有地域特色的中原水文化，更多地体现了"一方水土养一方人"的精辟水文化情结，其概念涵盖了中华水文化的全部内容，包罗万象，宏大深邃。

无论从理论上还是实践上都不难证明，水文化的主体是水利文化。这是因为，正是水与人、水与社会各方面联系的活动，才形成了以人为主体、以水为载体的文化现象。离开了人水关系，离开了认识水、适应水和改造水的水利实践活动，水文化就成为无源之水、无本之木。水文化与水利文化是既有联系又有区别的两个概念。以除害兴利为主要内容的水利文化在水文化中居主体地位。将水利文化及其资源作为中原水文化及其资源主体或主要组成部分来理解是本书的建议之一。

五说"资源"。"资源"是指一国或一定地区内拥有的物力、财力、人力等物质要素的总称。人们习惯于将其分为自然资源和社会资源两大类。自然资源包括阳光、空气、水、土地、森林、草原、动物、矿藏等；社会资源包括人力资源、财力资源、智力资源、文化资源、信息资源、时间资源等。与自然资源相比，社会资源具有社会性、继承性、主导性、流动性、不均衡性等突出特点。

文化资源是人们从事文化生活和生产所必需的资料储备和必要前提。广义上的文化资源泛指人们从事一切与文化活动有关的生产和生活内容的总和，它以精神状态为主要存在形式；狭义上的文化资源是指对人们能够产生直接或间接经济利益的精神文化内容。文化资源的丰富程度和质量高低直接对当地文化经济的发展产生影响。

六说"中原水文化资源开发利用与数据库建设"。毛泽东早在《新民主主义论》中就曾指出："一定的文化是一定社会的政治和经济的反映，又给予伟大影响和作用于一定社会的政治和经济。"在社会主义现代化进程中，只有做到政治建设、经济建设、社会建设、生态建设与文化建设"五位一体"的共同发展，才能达到全面提高人民生活水平和综合国力的目的。因此，充分挖掘和开发利用文化资源，发挥各自优势，对于促成政治、经济、社会、生态与文化良性循环至关重要。

文化的教化、引领、凝聚、激励、审美五种功能是政治和经济社会生态协调发展的强大动力。"河南是中国的缩影"。当前，中原经济区正处在一个重要战略机遇期，推进政治建设、经济建设、社会建设、文化建设、生态文明建设，打造富强河南、文明河南、平安河南、美丽河南，"加快构建现代产业体系，建设先进制造业大省、高成长服务业大省、现代农业大省和网络经济大省"，形势喜人，形势逼人。且不说水利部《水文化建设规划纲要（2011—2020 年）》和《水文化建设2013—2015 年行动计划》对水文化资源开发利用都做了具体安排，更需要强调的是，《国务院关于支持河南省加快建设中原经济区的指导意见》《河南省建设中原经济区纲要》和《中原经济区规划（2012—2020年）》明确提出传承弘扬中原文化，提升建设中原历史文化旅游区，打造华夏历史文明传承创新区。在这样一个背景下，河南水文化建设可谓恰逢其时。

由此可见，加强中原水文化资源的开发以及对其数据库的建设，无疑是加强河南水文化建设的题中应有之义，不仅可以为当前河南省水文化建设和水治理实践提供有力支持，而且将对河南科学制定文化建设方略，强化水文化资源对实施河南发展战略的支撑作用产生深刻影响。这对于弘扬传承中华水文化、宣传普及基本国情水情、积极推动生态文明建设、实现华夏历史文明可持续发展具有十分重要的意义。

——从学术层面来说，加强中原水文化资源的开发以及对其数据库的建设，本意就是要从理论与实践的结合上努力构建一个中原水文化传承创新的可持续发展体系。因此，本课题将系统梳理中原水文化的发展历程以及水文化研究成果，探索水文化发展的内在规律，丰富完善中原水文化理论体系，提出中原水文化资源开发利用现状、机遇与挑战、目标与任务、资源与载体、政策与制度、传播与教育、交流与合作、产品与产业、规划与建设、组织与领导等策略，进一步收集整理中原水文化资源，建立中原水文化专题资源库、水文学专题资源库、水典故专题资源库、水文字专题资源库、水文化遗产专题资源库、水历史专题资源库、水文化交流与传播专题资源库，理清中原水文化发展总体思路，明确中原水文化发展方向，夯实中原水文化发展的实践基础。

——从实践层面来说，本课题为省委和省政府实施水文化发展战略提供理论依据。近几年，河南水文化面临前所未有的发展机遇。中央和水利部及河南省委、省政府对文化建设高度重视。加强水文化建设，有助于推进水利改革，为助推中原经济区建设提供精神动力和智力支持。即将出台的《河南省水文化建设规划纲要》实施意见，目的就是促进河南水生态文明建设水平明显提高，人水和谐的生产生活方式基本建立，资源节约型和环境友好型社会的理念深入人心，努力构建充满活力、富有效率、更加开放、有利于水文化发展的体制机制，并促进社会各方面对水的关注和保护，形成用水、管水、惜水、护水四位一体的发展体系，推动经济社会的可持续发展。作为水文化建设中最为重要且最为基础的一环，水文化资源开发和利用工作任重而道远。本课题与河南省实施建设文化强省战略，"进一步增强自豪感、责任感、荣誉感，着力打造华夏历史文明传承创新区，大力弘扬中原人文精神，树立和提升河南形象，把历史文化的精华积累转化为加快崛起的强大力量"可持续发展观相适应，对于加快中原经济区建设，实现"建小康富人民，兴河南强中原"的中原梦,具有一定的参考价值。

　　本书之所以致力于"中原水文化资源开发利用与数据库建设"工作,对中原水文化资源开发利用进行深入研究,就是希冀"中原水文化资源开发利用与数据库建设"的研究成果,能在"让中原更加出彩"的伟大实践中发挥其应有的积极作用。

第二节　中原水文化资源开发利用与数据库建设的研究现状

　　就目前我们掌握的资料来看,国内外学术界对水文化资源开发利用研究是很有限的,回顾此前研究的历史,与本研究相关的学术性论著与论文大致有三类:

一　水文化资源开发与利用相关研究

　　就全国范围来看,有关水文化资源开发与利用的研究已经开展,其研究主要是以某一地区为研究对象。例如,尉天骄的《略论江苏水旅游资源的开发——以泰州市为例》(2010)以江苏水文化资源在旅游开发中存在不均衡现象为切入点,分析介绍了泰州在合理规划和开发河、湖、湿地的旅游资源开发案例。付勇的《洪湖水文化资源开发研究》(2014)对洪湖水文化开发现状加以分析,对"蓝田模式""湘口模式"和"乌林模式"三种开发模式发展中的问题展开深入探究,并对洪湖水资源的开发进行了初步构想。吴芙蓉的《江苏水文化旅游资源开发初探》(2006)通过对江苏水文化旅游资源分析,认为江苏省文化旅游资源以水为胜,要实现江苏省文化旅游的可持续发展,关键是把握水文化核心,深挖水文化内涵,突出区域文化特色。王培君的《江苏水文化与沿海开发》(2010)对江苏淡水文化、咸水文化和海洋文化开发提出了建议。王丹和晁红侠在《京杭运河枣庄段水文化资源开发研究》(2014)中分析认为,京杭运河枣庄段水文化资源开发要做好水文化资源挖掘与研究、加强水文化产业规划、发展水文化产业新业态、做好水文化产业基础工作等。邱琴芬在《宁波水文化资源开发利用战略思考》(2013)一文中分析指出,宁波水文化资源必须围绕近期目标,突出重点,标本兼治,形成工作合力。潘长宏的《浅谈扬州水文化资源及开发利用》（2009）通过对扬州现有水文化旅游景观的分析，提出了利用现有水资源开发旅游线路，并给出了开发和弘扬扬州水文化的几点建议。俞强的《文化空间与文化资源转换——浙江绍兴水文化旅游发展刍议》（2009）对绍兴城市水文化资源进行了分析，重点研究了绍兴水文化如何在现代文化旅游产业中发挥作用的问题。贾兵强的《河南水文化遗产传承创新研究》（2013）从管理创新、决策创新和理念创新三个方面提出河南水文化遗产传承创新的策略。关于水文化资源的开发性研究成果对于今天我们更好地挖掘传统水文化遗产的文化价值，继承优良文化传统具有重要的意义。但这类研究成果，研究古代内容的多，研究现代问题的少，有的成果还停留在水文化资源资料的梳理层面。

二 中原水文化资源开发利用研究现状

河南省对于水文化的建设非常重视。为全面落实水利部《水文化建设规划纲要（2011—2020年）》的部署，河南水利厅专门成立了水文化建设调研组，分别对省内及兄弟省开展了实地调研。到目前为止，已经有一些关于河南水文化、中原水文化的文章发表，代表性论文有郭永平的《广博深厚 璀璨耀人——河南水文化的内容体系》（2013）对河南水文化进行了简单分类。王延荣等的《中原水文化建设的思考——水利改革与发展需要水文化大发展大繁荣的支撑》（2012）提出了现阶段开发建设中原水文化的思路。王树山的《传承和弘扬河南水文化》（2013）、李乐乐等的《传承和弘扬中原独特的水文化》（2013）、王学军等的《传承历史文化 打造郑州水域靓城——论郑州市地域水文化与城市水系规划建设》（2013）也都在当前河南水文化建设方面提出了自己的想法。朱海风的《为官楷模，治水名臣——林则徐在河南期间的治水思想研究》（2013）通过对林则徐两次在河南工作期间治水经历的描述，对他的治水思想进行了深入剖析，进一步丰富了水文化思想研究的内容。贾兵强的《河南先秦水井与中原农业文明变迁》（2012）通过全面、系统地收集、整理先秦河南水井的相关报告、遗址、史料及对文献的梳理，借助于前人的研究成果，运用历史学、考古学、农业考古学和文化学等多学科知识，初步研究河南水井在先秦时期农业文明社会发展中的作用，为河南水文化研究增添了新的研究内容。王瑞平、陈超的《浅析南水北调移民精神——以河南省南水北调丹江口库区移民为例》（2014）以对河南省南水北调丹江口库区移民这一实例为出发点，深入探究了南水北调工程移民所体现的民族精神以及时代精神。在著作方面，相继修纂出版了《当代河南的水利事业》（1996）、《中国河湖大典》（2010）等28部，累计1800万字。

三　水文化数据库建设研究与操作状况

进入21世纪，如何一如既往地坚持中国先进文化的前进方向，实现中华民族的伟大复兴，作为一个十分严肃而重大的历史课题仍然在考量着我们。进入21世纪以后，国家及时开启了全国文化信息资源共享工程。"共享工程"将充分利用现代高新技术手段，将中华民族几千年来积淀的各种类型的文化信息资源精华以及贴近大众生活的现代社会文化信息资源，进行数字化加工处理与整合；建成互联网上的中华文化信息中心和网络中心，并通过覆盖全国所有省、自治区、直辖市和大部分地（市）、县（市）以及部分乡镇、街道（社区）的文化信息资源网络传输系统，实现优秀文化信息在全国范围内的共建共享。

正是在这一历史背景下，水文化资源数据库建设被提上水利部门的议事日程。有关水文化数据库建设的研究也开始陆续发表。例如，黎炳明的《广西北部湾经济区海洋文化资源数据库建设研究》（2011）认为北部湾经济区海洋文化资源数据库结构组成应包括区域文化数据库、特色文化数据库、海洋文化艺术库，建设数据库遵循的原则应包括地域独特性和社会需求原则、标准化和规范化原则、协作共建共享原则以及技术前瞻性原则，其次他说明了海洋文化资源数据库的资源收集路径问题。朱光耀等的《建设淮河文化资源数据库的设想》（2011）一文中首先介绍了淮河文化资源数据库建设的意义，其次对淮河文化资料的采集对象、采集方法、分类与数据库组成、技术支持、人力以及硬软件支持等方面问题进行了大胆设想和建议。目前，华北水利水电大学已着手建立了水文化专题数据库，收录与水文化相关的图书馆文献总量达到20多万册，本地镜像电子图书5万多册；相关的中外文期刊100余种，中文电子期刊2000余种、外文电子期刊100多种。

但是，无论从理论研究层面还是实际操作层面看，水文化资源数据库建设步伐都显得比较滞缓落后。由于水文化资源开发与利用相关研究多是集中在对与水文化旅游资源的开发利用方面，而其他水文化资源数据库建设则鲜有提及，总体上出现了地域之间的不平衡状况。作为水文化较为丰富的中原地区，责无旁贷，必须把水文化资源开发好、利用好，在中原文化资源开发利用与数据库建设方面走在前列。

第三节 中原水文化资源开发利用与数据库建设研究思路

本课题通过搜集中原水文化文献和前人研究成果，归纳中原水文化资源的内涵，通过梳理国家和河南省的政策及相关文件，总结中原水文化资源开发的现状及其在中原经济区中的地位和作用。结合历史文化资源开发模式及矩阵图，通过对中原水神话传说、寓言典故、文化遗产和遗迹、域（水体）或水利工程以及相关联的岸地、岛屿、林草、建筑等能对人产生吸引力的自然景观和人文景观资源分析，初步提出中原水文化资源开发利用实例及模式，并进行分区域研究和案例分析，建立具有特色的中原水文化资源库。

一 中原水文化资源体系构建研究

中原地区孕育并产生了一系列丰富的水文化资源，形成了诸如水工程文化、水民俗文化、水组织文化、水艺术文化、水科技文化、水旅游文化等诸多类型的水文化资源，这些文化资源有些已经被前人挖掘出来并记录在案，有些潜藏在记忆深处或者是古籍文物当中。鉴于之前的相关研究还未能够也不可能真正完整地将中原水文化资源发掘并整理出来，因此在原有基础上，首先按照水文学、水文化遗产、水历史、水文化交流与传播等类型或更为合理的类型进一步挖掘和整理水文化资源。其次将这些类别统一起来，归纳总结出中原水文化资源的典型地域特色及其他特征，使它们真正构成一个体系。

二 中原水文化资源开发利用模式与评价体系研究

本课题通过对中原水文化资源开发利用的现状以及所出现的问题进行调查研究，通过与浙江、江苏等省市水文化资源开发与利用的模式分析对比，结合中原水文化资源的地域特征以及中原地区发展的区域条件（包括经济、政治、社会、自然等方面条件），为今后制定中原水文化资源开发与利用发展方略提供科学、实用、有效的建议。

三 中原水文化资源数据库建设路径研究

建立水文化资源数据库是社会发展的需要，是水文化资源研究与保护、开发与利用工作的必然结果。水文化资源作为一个体系，它的内容浩大且庞杂，收集起来极不容易，而要想让人们能够充分利用这些资源，建设一个水文化资源数据库是一项必须要做的工作。本项目将结合现有技术和资源，在充分收集中原地区水文化资源的基础上，建立一套完整系统的、各种格式统一的、可转换的特色水文化专题资源库、水文学专题资源库、水典故专题资源库、水文字专题资源库、水文化遗产专题资源库、水历史专题资源库、水文化交流与传播专题资源库等，以便全面、准确、及时掌握中原水文化建设动态，巩固和提高水文化软实力。

　　本课题所做的工作是：前期主要是通过中国知网等电子资源库和综合类图书馆、阅览室查阅分析水文化方面的历史典籍和近 20 多年来公开发表出版水文化方面的论著。中期主要是选择不同用途的古代水利工程和水工程遗迹进行现场考察，就工程历史、所蕴含的治水思想、综合效益及其历史价值进行全面分析和总结，为课题研究提供线索及例证材料；分别到水资源管理、环境保护、水政执法、水质监测、规划设计、工程建设、管理服务等涉水部门和有关研究单位，到城乡社区、各级各类学校、新闻出版、广播电视、文化场馆、自来水公司等，实地开展访谈调查，了解国情、民情、水情，获取第一手资料。后期主要是运用计算机数据处理技术和统计方法对水文化资源和水文化遗产归纳分析；结合自然科学和人文科学的定量分析和定性分析结果，综合衡量水文化建设发展对人、水、自然相互关系的影响，提高分析的科学性、规范性等。与此同时，还要制定《中原水文化资源数据库入库基本要求》《中原水文化资源数据库入库信息采集内容》和《中原水文化资源数据库入库信息表》，做好信息采集、审核、录入、归档、上报和更新等工作。

第一章 中原水文化资源的禀赋特征

"一方水土养一方人",这句大白话看似简单,实质上有很深的文化内涵。人类与自然环境之间的关系历来是人类文化学专家、人文地理学学者关注的中心议题之一。人类文化学、人文地理学的研究早已表明,"一方水土养一方人"与"一方人有一方文化"是完全可以同日而语的。一方面,一个区域所特有的水文资源、地理环境、气候状况、风土民情、经济发展等因素造就了这一区域独具特色的文化内容;另一方面,这种独特的地域文化同样也会影响当地的政治、经济和社会,或者说在该地区的政治、经济和社会发展过程中,它会一直起着稳定、平衡、协调、推动的作用。综观世界发达国家和地区,无一不具有优秀而独特的地域文化。例如,美国的发展强盛是与其移民文化、海洋文化、好莱坞文化、汽车文化等息息相关的;日本的迅速崛起也是与其航海文化、神道文化、武士道文化以及和服文化、樱花文化、陶艺文化有很大关联。可以说,一个地域独特且优秀的地域文化,是一种不可替代的宝贵资源。

中原人、中原水文化、中原文化,同样是同根同源的;中原人、中原水文化、中原文化与中原区域发展,同样是相辅相成的。

第一节 中原水文化资源形成的环境特征

中原水文化资源的形成,首先有其特殊的自然环境。

一 河南省自然环境具有明显的过渡性特征

河南自然环境系统的最基本特征就是它的过渡性。由秦岭至淮河的这一线带,是众多环境因素过渡带特征的分界线,气候、地形地貌、土壤、植被、河道水文特性以及耕作习俗等都具有明显的过渡性特征。

就拿气候来说，河南省地处南暖温带和北亚热带地区。全国暖温带和亚热带的地理分界线基本上穿过伏牛山和沿淮河干流，以该线为界，可把全省分为两个气候区，南部为亚热带，包括南阳、信阳及驻马店的部分地区，面积约占全省总面积的 30%；北部为暖温带，面积约占全省总面积的 70%。南部呈湿润半湿润特征，北部呈半湿润半干旱特征。由于受季风气候的影响，南北气候差异较大。全省气候大致可概括为冬季寒冷而少雨雪，春季干旱而多风沙，夏季炎热而易水涝，秋季晴朗而日照长。

从全省各地多年平均水面蒸发量来看，黄河以南，由淮南的 900 毫米向北递增到 1100 毫米，过黄河，由 1100 毫米增至 1400 毫米。月最小值出现在 1—2 月，最大值豫北出现在 6 月，淮南为 8 月。年陆面蒸发量有随降水量增加而增大的趋势，淮南雨量较多，多年陆面蒸发量均值达 700 毫米，为全省高值区，中部为 600 毫米，豫西、豫北为 500 毫米。陆面蒸发量年际变化不大，主要受太阳辐射、温、湿、风、压等年际变化不大的气候条件的制约所致。

从全省平均降水量来看，全省多年平均降水量为 784 毫米，由南向北递减，南部最大，达 1000—1300 毫米，中南为 700—1000 毫米，北部最小，仅 500—700 毫米。因受季风影响，降水年内分配很不均匀。夏季东南暖湿气流进入省境，降水较多，一般 6—9 月的雨量占全年降水量的 50%—70%。冬季受蒙古高压控制，盛行冷气流，全省降水很少。降水量年际之间的变化也很大，最大年降水量与最小年降水量相差达 2.5—3.5 倍。年降水量的变差系数，淮南山区为 0.25，淮河以北及豫东平原的大部分地区为 0.30，豫北为 0.35—0.40，豫西为 0.25，其中豫北太行山区为全国三大年降水量变差系数高值区中华北高值区的组成部分。

二 河南省水资源处于"比上不足比下有余"的居中状态

所谓水资源总量，是指大气降水在全省所产生的地表水及地下水资源。地表水资源量为当地降水所产生的河川径流量，地下水资源量则是当地总补给量与井灌补给量之差。

根据有关计算结果，全省多年平均河川径流量为 312.7 亿立方米，多年平均浅层地下水资源量为 208.3 亿立方米，扣除因地面水、地下水相互转化的重复计算量 107.6 亿立方米，全省多年平均水资源总量为

413.4 亿立方米，其中豫辖黄河、淮河、海河、长江流域分别为 59.7 亿立方米、250.5 亿立方米、32.3 亿立方米、70.9 亿立方米。从全国看，河南省水资源总量为全国水资源总量 28124 亿立方米的 1.47%，居全国第 19 位。河南省人均、耕地每公顷平均水资源量相当于全国人均、每公顷平均的 1/5，居全国第 22 位。从全省看，水资源的分布特点是西南山区多，东北平原少。豫北、豫东平原 10 个市、地区（安阳、鹤壁、濮阳、新乡、郑州、开封、商丘、许昌、漯河、周口）的水资源量为 126.6 亿立方米，只占全省水资源总量的约 30%，人均水资源量为 261 立方米，每公顷平均水资源量为 3510 立方米；而南部、西部山区 7 个市、地区（信阳、驻马店、南阳、三门峡、洛阳、平顶山、焦作）的水资源量为 286.8 亿立方米，却占全省水资源总量的约 70%，人均水资源量为 673 立方米，每公顷平均水资源量为 8895 立方米。

三　河南省是中国唯一地跨淮河、长江、黄河、海河四大流域的省份

河南省地跨淮河、长江、黄河、海河四大流域，其流域面积分别为 8.61 万平方千米、2.77 万平方千米、3.60 万平方千米、1.53 万平方千米。全省流域面积 100 平方千米以上的河流有 493 条。其中，河流流域面积超过 10000 平方千米的 9 条，为黄河、洛河、沁河、淮河、沙河、洪河、卫河、白河、丹江；5000—10000 平方千米的有 8 条，为伊河、金堤河、史河、汝河、北汝河、颖河、贾鲁河、唐河；1000—5000 平方千米的有 43 条；100—1000 平方千米的有 433 条。按流域范围划分：100 平方千米以上的河流，黄河流域 93 条，淮河流域 271 条，海河流域 54 条，长江流域 75 条。因受地形影响，大部分河流发源于西部、西北部和东南部的山区，流经河南省的形式可分为 4 类：穿越省境的过境河流，发源地在河南的出境河流，发源地在外省而在河南汇流及干流入境的河流，以及全部在省内的境内河流。

四　河南水旱灾害频繁，一直以来是全国重灾区之一

河南水旱灾害频繁，春旱秋涝，久旱骤涝，涝后又旱，此旱彼涝，旱涝交错，而且旱灾范围广，洪涝灾害重，为全国重灾区之一。

河南省水文总站编印的《河南省历代旱涝等水文气候史料》，将全省划分为豫西、豫北、豫东、豫南、豫西南 5 个区，同年有 3 个区以上受灾的视作全省性有灾。并依据水、旱的严重程度，划分为一般灾年、大灾年、特大灾年三个级别。据统计，从明朝景泰元年起，历明、清、民国三个时期 500 年间的水旱灾害的年份达 493 年，其中水灾年 397 年，旱灾年 391 年，水旱兼有的 295 年。如按发生全省性的水旱灾害即灾害范围达 3 个分区或以上的灾年有 346 年，约占统计总年数的 70%，其中发生水灾年 183 年，旱灾年 200 年，水旱灾兼有的约 37 年，旱灾年稍多于水灾年。在全省性水灾年中，发生大水灾和特大水灾年 46 年，特大水灾年 5 年；在全省性旱灾年中，发生大旱灾和特大旱灾年 43 年，特大旱灾年 6 年。全省性水灾或旱灾发生的机遇为 2—3 年一遇，大的水灾或旱灾平均为 11—12 年一遇，特大的水灾或旱灾平均为 80—100 年一遇。

总而言之，由于环境因素是相互动态平衡的关系，河南作为过渡地带本身就孕育着不稳定性、相互渗透性和复杂多变特性。河南水文化就是在这样的自然环境中形成的。一代一代的中原人，要生存，要生活，要生产，要建设自己的家园，要发展自己的事业，就要面朝黄土背朝天，"横眉冷对天地指"，"俯首甘为日月牛"；就要与天斗，与地斗，靠奋斗求生存，用逆袭求凯旋，凭顺应保平安；就要在面对自然中认识自然，在认识自然中适应自然，在适应自然中改造自然。2010 年 3 月 3 日，河南省委省政府在北京河南大厦召开河南进京务工人员座谈会，时任省委书记、省人大常委会主任卢展工的一番话，让人感动，令人回味。卢展工在座谈会上盛赞河南人是"普普通通河南人、踏踏实实河南人、不畏艰难河南人、侠肝义胆河南人"，正是"这样的人"，用自己的实际行动，用自己的满腔热情，为中原增光添彩，谱绘了光彩耀目的中原人、中原水文化、中原文化的历史画卷。

这是"一方水土养一方人"的真实写照，这是"一方人创一方文化"的极好证明。

事实上，人地关系论是一种古老而新颖的理论。在人类思想史上，地理环境决定论认为人类的身心特征、民族特性、社会组织、文化发展等人文现象受自然环境，特别是气候条件支配的观点，占有相当大的学术市场。18 世纪思想家孟德斯鸠就是一例。他在《论法的精神》第十四章，阐述法律与气候类型的关系时，提出了气候对一个民族的性格、感情、道德、风俗等会产生巨大影响的观点，他讲到：在自然地理环境中生产和生活的人的行为总是要受到自然环境的制约；气候的威力是世界上最高威力，气候对一个民族的性格、风俗、道德、精神面貌及其法律性质和政治制度具有决定性的影响，正是"不同气候的不同需要产生了不同的生活方式，不同的生活方式产生了不同的法律"。所以，应根据气候修改法律，以便使它适合气候所造成的人们的性格。

孟德斯鸠力图以地理环境因素即物质原因来说明社会政治制度的产生和发展，是有其道理和依据的。问题在于，真理向前多走一小步就是谬论，如果主张和相信地理环境决定论，那就偏离科学轨道了。我们知道，在人类进入知识经济时代的今天，科学技术迅猛发展，我们所居住的地球上，几乎已经没有不受人类活动影响的纯自然或纯环境了。当我们把地球当作"地球村""人类之家"来对待时，既要科学分析人或人文对自然环境所起的作用，又要充分考虑自然环境对人或人文所产生的影响。如同我们不能丢开了人或人文来研究自然地理一样，也不能屏蔽自然环境来研究人或人文。在人与自然界的关系上，马克思主义哲学强调的是实践辩证法，"人创造环境，同样环境也创造人"。人类不仅从自然界直接获取生产资料，而且使用自身的器官并运用自然的力量改造自然，获取间接的生产资料。人作用于自然的过程就是物质生活资料的生产过程，在这个过程中，人与自然环境是相互影响、相互制约的。

因此，本课题要求我们所做的，就是坚持从人与环境的相互作用入手，克服思维片面性，科学地说明自然环境在文化进程和社会发展中的地位和作用。

第二节　中原水文化资源的禀赋特征

一　河南水文化历史资源特别深广厚重

河南地处中原，是中华民族古代文明的发祥地之一，历史上曾有十多个封建王朝在洛阳、开封建都，黄河两岸曾在很长的历史时期中成为全国政治经济、文化的中心，水历史尤其悠久深厚，水文化尤其灿烂辉煌。仅从治水文化来看，就有数不完的"第一"和"唯一"。因而河南水文化历史和水文化资源具有独特的地位。河南水文化尤其是水利文化，其文献之众多，资料之丰富，资源之厚重，是其他诸多省份所不可比拟的。

如最近《科学》（Science）杂志，刊载南京师范大学地质学家吴庆龙及其团队的研究论文，证实中国在大约公元前2000—前1900年发生了大洪水。《科学》杂志副主编说："这项研究扩大了我们对中华古文明的理解，实证了文明的起源及古文明社会环境的出现。"如果这项研究能得到进一步证实，那么，四千多年前发生在中国的大洪水及大禹治水，将不再被视为神话。如4000年以前，在伊洛河三角平原龙山文化的矬李遗址中就有圆筒式水井，在汤阴县龙山文化的白营遗址中就有木构架支护的深水井，在淮阳平粮台古城址中就有陶制管道的排水设施工程。

公元前651年，齐桓公为中原霸主，集诸侯于葵丘（今民权县境）会盟，为解决边界水事纠纷，订立以"无曲堤、毋壅泉"为主要内容的盟约，规定不准以邻为壑，搞边界阻水工程。这一盟约是最早解决水事纠纷的条例。公元前605年，楚相孙叔敖"作期思之陂"，即开发史河水源修建雩楼灌区，灌溉固始和安徽金寨的农田，是最早的引水自流灌溉的记载。

公元前500多年，郑国大夫邓析利用杠杆原理，创制成汲水用的桔槔提水工具，是最早发明的提水机械。公元前400多年，西门豹修建漳河十二渠，灌溉安阳和河北磁县等地农田。考古发掘的登封古阳城供水工程，是距今已有2500多年的战国时期的工程，是从阳城东的告成北沟和城西的肖家沟引水入城的供水工程，有八条干支输水管道向城内供水，估计总长有8000米左右。整个供水系统包括输水管（管道槽和陶管）、沉淀池、贮水设施、控制流量的四通管等，创建了我国最早的城市供水系统工程。

公元前360年，魏惠王开古运河鸿沟，沟通黄、淮运道，形成了诸侯国的水道交通网，兼有灌溉之利。公元前210年，秦国在济源五龙口修沁河枋口渠，经历代修缮，至今仍为广利灌区所沿用。公元前140年，汉武帝时在汝河平原地区修建鸿隙陂大型蓄水灌溉工程，曾有过长期显著的灌溉效益。

公元前109年，汉武帝发卒数万人，并率领群臣，参加黄河濮阳瓠子堵口工程劳动，终于堵合。西汉绥和二年（公元前7年），贾让应诏上书，提出治理黄河方案三种，后世称为"贾让三策"。东汉建武七年（31年），杜诗任南阳郡太守时，造作水排，这是一种利用水力作原动力的冶炼鼓风机械，水排的发明和应用，要比欧洲早1000多年。南阳人民感其政绩，赞曰"前有召父，后有杜母"。汉明帝永平十二年（公元69年），发卒数十万，命王景治理黄河和汴渠，自荥阳以下东至千乘修堤千余里，并开凿阻碍水道的山阜，破除河道中旧有阻水工程，修建水门，使黄汴分流，收到了防洪、航运和稳定河道等重大效益，并使黄河从此以后的800多年中没有发生过重大改道。

建安元年（196年）曹魏政权发布了《置屯田令》，开始招募流民屯田许昌，兴办农田水利，使许昌地区大面积地种上了水稻，促进了粮食产量的增长。为了及时运送军粮，还修了许多运粮河。从襄城到许昌，从繁昌（今临颍西北）到许昌，运粮河四通八达。

隋代营建东都洛阳和开凿南北大运河。大业元年（605年）隋炀帝开通济渠，"发河南诸郡男女百余万"。通济渠施工从大业元年三月开工，到八月结束，由东都洛阳至江苏江都，1000多公里。隋大业四年（公元608年）开挖永济渠，"发河北诸郡男女百余万"。永济渠流经武陟、新乡、汲县、黎阳（今浚县境）、临河（今浚县东）、内黄、河北省大名西、山东省临清、东北流入河北至天津，再西北行通至涿郡，全长1000余公里。通济渠和永济渠的开挖成功，形成了以洛阳为中心，从中原通向江南以通济渠为纽带，通向北方以永济渠为纽带，沟通南北的航运系统。

特别是新中国成立以来，党和国家以及全社会高度重视水利建设，河南水利事业随之得以蓬勃发展。目前全省有2360座水库，其中大型水库19座，建设23处国家水利风景区，比较有代表性的小浪底水库、南水北调中线工程都形成了自己特有的文化。

其他方面，河南省也保留了不少价值很高、相对完整的水文化遗产，如我国第一部诗歌总集《诗经》里有不少是最早描述黄河、淇水等中原河流和人水情缘的诗篇。《清明上河图》里写实性地描绘了黄河下游曾经有过的繁荣，是中原水文化景象的艺术再现。还有我国著名思想家老子的"水几与道"等水哲理、水伦理思想精华，以及以水命名的诸多地名，包括"河南"省名、"洛阳""济源""周口""淮阳""淮阴""泌阳""淅川""潢川""伊川"等市县名，犹如满天繁星！……阅之思之，无不顿生历史的沧桑感、文化的自豪感！正是悠久的中原文明赋予了水文化深厚的历史内涵，而水文化也无时无处不在影响着河南的经济、社会、政治等各个领域，由此而生的这种历史的沧桑感、文化的自豪感必将启发越来越多的人关注并关爱中原水文化、传承传播中原水文化、创新创造中原水文化。

二 河南水文化历史资源特别博大贵重

其一，形成积淀于中华民族母亲河怀抱，传承创造于华夏历史文明核心区域。

文化是一种历史的积淀和传承，是一个历史发展过程。中国自有文明史以来，发生在中原地区的治水治国文明史实灿若星河，光耀千秋。从夏朝到宋代 3000 多年间，河南一直是我国政治、经济和文化的中心，先后有 200 多位帝王建都或迁都于此，几度形成政治文明的巅峰与辉煌。中国八大古都，河南就有开封、洛阳、安阳、郑州 4 个。中国自古"逐鹿中原""问鼎中原""得中原者得天下"就是由此而来。因水而兴的河南，可以被誉为"一部河南水文化史，大半部中国水文化史"。女娲补天、大禹治水的故事，反映了远古时期的中华先人在对水的利用和治理过程中对文化的创造。大禹治水的故事人所共知。面对滔滔洪水，大禹从父亲鲧治水的失败中吸取教训，发明了以疏导为主、堵疏相成的治水新方法，历经 13 年，走遍当时中原大地的山山水水，三过家门而不入，终将河水驯服，使人民在中原站稳脚跟，过上安居富足的生活。大禹通过治水，还划天下为九州，使全国形成统一的安定局面。大禹的封地就在河南禹州（古阳翟）。文字是文化的重要载体，在已发现的商代甲骨卜辞中，以水的形态、水的物理性能、水的利和害来创字的，占甲骨文文字的比例很大。而文字、算数、城市的出现都同大禹领导氏族"万国"大规模的治水活动有直接关系。治水为文字、算数的产生和运用创造了条件，文字和算数的比较普遍运用和统一，就是从这个时期开始的。城郭也是治水的产物，《世本》《吕氏春秋》《淮南子》都记载了夏"鲧作城郭"的传说。正是大规模长时间治水，才打破了原始氏族社会老死不相往来的封闭状态，人们才冲破天神统治的思想禁区，生产力才得以较快发展，才锻炼造就了一批英雄人物，极大地影响了我国政治、经济、文化甚至生态的发展态势，创造和刷新了华夏文明的历史。

我们可以说，中华文明始于治水，水是孕育中华文明的摇篮。河南是中华民族的发祥地，从这里可以看出河南水文化与中华民族的摇篮的历史渊源。河南水文化作为中华水文化的缩影，既是传承和弘扬水文化的宝贵资源，又是滋生和培育中国水文化的丰厚给养。

河南是传统的也是当代的文化大省，是现在的也是未来的华夏历史核心文明传承创新区。传承弘扬中原文化，重振中原雄风，水文化建设的使命重大，还正在前进的路上。面对人民群众日益丰富多彩的社会文化生活需要，既要继续大力弘扬和传承大禹治水精神、红旗渠精神、治黄文化、治淮文化等中原文化的精髓，又要在新的实践中大力培育具有中原风貌、河南特色、时代特征和国际影响力的水文化品牌，营造可持续发展的文化氛围，努力使今天的中原"更加出彩"。

其二，作用影响于数朝治国安邦保民大局，促成改变于数代政治经济文化中心。

"善治国者，必先治水。"管仲认为水利是治国安邦的重大国策。《度地篇》中说，"善为国者，必先除其五害。""五害之属，水为最大。""除五害，以水位始。"大禹治水的成功是他成为部落领袖的凭借，大禹传位于自己的儿子启，建立了我国第一个奴隶制国家——夏朝，标志着中华民族从此进入文明史的新阶段。秦始皇统一中国在我国历史上具有划时代的意义，而水利事业的发展是其中的一个重要因素。汉朝是我国历史上水利发展的重要时期，汉武帝还亲自指挥了黄河在濮阳决口的堵口工程。西汉时期出现了"用事者争言水利"的局面，因此有了文景之治。曹魏因发展水利，先拥中原，后灭蜀吴。宋朝定都开封，朝野争相为治水献计献策；张择端的《清明上河图》所描绘的开封的漕运景况，生动反映出开封是全国乃至世界当时的政治经济文化中心所在。经过艰难曲折的治水兴水历程，中原水文化得以世代延续，薪火相传，并由此而影响深远。

河南水文化是中国水文化的根脉，河南水文化不是一般的地域水文化，而是中华水文化的根源和主干，在中华水文化发展史上占有突出位置，发挥着核心作用。生命起源于水，中国传统文化，无论是在神话传说里，还是在生活习俗中，特别是在治国理政的实践中，都蕴含着丰富的水文化因素。中原水文化尤其是治水文化、调水文化、崇水文化对于社会安定、安邦富民具有重大的影响。

其三，服务支持于中原崛起雄图大略，助推协同于河南振兴具体实践。

水是生命之源、生产之要，生态之基。习近平总书记曾经指出，经历了 5000 多年历史变迁的中华文明，"积淀着中华民族最深层的精神追求，代表着中华民族独特的精神标识"。中原水文化资源是中华文明的组成与凝聚，既为中原人民乃至中华民族生生不息、发展壮大提供了丰厚滋养，也必将为实现"中原更加出彩"乃至中华民族伟大复兴中国梦提供强大精神支持。

如今河南已拥有"一纵四横"（南水北调与四大流域水系）的中原水网，其战略地位作用日益凸显。积极推进具有中原特色的水文化大发展大繁荣，打造昂扬向上的中原人文精神，为中原经济区建设、中原崛起河南振兴提供强大精神动力和智力支持，关系重大，岂能等闲视之！

第二章 中原水文化资源分类

中原水文化资源种类繁多、独具特色。据统计，河南有预备申报世界文化遗产两处（云台山风景名胜区、大运河），国家级水文化遗产32处，国家级水利风景区共41处。如作为省会城市的郑州，位于淮河上游和黄河中下游，历史上曾是水旱码头，"西控虎牢，东蔽大梁"，"北通幽燕，南达湖广"，以"九州腹地，十省通衢"而享有盛名。郑州水文化丰富，如历史时期的阳城地下陶瓷管道供水工程、圃田泽、鸿沟、汴河新柳、南池荷风、熊桥芦月、金水晴波以及世界文化遗产大运河遗产的重点河段——汴河故道索须河段和通济渠荥阳故城段，当代的南水北调中线总干渠、龙湖、龙子湖、西流湖，国家级水利风景区有河南黄河花园口风景区、郑州黄河生态水利风景区等，由此形成具有地域特色的水文化。

第一节 中原水文化资源分类的目的

作为文化分支的水文化是人水关系形成演变发展的产物，是人类精神生命系统和社会生命系统同水的自然生命联结互动耦合的产物。目前，对于水文化的内涵和外延已形成初步倾向性共识。

广义的水文化是指人类在社会发展进程中，通过人类与水密不可分的生产生活活动所创造的物质和精神成果的总和，由物质形态的文化、制度形态的文化和精神形态的文化三个层面的文化要素构成。狭义的水文化是人类水事活动的观念、心理、方式及其所创造的精神产品，包括与水有密切关系的思想意识、价值观念、行业精神、行为准则、政策法规、文学艺术等。① 因而，大部分学者参照"水文化"的要素构成把中原水文化资源分为物质文化资源、精神文化资源、行为文化资源、制度文化资源。有的学者依据水文化的定义——"人类与水密不可分的生产生活活动中所创造的物质和精神成果的总和"，将中原水文化资源分为物质文化资源、精神文化资源，同时，还把难以归类于上述二者之内的现象，定义为"社会文化资源"。

　　2013 年中国水利水电出版社出版的《中国水科学研究进展报告（2011—2012）》，把水文化资源分为水文化物质遗产、水文化非物质遗产、水文化教育、水文化传播。② 当然，特别值得关注的还是全国水利职工水文化培训教材。2015 年中国水利水电出版社出版的《水文化职工培训读本》，不仅密切结合水利工作内容，更加注重现代水利工作的实际需要，包括水利建设的水文化、城市建设的水文化、农业发展的水文化、旅游发展的水文化、防灾减灾的水文化、生态保护的水文化等。③

　　前述水文化资源分类还不够科学，主要表现在：一是分类标准模糊；二是各类别之间存在大量的局部重叠和属种之差相互混淆的问题；三是划分的范围过窄，还不能涵盖所有的文化资源现象。

　　因此，通过系统梳理中原水文化的发展历程以及当代水文化研究成果，科学界定中原水文化资源种类，可以进一步丰富完善水文化理论体系，明确水文化的内涵与外延、结构与功能，为水文化学科的建立提供理论支撑，创造学术条件；对水文化遗产保护利用、水利景区可持续发展等急需解决的重大问题开展深入研究，为文明河南建设提供支撑，为党和国家实施水文化发展战略提供决策依据。

第二节　中原水文化资源分类的标准

　　中原水文化资源也具有时间跨度长、门类全、价值高、分布广的特

---

① 李宗新等：《中华水文化概论》，黄河水利出版社 2008 年版。

② 左其亭：《中国水科学研究进展报告（2011—2012）》，中国水利水电出版社 2013 年版。

③ 左其亭：《水文化职工培训读本》，中国水利水电出版社 2015 年版。

点，从而构成了河南种类繁多、独具特色的人文景观和自然景观。目前，对于地域文化资源的分类研究成果颇丰①，主要有以下三种观点：

一是从历史文化遗产的载体上，把历史文化遗产分为物质文化遗产和非物质文化遗产。

历史文化遗产是前人创造的全部物质财富和精神财富及与人类实践活动有密切联系的自然景观之历史文化遗存和传统文化载体（或表现形式），②因此，有的学者把历史文化遗产分为物质文化遗产和非物质文化遗产，如王晓宁把历史上遗留下来的物质文化称为物质文化遗产，尽管他也承认物质文化和非物质文化是相互交融、紧密联系的，有时甚至是难以割断的。③也有学者依据联合国教科文组织《世界自然和文化遗产公约》和《保护非物质文化遗产公约》，认为文化遗产包括物质文化遗产和非物质文化遗产两大类。④还有学者从文化遗产的形态上，把历史文化遗产分为有形和无形两部分，有形文化遗产或称物质文化遗产，无形文化遗产或称非物质文化遗产。⑤

魏丽英从精神文化与物质文化的区别、文化消费与文化生产的区别和价值维度的区别三个方面，进一步论述了非物质文化遗产与物质文化遗产的区别。⑥

二是从历史文化遗产的价值与保护层次上，把历史文化遗产分为若干级别。

按照历史文化遗产的价值等级，历史文化遗产可分为一级历史文化

---

① 郝帅帅：《历史文化旅游资源分类评价研究》，硕士学位论文，福建师范大学，2010年；王雁：《齐文化资源的品种、分类及特征》，《管子学刊》2012年第2期；王启：《中原经济区黄河文化旅游带旅游资源分类与价值研究》，《河南科技》2013年第16期；刘馨秋：《基于农业遗产视角的江苏茶文化遗产资源分类及保护研究》，《中国农史》2013年第5期；王微：《中原文化品牌与文化资源的挖掘与分类》，《现代商贸工业》2014年第14期；李树榕：《怎样为文化资源分类》，《内蒙古大学艺术学院学报》2014年第3期。

② 鲍展斌：《历史文化遗产之功能和价值探讨》，《绍兴文理学院学报》2002年第3期。

③ 王晓宁：《清江流域物质文化遗产分类特征及其保护》，《湖北民族学院学报》（哲学社会科学版）2006年第5期。

④ 李丽娜、李桂玲：《浅议我国历史文化遗产资源的可持续发展》，河南文化网，2006年11月27日。

⑤ 何星亮：《关于保护和开发文化与自然遗产的若干问题》，《云南社会科学》2003年第6期。

⑥ 魏丽英：《关于非物质文化遗产的传承与保护的理论思考——基于非物质文化遗产与物质文化遗产的本质区别》，《闽学与武夷山文化遗产学术研讨会论文集》，2006年。

遗产、二级历史文化遗产、三级历史文化遗产等，对于不同级别的历史文化遗产要进行不同程度的保护和管理，对于高级别遗产，应向上集权，对于低级别的遗产，应向下放权。① 阮仪三从历史文化名城保护的角度，更进一步明确三个级别的保护层次：一级保护即绝对保护区，二级保护即重点保护区，三级保护即一般保护区，又称环境协调区。② 因此，我们可以理解为历史文化遗产也可以分为相应的级别，以区别不同层次的历史文化遗产。在我国，按照现行的法律、政策，把物质实体历史文化遗产的保护分为三个层次，即文物保护单位、历史文化保护区、历史文化名城。③

从遗产品质等级的多样性的角度，历史文化遗产可分为世界级、国家级、地区级等。④ 世界级文化遗产是经世界遗产大会批准的、列入《世界遗产名录》的历史文化遗产，而国内具有某些特殊意义或具有突出历史价值、艺术价值或者科学价值的纪念物、建筑群或遗址，不管其价值如何，只要是未被列入《世界遗产名录》的文化遗产即称为国内文化遗产。⑤

三是从文化形态与地域（行业）文化产业发展上，把文化资源分为链条状。

从文化资源保护和文化产业角度，李树榕把文化资源分为物质实证性文化资源、文字与影像记载性文化资源和行为传承性文化资源。⑥ 从文化产业发展角度，黄进把地方文化资源划分为可开发资源和不可开发资源等。⑦ 有学者把我国农业文化遗产资源划分为农业遗址、农业物种、农业工程、农业景观、农业聚落、农业技术、农业工具、农业文献、农业特产、农业民俗文化 10 个类别；或者农业遗址、农业工程、

① 刘国宁：《浅析对历史文化遗产的保护》，《青海师专学报》（教育科学）2006 年第 5—6 期。

② 阮仪三：《历史文化名城的保护分级及范围确定的研究》，《城市规划汇刊》1991 年第 2 期。

③ 王景慧：《论历史文化遗产保护的层次》，《规划师》2002 年第 6 期。

④ 钱薏红：《中国世界遗产管理制度的创新》，滕藤、郑玉歆主编：《可持续发展的理念、制度与政策》，社会科学文献出版社 2004 年版。

⑤ 贾俊艳：《文化遗产保护立法之比较研究》，硕士学位论文，武汉大学，2005 年。

⑥ 李树榕：《怎样为文化资源分类》，《内蒙古大学艺术学院学报》2014 年第 3 期。

⑦ 黄进：《试论地方文化资源保护的内涵、价值及路径》，《地方文化研究辑刊》2012 年第 5 辑。

农业景观、农业文献、农业技术、农业物种、农业民俗、农业工具、农业品牌 9 个类别。① 从符号学角度和文化形态的不同（见图 2 - 1），王微把中原文化资源分为中原特色文化符号、中原文化产品、中原文化模式和中原哲学思想四个层级。②

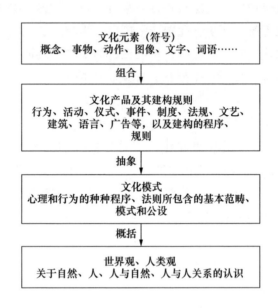

图 2 - 1　文化形态的四个层次

　　通过对以上我国文化资源分类的论述可以看出，目前对于文化资源的类型还没有一个确定的分类标准。无论是从文化遗产的内涵上，还是从文化遗产的价值属性以及世界文化遗产的角度看，上述对文化资源的分类都有一定的合理性，基本上概括了我国文化资源的分布与属性，但也存在着一定的问题。如按照历史文化遗产的价值等级，将其分为若干不同的级别，看似相对比较科学和合理，但是，我们在量化历史文化遗产的级别时是比较难以把握的，尤其是非物质文化遗产的量化。如果完全从世界遗产的角度划分，历史文化遗产分为文化遗产、文化与自然双重遗产（自然遗产）、文化景观遗产、非物质文化遗产，但是，在归类

　　① 王思明、卢勇：《中国的农业遗产研究：进展与变化》，《中国农史》2010 年第 1 期；闵庆文、孙业红：《农业文化遗产的概念、特点与保护要求》，《资源科学》2009 年第 6 期。
　　② 王微：《中原文化品牌与文化资源的挖掘与分类》，《现代商贸工业》2014 年第 14 期。

文化与自然双重遗产、文化景观遗产时，也是比较难以把它具体归类。因此，在对文化资源分类时，必须结合国情、省情，同时，还要从国际背景上考虑，以便于更加科学地定性和分析文化资源，从而达到既要与国际接轨，又要体现民族和地方特色的效果。

总的来说，在对于中原水文化资源的分类上，如果采用世界遗产分类的方法，把中原水文化资源简单分为文化遗产、自然遗产、文化与自然双重遗产、文化景观遗产、非物质文化遗产，就不能凸显中原水文化遗产在华夏文明发展中的地位，也就不能够全面涵盖中原水文化遗产的内容。当然，如果按照世界遗产与中国遗产管理体制相结合的方法，把中原水文化资源分为世界遗产、国家重点风景名胜区、国家历史文化名镇、全国重点文物保护单位、国家历史文化名城、国家级自然保护区、国家森林公园、国家水利风景区、4A级旅游区以及相关级别的历史文化遗产，就体现不出中原水文化的丰厚性，也就不能够全面展示中原历史文化遗产的类型。

基于上述缘由，我们认为，在对中原水文化资源分类时，应坚持"三结合"的原则。即国外文化遗产的分类与我国历史文化遗产分类相结合，世界历史文化遗产概念变化与我国历史文化遗产内涵演变相结合，我国历史文化遗产的特征与中原文化遗产表征相结合的原则。同时依据在长期的水事活动中，中原人民逐渐形成了识水、治水、用水、护水的思想、理念、行为、风俗、习惯、思维方式、规章制度等具有知识价值的精神财富以及人类在实践活动中创造的物质财富和内在发展规律，我们把中原水文化资源分为治水文化资源、节水文化资源、调水文化资源和崇水文化资源。

第三节　中原水文化资源主要类型

下面，我们详细分析中原水文化资源的类型。

一　治水文化资源

"水兴则邦兴，水安则民安"。兴水利、除水害，历来是治国安邦的大事。一部华夏文明史，在某种意义上就是一部治水史。中原先民在防御水患与开发利用水资源的治水过程中，孕育着独具特色的治水文化。除大禹外，河南历史上还出现了许多治水名人，如春秋的孙叔敖、战国末年的郑国、魏晋时期的司马孚、宋代的宋用臣等。[①] 治水孕育了华夏文明，为中原文化的发展提供了动力和源泉；治水塑造了自强不息、艰苦奋斗、不折不挠的中原人文精神；治水催化了夏朝的诞生，并对我国古代政治体制产生了极为深远的影响。

（一）治水文化内涵

中原是一个洪涝灾害多发的地区，有关大洪水的记载很多。因此，防洪自古以来就是中华民族最主要的治水活动之一。与洪水作斗争，成为人类生存和经济社会发展的必要条件。没有洪水就没有治水，就不能产生中华特色文明——治水文化。

何谓治水？古文献在记载"壅塞百川""疏川导滞"的同时，还记载了"禹……卑宫室而尽力乎沟洫"和"伯益作井"。《现代汉语词典》解释为："疏通水道，消除水患。"由此可见，人类治水内容不仅包括筑堤建坝、修筑城池、疏浚河道、堆筑高台等防御水患的实践，而且还包括凿井、挖池、修渠以利取水、储水、排灌等开发利用水资源的活动。[②] 治水主要是人民通过修堤建坝之类的工程，达到趋利避害，化险为夷的目的。中原地区先民在与水患旱涝等自然灾害作斗争的过程中，修建的治水工程，使用的治水工具，选取的治水方式以及所形成的治水精神、治水思想、治水理念等构成了独具特色的中原治水文化。

（二）典型文化资源

农耕文明是我国古代农业文明的主要载体，是中华文明的重要组成部分。而水，作为自然资源，生命的依托，与人类的繁衍生息、劳动创造结下了不解之缘。"缘水而居，不耕不稼"，[③] 不仅形象地展示了原始社会人类与水的关系，而且也说明了水与农耕的渊源。神话传说中的伏羲氏"做结绳而为网罟，以佃以渔"，就是教给人们结网打鱼和驯养禽畜，神农氏"因天之时，分地之利，制耒耜，教民农作，神而化之，使民宜之，故谓之神农也"，[④] 这是农耕文明的曙光。黄河流域的裴李

---

① 郭永平：《广博深厚 璀璨耀人——河南水文化的内容体系》，《河南水利与南水北调》2013 年第 9 期。

② 张应桥：《我国史前人类治水的考古学证明》，《中原文物》2005 年第 3 期。

③ 《列子》卷五《汤问》。

④ 《白虎通义》卷一《号》。

岗文化遗址的发现，表明在七八千年以前我国黄河流域的先民们已经创造了灿烂的农耕文化。[①] 大禹治水时，大力兴修沟洫，并在潮湿的地区推广植稻，为从而为夏朝的建立奠定了基础。战国时期，堤防的出现，加大了河床的容蓄能力，提高了防洪标准。东汉时期的王景统一规划制定了荥阳（今河南省荥阳县古荥镇）到千乘海口的堤防路线，并清除阻碍全河分水放淤固堤，清水回流刷深河床，减少淤积截堵堤河串沟。到明朝中叶，提出了"以堤束水，以水攻沙"的治水思想，是从单纯治水上的进步发展到治水与治沙相结合，对今天黄河小浪底工程仍有借鉴价值。

为了治理水患，中原先民在长期的治水实践中，积累了丰富的治水经验，发展了水利技术工程，对中华民族的科技进步和发明创造产生了深远的影响。比如，由于治水斗争的需要，以规矩、准绳为代表的测量工具相继被发明，进而催生了原始数学。

1. 大禹治水

面对滔天洪水，中华民族依靠自己的智慧、力量和百折不挠的精神，与洪水进行顽强抗争，并最终战胜了洪水，广为传诵的大禹治水的故事即反映了这一点。

司马迁在《史记·夏本纪》中是把大禹作为夏王朝的创立者的，其活动时代当为新石器时代龙山文化晚期。大禹在治理洪水的过程中，加强了各个部落联盟的联系和协作，而且也需要强有力的统一领导，原来由血缘关系为纽带的氏族部落被以行政区划分的"九州"所代替，并任命了九个地方行政长官"州牧"进行管理。同时，大禹实现部落联盟管理由血缘关系向地缘关系的转变，而这正是国家形成的标志之一。

治理全国水患的工程极其浩大，可以想见当时生产力低下的情况下，去治理泛滥的洪水，需要复杂的组织管理才能够成功。大规模的治水活动，需要有统一的意识和行动，也需要建立强有力的指挥机构，从而有效地组织和协调人力、物力用于治水斗争。大禹在治水过程中建立了相应的职官体系进行系统管理。

---

① 王星光：《试论中国耕犁的本土起源》，《郑州大学学报》（哲学社会科学版）1987 年第 1 期。

在治水的过程中，大禹为了更好地治理洪水，在舜的基础上逐步构建完善各种组织机构，并使之分工明确，各司其职。大禹在帝舜时期是负责平治水土的"司空"，兼任总摄联盟内各项具体事务的"百揆"。也正是由于治水任务职责的重大和时间的紧迫而赋予治水领导者至高无上的权力，这都促成了中央集权国家的产生。大规模的治水活动促进了王权的产生，为禅让制转变为世袭制的专制制度的建立提供了重要条件。

《史记·夏本纪》的记载是："禹死，天下授益。三年以后，益让位于禹子启，于是启遂即天子位，是为夏后帝启。"启世袭禹的帝位，是一个划时代的举动，标志着"各亲其亲，各子其子"的政权"世及"时代来到，特殊的公共权力开始凌驾于氏族社会之上，因为治理黄河是重点，所以在黄河流域最早形成了国家，客观上有利于民族和社会发展。大禹治水的传说有力地证明了治水活动对国家的产生和文明进步的重大影响。

在治水过程中，大禹组织各部族力量共同进行治水，由此促进了以血缘关系为纽带的氏族部落的大联合，促进了华夏各部族的融合与团结；大禹治水前后，通过开展农田水利建设，大力发展农业，实行平衡政策等方式，为国家的建立奠定了经济基础；大禹治水成功后，民心思定，渴望实行必要的集权体制以对抗较大的自然灾害并进行大规模的农业开发，为国家的建立奠定了思想基础；大禹治水成功后，组织严密、高度集权的治水机构逐渐沿袭为国家的组织机构，为国家的建立奠定了组织基础。由此，大禹治水催生了我国第一个奴隶制国家的产生，从此文明时代取代野蛮时代。在治水活动中，大禹以人为本、吃苦耐劳、无私奉献的治水精神成为中华民族精神的象征。继承和发扬大禹治水精神是中华民族生生不息、薪火相传的动力和支撑，是凝聚中华民族的重要思想基础，是各族人民团结和睦、共同奋斗的精神纽带。①

2. 王景治河

东汉时期的王景总揽全局，统筹兼顾，认真总结前人研究成果和实践经验，并且通过实际查勘，根据地势情况，兼顾各方，协调发展，统

---

① 贾兵强：《大禹治水精神及其现实意义》，《华北水利水电学院学报》（社会科学版）2011 年第 4 期。

一规划制定了荥阳（今河南省荥阳县古荥镇）到千乘海口的堤防路线，并采取疏浚河道，建立分水建筑物等措施，使黄河"无复溃漏之患"。

与此同时，王景破除了当时盛行的按经义治河，盲目追求复禹河故道的保守思想，经过"商度地势"，"分流而治"，规划了一条"河、汴分流，复其旧迹"的新渠线，并避开了宽窄不一、再三弯曲的原堤线，抓紧有利时机进行治理。从渠首开始，河、汴并行前进，然后主流行北济河故道，至长寿津转入黄河故道，最后注入大海。王景根据实际情况，吸取历史上的经验教训，采取了"十里立一水门，令更相回注"的办法。所谓"十里"不是固定的，而是根据黄河溜势变化的特点，采取多口分水的意思。这样根据渠水的大小，合理开关水门，从而解决了在多泥沙善迁徙的河流上的引水问题，这是王景在水利技术上的又一大创造。同时王景又沟通了黄河的各个分流，采取同样的设立水门的方法，这样洪水来了，支流就起分流、分沙作用以削减洪峰水势。

王景历经三年的时间治理黄河，终于完成治水工程，数十年的黄水灾害得到平息，明帝拜王景为河堤竭者。从东汉到魏晋南北朝，再到隋唐五代，王景治理黄河所带来的益处，一直泽被后代，百姓对其充满了赞扬之辞："王景治河，千载无患。"他的治水方法与策略在中国历史上发挥着重要影响，被历代治水者所推崇和效法，是当之无愧的治水专家。

3. 小浪底水利枢纽工程

黄河小浪底位于洛阳市孟津县、济源市边界，因为地处洛阳市孟津县小浪底镇，故而得名黄河小浪底。黄河小浪底水利枢纽工程位于河南省洛阳市孟津县小浪底，在洛阳市以北黄河中游最后一段峡谷的出口处，南距洛阳市 40 千米。小浪底水库两岸分别为秦岭山系的崤山、韶山和邙山和中条山系、太行山系的王屋山。水库最高运用水位 275 米，水库面积达 272.3 平方千米，上距三门峡水利枢纽 130 千米，下距河南省郑州花园口 128 千米。它不仅是中国治黄史上的丰碑，也是世界水利工程史上最具有挑战性的杰作。[1]

1991 年 9 月，小浪底水利枢纽工程前期工程开工。1994 年 7 月 16 日合同签字仪式在北京举行。1994 年 9 月主体工程开工，1997 年 10 月

---

[1]　贾兵强：《科技黄河》，中国社会科学出版社 2014 年版，第 102 页。

28 日实现大河截流, 1999 年底第一台机组发电, 2001 年 12 月 31 日全部竣工, 总工期逾 11 年, 坝址控制流域面积 69.42 万平方千米, 占黄河流域面积的 92.3%。水库总库容 126.5 亿立方米, 调水调沙库容 10.5 亿立方米, 死库容 75.5 亿立方米, 有效库容 51.0 亿立方米。2009 年 4 月, 全部工程通过竣工验收。

小浪底水利枢纽工程由主坝、泄水建筑物和引水发电系统组成。主坝由壤土斜心墙堆石坝, 坝顶长 1667 米, 最大坝高 154 米, 坝体总填筑量 5185 万立方米, 基础混凝土防渗墙深 80 米。坝基采用混凝土防渗墙及帷幕灌浆防渗。泄水建筑物包括 10 座进水塔、3 条明流泄洪洞、3 条孔板泄洪洞、3 条排沙洞、1 座正常溢洪道和 1 座非常溢洪道。引水发电系统包括 6 条引水隧洞, 分别向 6 台水轮发电机组供水。洞长约 300 米, 洞径 7.8 米, 单洞最大引水流量 305 立方米/秒。主厂房为地下式, 尺寸为 251.5 米 × 25 米 × 61.4 米, 最大跨度 26.2 米。围岩为砂岩、层面平缓且多泥化夹层。顶拱及边墙共采用 25 米长, 325 根 1500 千牛顿预应力锚索支护。[①] 枢纽特点是水工建筑物布置集中, 形成蜂窝状断面, 地质条件复杂, 混凝土浇筑量占工程总量的 90%。施工中大规模采用新技术、新工艺和先进设备, 泄洪洞群工程集中了小浪底工程的重点、难点和关键项目。

小浪底水利枢纽工程是具备了防洪、防凌、发电、排沙等多项功能的大型综合性水利工程。工程的建成, 可使黄河下游防洪标准由 60 年一遇提高到千年一遇, 基本解除黄河下游凌汛威胁; 水库采用蓄清排浑运作方式, 利用 75.5 亿立方米的调沙库容拦沙, 相当于 20 年黄河下游河库不淤积, 减少两到三次大堤加高费用; 水库可每年增加 20 亿立方米的供水量, 大大提高下游 4000 万亩灌区的用水保证率, 改善下游灌溉供水条件。[②]

二 节水文化资源

节约用水是缓解水资源短缺和化解干旱化趋势的有效手段。据统计, 改革开放以来, 中国以年平均 1% 的用水低增长, 支持了年平均

---

① 《中国电力百科全书》编辑部: 《中国电力百科全书·水力发电卷》, 中国电力出版社 2001 年版, 第 537—538 页。

② 李民: 《黄河文化百科全书》, 四川辞书出版社 2000 年版, 第 476—477 页。

9.88%的国民经济的高速增长；以世界平均60%的人均综合用水量，创造了高于世界平均水平3倍的国内生产总值增长率；以连续近20年的农田灌溉用水量的零增长，扩大灌溉面积近1.5亿亩，全国粮食总产量增长65%，人均产粮增长22.5%。[①] 党的十八大以来，以习近平同志为总书记的党中央，从战略和全局高度，对保障国家水安全作出一系列重大决策部署，明确提出"节水优先、空间均衡、系统治理、两手发力"的新时期水利工作方针，为加快水利改革发展提供了科学指南和根本遵循。

河南省地处南北气候和从山区到平原两个过渡地带，气候和地理条件特殊，加之河南省水利基础设施相对薄弱，洪涝灾害、干旱缺水和水资源短缺且分布不均问题依然存在，节水问题已成为国民经济和社会可持续发展的重要制约因素。实践证明，水利不仅是农业的命脉，而且是国民经济和社会发展的基础设施和基础产业。转变治水观念，厘清治水思路，注重水资源的优化配置、节约和保护，实现可持续发展的问题已成为河南省全面建成小康社会的重要制约因素。

（一）节水文化内涵

节水文化是人们在长期节水实践活动中所形成的节水设施、节水工程、节水行为、节水政令、节水思想等方面的总和。总的来说，广义的节水文化是指人类在社会历史实践过程中创造的有关节约用水的物质财富和精神财富的总和。狭义的节水文化则专指思想、意识、精神领域的成果总和。[②] 在建设中原经济区过程中，河南省要把大中型灌区续建配套与节水改造作为保障粮食安全的重要举措，加大大型灌区和中型灌区的改造力度，加大灌区续建配套和节水改造力度。2015年，河南省提出要着力践行"节水优先、空间均衡、系统治理、两手发力"的新时期治水思路，加快水利基础设施和水生态文明建设，全面推进水利改革发展，为加快中原经济区建设、确保粮食安全，建设美丽中原提供坚强的水利支撑。

（二）典型文化资源

从文化的角度看，个人和社会的节水意识、价值观念和节水行为规

① 张岳：《60年水利的历史见证》，《中国水利》2009年第11期。
② 高辉、屈艳萍：《节水文化在节水型社会建设中的作用》，《中国防汛抗旱》2012年第3期。

范构成了节水文化。① 节水文化是人类处理用水与节水关系的文化，是人们在用水过程中通过转变思想观念、改变生活方式、改进用水器具、加强用水管理、尊重水的权利，从而达到节约用水目的的文化，对于节水行为有着巨大的引导和规范作用。倡导节水文化，是我国经济社会发展的必然要求，是建设社会主义和谐社会、建设现代文明的必然要求，更是水资源的重要性以及我国所面临的严峻水资源形势的必然要求。

1. 节水制度

为了加强节约用水管理，科学合理利用水资源，适应经济和社会可持续发展的需要，根据《中华人民共和国水法》和有关法律、法规的规定，2004 年 5 月 28 日，河南省第十届人民代表大会常务委员会第九次会议通过的《河南省节约用水管理条例》，具有指导河南省节约用水制度建设的里程碑意义。《河南省节约用水管理条例》分总则、计划用水、节约用水、保障措施、法律责任和附则，共六章 35 条内容。

《河南省节约用水管理条例》明确提出：节约用水应当坚持合理开发和高效利用的原则，实行总量控制和定额管理相结合的制度。各级人民政府应当加强对节约用水工作的领导，广泛开展节约用水的宣传教育，提高全民节水意识；推行节水措施，推广节水新技术、新工艺，发展节水型工业、农业和服务业，建立节水型社会。

对于新建、改建、扩建的建设项目设计最大用水量达到县级以上人民政府水行政主管部门规定的数额，应当在建设前编制用水、节水评估报告；直接取用江河、湖泊、水库或者地下水资源的，应当编制水资源论证报告。建设项目可行性报告应当附具用水、节水评估报告或者水资源论证报告。新建、改建、扩建的建设项目，应当采用节水型的工艺、设备和器具，节水设施应当与主体工程同时设计、同时施工、同时投入使用。建设项目竣工后，水行政主管部门应当参加节水设施的竣工验收。未经验收或者验收不合格的节水设施，不得擅自投入使用。用水单位不得擅自停止使用已建成的节水设施。已经投入使用的建设项目，没有使用节水设施或节水器具的，应当逐步更新使用节水设施或节水器具，具体办法由省辖市人民政府制定。

对于工业用水应当采用先进技术、工艺和设备，增加循环用水次

---

① 黄伟军：《生态文明从节水开始》，《中国水利报》2008 年 8 月 7 日第 2 版。

数，提高水的重复利用率。生产设备冷却水、锅炉冷凝水应当循环使用或者回收使用，不得直接排放。以水为主要原料生产饮料、纯净水等产品的企业应当采取节水措施，提高水的利用率。生产后的尾水应当回收利用，不得直接排放。

对于用水单位和居民生活用水应当安装使用节水设备、器具。任何单位和个人，不得指定用户购买、使用特定的节水设备、器具。任何单位和个人不得生产、销售已明令淘汰的用水设备和器具。经营洗浴、游泳、水上娱乐、洗车的单位和个人，应当安装使用节水设施、器具。城市应当按照国家规定建立污水处理设施。新建供水设施的地区应当规划相应的污水处理设施和污水回用设施。

规划建筑面积和日均用水量超过规定规模的新建宾馆、饭店、住宅小区和机关、事业、企业单位办公设施及其他建设项目，应当逐步推行中水设施系统建设。园林绿化、环境卫生、洗车业、建筑业应当优先使用中水和其他再生水。城市园林绿化应当选种耐旱型花草树木。绿地、树木、花卉灌溉，推广滴灌、微喷灌等节水灌溉方式。

2. 节水教育

节水教育是一种具有广泛意义的科学普及教育，是我国公民基本文化道德素养的重要组成部分，必将有利于增强全民节水意识，促进全方位公众参与节水型社会建设的实现。我国工业水循环利用和再生利用程度低。2004 年万元 GDP 用水量为 399 立方米，约为世界平均水平的 4 倍，是美国等先进国家的 8 倍。万元工业增加值用水量为 196 立方米，工业用水重复利用率约为 60%—65%。国外发达国家万元工业增加值用水量一般在 50 立方米以下，工业用水重复利用率一般在 80%—85%。[①] 为了提高全民依法用水、节约水、保护水的意识，河南省每年都组织开展形式多样、持续不断、重点突出的节水宣传教育活动，并联合多家新闻媒体不定期对郑州市水资源管理、节约用水、水行政执法等工作情况进行系列报道。

为了提高城市居民节水意识，从 1992 年开始，每年 5 月 15 日所在的那一周为"全国城市节水宣传周"，旨在动员广大市民共同关注水资源，营造全社会的节水氛围，树立绿色文明意识、生态环境意识和可持

---

① 孙凯：《用先进的节水文化普及节水意识》，《中国水利报》2008 年 8 月 21 日第 2 版。

续发展意识，使广大市民在日常生活中养成良好的用水习惯，促进生态环境改善，人与水和谐发展，共同建设碧水家园。2014 年全国城市节约用水宣传周主题为"全面推进城市节水，点滴铸就生态文明"。如2014 年 5 月 11 日，由许昌市创建国家节水型城市工作领导小组办公室主办的第 23 个"全国城市节约用水宣传周"启动仪式在许昌学院举行。启动仪式上，有关人员宣读了《节约用水倡议书》，重申了节约用水的重要意义和许昌市水资源缺乏的严峻形势。虽然许昌市的节水工作取得了一定成绩，但仍需全市人民继续努力。许昌市水资源和水环境形势严峻，全市年人均水资源占有量为 208 立方米，仅为全国人均占有量的 1/10，远远低于国际严重缺水警戒线 1000 立方米的标准。此外，一些单位对城市节水的认识还不到位，重经济、轻生态，没有将节水减排与城市可持续发展紧密相连。近年来，许昌市坚持"节流为先、治污为本、科学开源、综合利用"的原则，以创建"国家节水型城市""全国水生态文明城市建设试点"为载体，进一步加强计划管水、节约用水工作，为许昌市的节水工作奠定了坚实基础。2013 年，许昌市被国家住房和城乡建设部、国家发展改革委联合命名为"国家节水型城市"。①

世界水日的提出，宗旨是唤起公众的节水意识，加强水资源保护。1993 年 1 月 18 日，第四十七届联合国大会作出决议，确定每年的 3 月22 日为"世界水日"。1988 年《中华人民共和国水法》颁布后，水利部即确定每年的 7 月 1 日至 7 日为"中国水周"，考虑到世界水日与中国水周的主旨和内容基本相同，因此从 1994 年开始，把"中国水周"的时间改为每年的 3 月 22 日至 28 日，时间的重合，使宣传活动更加突出"世界水日"的主题。2015 年 3 月 22 日是第二十三届世界水日，3月 22—28 日是第二十八届中国水周。联合国确定 2015 年世界水日的宣传主题是"水与可持续发展"。我国纪念 2015 年世界水日和中国水周活动的宣传主题为"节约水资源，保障水安全"。每年的世界水日和中国水周，河南省都会在广场、主干道两边及大型居民生活区布展组织节约用水宣传活动，并组织市民参与。采取组织广场集中宣传、报纸、电

---

① 《许昌市开展"全国城市节约用水宣传周"活动》，河南省人民政府网，2014 年 5 月 12 日。

视、广播、网络、手机短信、市区主要电子屏飞播、深入基层等多种宣传形式，围绕主题并结合工作实际，有计划、有步骤地开展形式多样、内容丰富的宣传活动。如河南省水利系统积极开展宣传活动，举办节约用水有奖知识竞赛活动，通过悬挂宣传条幅，发放宣传手册，制作宣传展板、张贴宣传画报大力开展宣传，扩大了覆盖面，起到了良好的宣传效果。2015 年第二十三届世界水日和第二十八届中国水周，河南水利系统共悬挂宣传条幅 140 条、发放水法宣传特刊及宣传单页 23000 余份、制作宣传展板 600 余块、张贴宣传画报 4000 余套，水法宣传进社区 20 个、进学校 30 余所，[①] 有效地深化了"节约水资源，保障水安全"的主题，使社会各界增强了水忧患意识和水法制观念，为促进人水和谐、营造好的水事秩序奠定了良好的社会基础。随机调查显示，郑州市民的节水观念已经普及到 95% 以上，80% 以上的市民对郑州市的水资源状况有比较清楚的认识。

受传统观念的影响，我国水资源利用方式粗放，用水方式陈旧落后，用水效率不高，用水浪费严重。因此，河南省要通过制定奖罚、扶持、鼓励等一系列水资源节约和保护政策，引导全社会形成"人与自然和谐相处"、保护生态环境的节约水资源的消费模式。现实生活中，作为个人，应该积极参加节水大行动。除了交流用水方式和经验外，还应学习节约用水、循环用水的行为和生活方式，提高水的利用效率。此外，每个公民都应采用健康文明的生活方式，选择环保用品，自觉监督污染源头，爱护水资源，自觉用好水。

3. 中原水窖

中原水窖是一种利用庭院屋顶、丘陵山地低洼地方收集、蓄存雨水的技术，主要分布在豫西南和豫西丘陵地域。由于水窖建筑容易，投资少、成本低、使用方便，是一项相对成熟的节水技术，有旱地水窖、集雨水窖等。

平顶山市辖区内有 45 个乡镇的 1050 个行政村 145 万人口分布在浅山丘冈区，旱地耕作面积为 200 多万亩。统计资料显示，在这一地区，常年降雨量为 500—600 毫米，80% 的降水保证率只有 400 毫米左右，

---

① 水政监察总队：《全省水利系统开展形式多样的"世界水日""中国水周"宣传活动》，河南水利网，2015 年 3 月 30 日。

年际间和季节间降水变异很大，且与作物生长需水期不能同步。旱情几乎年年发生，大旱年份农作物绝收面积在 60% 以上。20 世纪 90 年代末，平顶山市和县（市）农业局的专业技术人员带着技术，带着工具和材料，来到郏县辛庄岗，来到鲁山县赵竹园，来到汝州市王窑、马头山，来到那些居住在丘陵山区的人们中间，传播集雨补溉技术，开挖建筑旱地水窖。1999 年，平顶山市《政府工作报告》中提出："全市每年要建成 4000 座旱地水窖。"各有关县（市）相继制定了旱地水窖建设的技术标准，出台了补助、奖励措施。自 2000 年以来，在汝州大峪、郏县安良、宝丰观音堂、叶县夏李等旱地区域内，建有大量水窖。全市已建成水窖 14909 座，新增有效灌溉面积 3.2 万亩，解决 4.5 万人和 2.6 万头大牲畜的饮水难题。①

新密市为拓宽开发水源思路，水利部门因地制宜，变过去分散蓄水的水窖为集中蓄水的水池，使工程造价降低 42%。据悉，香山项目区 2007 年建成的两个大蓄水池，集中拦蓄雨水、泉水，通过管网直接输送到田间地头，使每立方米投资由 95 元下降到 55 元。另外，蓄水池周围还进行了美化绿化，现已成为当地一道亮丽的风景线和休闲去处。袁庄北横岭项目区 2000 个水窖由于提前半年竣工，在 2007 年严重旱情发生时，项目区群众利用水窖适时灌溉小麦，使小麦亩增产 120 公斤。当年新密市集雨节灌工程共投资 5000 多万元，建成水窖 2 万多个，铺设管网 45 万米，涉及 10 个乡（镇）30 个行政村 4 万多亩农田。新密市兴建的 2 万多个集雨水窖已全部蓄水，为农作物灌溉提供了水源保障。②

2014 年入夏以来，河南省遭遇了"50 年一遇"的特大干旱，地形条件复杂、人口居住分散的洛阳嵩县丘陵山区，却基本未因干旱发生人畜饮水困难。究其原因在于，遍布在嵩县的集雨水窖，是山区群众赖以生存的水源保障。截至目前，全县共建设 14566 座集雨水窖，解决了 6.5 万余人和 2.3 万多头大牲畜的饮水困难，保证了山区群众的生产、生活用水。为解决人畜饮水困难，嵩县于 1999 年开始连片修建集雨水

---

① 王定翔：《旱地水窖是救命窖幸福窖》，《平顶山日报》2005 年 4 月 22 日第 1 版。
② 《河南郑州新密 2 万座水窖提前蓄水　700 多名山民告别灌溉难》，河南农业信息网，2007 年 11 月 9 日。

窖，将雨水收集、保存起来，供全年使用。2014 年，为加快农村抗旱吃水工程建设步伐，提高农村抗旱减灾能力，洛阳市出台了《洛阳市农村抗旱吃水工程建设奖补办法》，采取 "政府引导、行业指导、群众自愿、先建后补" 的原则，按照水窖容积进行资金补助。以 50 立方米容积水窖为例，修集水渠、沉淀池，装过滤网，接水管入户，全部建成需要 7000 多元，后期能得到补助 3000 元左右，补贴将近一半。据市水务局有关负责人介绍，洛阳市计划从 2014 年起连续 3 年每年补贴新建集雨水窖 2000 个，3 年共新建 6000 个，将解决 3 万名以上丘陵山区群众和 1 万头以上大牲畜的饮水困难。[①]

三　调水文化资源

水资源是关系到国家环境与发展的战略性经济资源。然而，水资源供需矛盾突出、水质污染加剧、水土流失等已成为困扰世界的重要环境问题。就国内而言，我国水资源分布不均匀，南方水多，北方水少。长江流域及其以南地区，水资源量占到全国河川径流 80% 以上；而在黄淮海流域，水资源量只有全国的 1/14，其中北方 9 省区，人均水资源不到 500 立方米，特别是城市人口剧增、生态环境恶化、工农业用水技术落后、浪费严重以及水源污染等，成为国家经济建设发展的瓶颈。河南省水资源分布不均、供需矛盾也依然存在。调水工程是缓解我国北方水资源严重短缺局面的战略性基础设施，由此形成调水文化，成为中原水文化资源的重要组成部分。

（一）调水文化内涵

调水在我国有着悠久的历史，沟通珠江和长江流域的灵渠工程、京杭大运河都是历史上跨流域调水的典型事例。南水北调是当代一项跨流域调水的战略性工程，分东中西三条线路，把长江流域丰富的水资源，调到缺水的西北华北地区。目前，我国计划中和正在开展的跨流域调水有：从长江上游引水到黄河上游的南水北调的西线工程；新疆北部引额尔齐斯河的北水南调工程；甘肃从大通河到秦王川、湟水河的引水工程；从黑河向古城西安的引水工程等；引滦入津，引滦入唐、引黄济青、引黄入晋、东北的北水南调工程、引江济太、广东的东深引水工程

---

① 石蕴璞、陈亚辉：《河南嵩县：小水窖创造抗旱大奇迹》，洛阳网，2014 年 8 月 14 日。

等。河南境内和经过河南的著名的水利工程有战国初期以漳水为源的大型引水灌溉渠系引漳十二渠、古代最早沟通黄河与淮河的人工大运河鸿沟、春秋时期西门豹治邺和孙叔敖于固始修建的期思陂、西汉时黄河首次大规模堵口工程瓠子堵口、东汉大型蓄水灌溉工程鸿隙陂和六门陂、隋朝开通的沟通黄河与淮河的骨干运河汴渠和以洛阳为中心的贯通全国连接五大水系的京杭大运河，以及现代的三门峡水利枢纽、小浪底水利枢纽、黄河大堤，等等。①

在我国调水文化及其发展史方面，代表性成果有邹逸麟的《试论我国运河的历史变迁》，该书介绍了我国历史上的运河型跨流域调水工程文化。② 万咸涛的《我国跨流域调水工程建设对生态与环境影响概述》阐述了历史上跨流域调水工程简况及存在的环境问题以及调水工程对生态与环境的影响。③ 郑连第《中国历史上的跨流域调水工程》系统论述了我国历史上所修筑的跨流域调水工程。④ 此外，贾克平等的《国内外跨流域调水研究扫描》⑤、马玉泊等的《跨流域调水对区域自然生态环境影响评价》⑥、徐少军等的《跨流域调水对汉江中下游生态环境影响及对策》⑦、刘涛等的《跨流域调水的生态效应综合探讨》⑧ 对于深入分析和认识跨流域调水技术发展有很大借鉴作用。

上述研究表明，调水系统一般包括水源工程如蓄水、引水、提水等工程，输配水设施渠道或管道、隧洞和河道等，渠系建筑物如交叉、节制和分水等建筑物，受水区内的蓄水、引水、提水等设施。因此，调水文化不仅包括跨流域调水和流域内调水工程为代表的物质水文化，还包含保障调水设施正常运行的调水制度、调水思想和调水政策为代表的非

---

① 郭永平：《广博深厚　璀璨耀人——河南水文化的内容体系》，《河南水利与南水北调》2013 年第 9 期。

② 邹逸麟：《试论我国运河的历史变迁》，《历史教学问题》1982 年第 3 期。

③ 万咸涛：《我国跨流域调水工程建设对生态与环境影响概述》，《江苏环境科技》1999 年第 1 期。

④ 郑连第：《中国历史上的跨流域调水工程》，《南水北调与水利科技》2003 年第 S1 期。

⑤ 贾克平等：《国内外跨流域调水研究扫描》，《水利经济》2000 年第 3 期。

⑥ 马玉泊、丁二峰：《跨流域调水对区域自然生态环境影响评价》，《地下水》2010 年第 2 期。

⑦ 徐少军等：《跨流域调水对汉江中下游生态环境影响及对策》，《人民长江》2010 年第 11 期。

⑧ 刘涛等：《跨流域调水的生态效应综合探讨》，《山西建筑》2010 年第 27 期。

物质水文化，是工程水文化、制度水文化、政治水文化、法制水文化的总和。

（二）典型文化资源

春秋战国时期，楚国在睢水和汴水上筑坝拦水、楚相孙叔敖"作期思之陂"、郑国大夫邓析发明桔槔提水工具、西门豹修建漳河十二渠、魏惠王开古运河鸿沟等，这些均是我国的水文化遗产。据考古发掘，登封古阳城供水工程是距今已有 2500 多年战国时期的工程，整个供水系统包括输水管（管道槽和陶管）、沉淀池、贮水设施、控制流量的四通管等，创建了我国最早的城市供水系统工程。[①]

秦汉以降，秦修沁河枋口渠、汉武帝修建鸿隙陂、南阳郡太守召信臣修建马仁陂、贾让"治河三策"、杜诗造作水排、王景治理黄河和汴渠、曹操修睢阳渠、杜预建陂堰、隋开凿南北大运河、唐代邓门陂（同时期还有李氏陂、中牟的 24 陂、许昌的堤塘、平舆的葛陂、永城的大剂陂等）、宋开通淮入汴漕运、王安石的《农田利害条约》、元代黄河频繁改道的有关文献、明代的清河灌区、清代整治豫东平原河道和吴其浚的《治淮上游论》，以及当代人工天河红旗渠、南水北调工程等是中原水文化资源的代表。

1. 鸿沟运河

中原地区调水思想萌芽于大禹治水初步形成的荥泽，据东汉时期《水经注·河水》记载：河水"又东过荥阳县北，蒗荡渠出焉"。北魏郦道元注释说："大禹塞荥泽，开之以通淮、泗，即《经》所谓蒗荡渠也。"[②] 战国时期，最先进行变法的魏国成为这一时期七国中最先强盛起来的国家。公元前 361 年，魏惠王依荥泽开凿鸿沟，《史记·河渠书》载魏国动工开挖以大梁为中心，"通宋、郑、陈、蔡、曹、卫，与济、汝、淮、泗相会"的运河，这就是历史上著名的鸿沟。《水经注·渠水》：渠出荥阳北河南东，过中牟县北，又东至浚仪县。鸿沟从荥阳开始（济水分河之处，即荥口石门），经荥泽（郑州西）后开大沟引至圃田泽（郑州东），又引至国都大梁（今河南开封）城北。鸿沟的开

---

① 方燕明：《中华文明探源工程中中原地区的考古发现与研究》，《郑州大学学报》（哲学社会科学版）2008 年第 4 期。

② 《水经注》卷一《河水》。

凿，不仅在黄河、淮河、济水之间形成了一个相当完整的水上交通网，而且由于它所连通的地区都是当时我国经济、政治、文化最发达的地区，所以在历史上影响深远。

西汉时期，黄河在濮阳瓠子决口，鸿沟水运逐渐萧条。直到东汉明帝时，鸿沟已经完全无法利用。然而在明帝永平十二年（69年），东汉王景又对其进行了治理。之后鸿沟一名逐渐被汳水替代，并写为"汴渠"。① 唐代，通齐渠改名为广济渠，习惯上也称为汴渠、汴水或汴河。唐朝政府十分重视对运河郑州段的维修浚治。"发河南府怀、郑、汴、滑三万人疏决开旧河口，旬日而毕"。② 北宋在改造、疏浚前代原有的水道基础上，形成以首都开封为中心向四周辐射的"漕运四河"系统。北宋郑州段汴河与隋唐时期相比，线路基本上没有多少变化。北宋末，高宗南逃下诏毁坏运河水道，郑州段汴河破坏严重。元明清建都北京，南北运输线东移，运河不再经过郑州地区。③ 其中元代末年，由工部尚书总治河防使贾鲁负责黄河河防工程时倡导和开凿，故名贾鲁河。④

2. 隋唐大运河

大运河由隋唐大运河、京杭大运河、浙东大运河三部分组成。全长2700公里，跨越地球十多个纬度，纵贯在我国最富饶的华北大平原与江南水乡上，是我国古代南北交通的大动脉，也是世界上开凿最早、规模最大的运河。其中，京杭大运河是在世界内河航运史上占有重要地位的世界上最长的大运河。2002年，大运河被纳入了"南水北调"三线工程之一。2014年，大运河成为我国第46个世界遗产项目，是我国古代劳动人民在东部平原上创造的一项伟大的水利工程，为世界上最长的运河，也是世界上开凿最早、规模最大的运河。

大运河由春秋吴国开凿，隋代扩修并贯通至都城洛阳且连涿郡，元朝翻修时弃洛阳而取直至北京。隋唐时期，我国内河航运进入了一个新的发展时期。隋大业元年（605年），隋炀帝杨广下令开凿一条贯通南北的大运河。这时主要是开凿通济渠和永济渠。黄河南岸的通济渠工

---

① 《读史方舆纪要》卷四十六《河南道》。
② 《旧唐书》卷四十九《食货（下）》。
③ 李静兰：《隋唐大运河郑州段历史价值及遗产廊道构建研究》，硕士学位论文，郑州大学，2012年。
④ 《元史》卷六十四《河渠志》。

程，是在洛阳附近引黄河的水，行向东南，进入汴水（今已湮塞），沟通黄、淮两大河流的水运。通济渠又叫御河，是黄河、汴水和淮河三条河流水路沟通的开始。隋朝的都城是长安，所以当时的主要漕运路线是：沿江南运河到京口（今镇江）渡长江，再顺山阳渎北上，进而转入通济渠，逆黄河、渭河向上，最后抵达长安。黄河以北开凿的永济渠，是利用沁水、淇水、卫河等河为水源，引水通航，在天津西北利用卢沟（永定河），直达涿郡（今北京）的运河。隋大业六年（610 年），南北大运河开凿完工，大大便利了南北交通，加强了京都和河北、江南地区的水上运输。当年，航行在运河里的船队，南来北往，舳舻千里，呈现出一派繁忙景象。

元朝定都大都（今北京）后，要从江浙一带运粮到大都。但隋朝的大运河，在海河和淮河中间的一段，是以洛阳为中心向东北和东南伸展的。为了避免绕道洛阳，裁弯取直，元朝就修建了济州、会通、通惠等河，明、清两代，又对大运河中的许多河段进行了改造。大运河的主要功能，集航运、灌溉、防洪工程于一体，是农业文明中打入商业文明的楔子。运河的贯通，除承担传统意义上的农业职能外，更重要的是带来我国历史上最大规模的南北物资交流，冲破"文不经商，士不理财"的观念束缚。

3. 人工天河——红旗渠

红旗渠位于河南省林州市（原林县），林县处于山西、河南、河北三省交界处的太行山东麓，境内山峦起伏，沟壑纵横，土薄石厚，地质复杂，更为严重的是水源奇缺，灾害年年有，十年九不收，是个山穷、水穷、地穷、人穷的贫瘠山区。为了改变因缺水造成的贫困，20 世纪60 年代，勤劳勇敢的林县人民在中国共产党的正确领导下，自力更生，艰苦奋斗，劈开太行山，引漳河水入林县，历经十年，在太行山腰修建出了人工天河——红旗渠，从而彻底改变了全县十年九旱、贫困落后的面貌。红旗渠总干渠长 70.6 公里，干渠、分干渠、支渠、斗渠共 1500多公里，人们把它誉为"人工天河""中国的水长城"。联合国教科文组织把红旗渠和苏伊士运河列入世界近代十大人造奇迹。

红旗渠，这条林县人民用血泪修筑而成的人工天河，不仅被老百姓亲切地称为"生命之渠""希望之渠"，更为重要的是，红旗渠被看成是林县人民、中原人民乃至中华民族的一座精神丰碑。它以自力更生为根本，以艰苦奋斗为核心，以团结协作为导向，以无私奉献为保障，既弘扬了中华民族的优良传统，又倡导了正确的人生价值观；既继承和发扬了中华民族传统美德，又体现了当今中国人民的理想、信念和追求。红旗渠精神是红旗渠修建的过程中形成的一笔宝贵的精神财富。正是凭借这种精神与信念，林县人民才可以摆脱贫困，走向致富的道路。如2012 年春节七天假期里，人工天河红旗渠共接待游客 34.13 万人次，实现旅游收入 2.29 亿元。[①]

红旗渠精神是传统文化与当代精神的最佳结合与集中体现，蕴含着党的领导、群众路线、干部作风、革命精神等十分深刻而丰富的内涵，体现了中国共产党的优良品质和劳动人民的光荣传统，体现了社会主义制度的优越性和巨大凝聚力，具有感化陶冶、激励鼓舞、团结凝聚的重要意义与当代价值，是中原人民所认同的精神追求。弘扬红旗渠精神，进一步凝聚中原人民的精神追求，为中原经济区建设提供凝聚力和强大精神动力源泉。

四 崇水文化资源

远古的先民在对自然现象的膜拜、祈求、恐惧、屈从的漫长过程中缓慢地、辩证地认识了水，进而产生了崇水文化，涉及政治、经济、文艺、哲学、宗教、民俗等多个领域。河南的崇水文化特色鲜明，绚烂多姿，并大多广泛流传，对周边地区乃至华夏和世界华人族群影响深远。例如，在农历二月初二，传说能够呼风唤雨的龙要抬头升天，古代中原人便把这一天定为"龙抬头节"，开展各种各样的活动，一来祈求龙王降雨，二来祈福消灾祛毒。舞钢市水灯文化历史悠久，据考证，从宋代起就有中秋节放河灯祈福的民间习俗。2001 年，为继承和发扬传统民俗文化，舞钢市举办了首届水灯节，引起巨大轰动，周边数十万群众前来观灯。之后，舞钢市连续举办了数届水灯节，每年一届。水灯节期间，该市还通过举办大型文艺演出、燃放烟火、民俗表演、书画奇石根艺摄影展等活动，使水灯节的内容更加丰富多彩，受到当地民众和广大游客的欢迎和赞誉。[②] 崇水文化成为中原水文化重要组成部分，是华夏

---

① 李跃峰：《春节假期开门红　河南安阳旅游收入 2.29 亿元》，《中国日报》2012 年 2 月 3 日。

② 郭永平：《广博深厚　璀璨耀人——河南水文化的内容体系》，《河南水利与南水北调》2013 年第 9 期。

历史文明的主干。

（一）崇水文化内涵

由水与生命、农作物生长的密切联系而产生的对水的种种神秘力量的崇拜，弥漫散布到了中国百姓生活的各个方面、各个角落，形成了与水有关的种种民俗事象。如诞生礼俗中的洗三、送水礼、冷水浴婴。婚俗中的泼水、喷床、喝子茶。葬俗中的浴尸、洗骨葬。节俗中的洗澡节、沐浴节、泼水节。巫俗中的符水禁咒等，可以说是数不胜数。[①] 由此可知，崇水文化是人们在长期利用和管理水事的实践中，基于对周围自然环境的认知与调适而创造出来的一种文化现象。它通常包括一个国家（民族、地区）对水资源、水环境的认识与信仰，利用水资源的技术，管理水资源的制度三方面的内容，是信仰、技术、制度三元结构的有机整合。因此，崇水文化主要包括人们在水事活动中形成的敬水、畏水、拜水、祈雨的文化现象，不仅有崇水文化遗迹为代表的物质水文化，而且还包含崇水思想为代表的非物质水文化，是精神水文化、技术水文化、制度水文化和民俗水文化的总和。

（二）典型文化资源

由于水是人类生活必不可缺的一种重要资源，人的一生，从生老病死到婚丧嫁娶都离不开水，作为圣洁的象征，水被人们赋予了神圣的力量，崇水习俗在中原人民生活中占有十分重要的地位，成为传承中原文化的文明因子。比如豫西南地区的汉族定亲，女方收到男方的定亲礼物后，要以水作为主要的回礼，称作"回鱼箸"。南宋时期孟元老《东京梦华录·娶妇》中对此有较详细的记载："女家以淡水二瓶、活鱼三五个、箸一双，悉送在元酒瓶内，谓之'回鱼箸'。"[②] 这种回礼无疑包含了祈求生子，祝福婚姻美满幸福的意义。而水作为饱含取之不尽，用之不竭，生生不息的生命活力的文化载体，无疑与人们以水崇拜的祈求生殖繁衍的文化内涵有关。

1. 济渎庙与济水祭祀

在古代，长江、黄河、淮河、济水四条河流并称为"四渎"。"渎"，通窦。"窦"本来的意思就是指孔穴，引申含义为水道口。在古

---

① 向柏松：《中国水崇拜》，上海三联书店 1999 年版。
② 程民生：《宋代地域文化》，河南大学出版社 1997 年版。

人看来，四大河流应该各有源头，它们分别从四个"窦"发源而独流入海，故谓之"渎"。千百年来，人们视黄河为"母亲河"，并将黄河视为四渎之宗，河渎之神在四渎崇拜中占有十分重要的地位。

河南济源市西北两公里济水东源处庙街村内的济渎庙，全称济渎北海庙，是我国四渎庙宇中建筑规模最大、保存最好的古建筑。济渎庙占地 8.6 万平方米，呈"甲"字形，取"神龟探海"之意。据史料记载，济渎庙始建于隋开皇二年（582 年），是当时朝廷为了祭祀济水神而兴建的。

自隋代修建济渎庙后，四渎神在皇帝的尊封中，从"公"上升到"王"，年年的祭祀活动内容也日趋正规，有了详细的祭祀礼仪和程序。在唐代以前，济水原被称为北渎大济之神，唐玄宗李隆基在 747 年又将济渎神封为清源公，因此济渎庙又被称为清源祠，而祭祀更加隆重。唐贞元十二年（796 年），朝廷鉴于北海远在大漠之北，较难祭祀，所以在济渎庙后增建北海祠。据《济渎北海庙祭品碑》记载，唐贞元十二年（796 年），皇帝选择黄道吉日，命特使奉朝廷祭祀的祝文来到济源，先要吃斋净身，等候祭祀。正式祭祀时，朝廷特使必须腰悬宝剑和玉佩，穿上朝靴，在官帽上插上漂亮的羽毛，挂上表示官员等级的七串玉串。陪同祭祀的济源县尹穿绣花官服，佩剑着靴，帽上挂着六串玉串，手上捧着三章祭文；县丞腰上挂着玉佩，帽上挂着五串玉串。祭台正中摆着济渎神位，神位前供奉着牛、羊、猪三牲供品。在庄严的乐曲声中，朝廷特使首先宣读祝文，县尹随后敬献三章祭文，然后地方官齐拜。济源百姓、各色艺人都会聚济渎庙，或献艺表演，或观看盛况。

元延祐元年（1314 年），全国发生大规模旱情，元仁宗爱育黎拔力八达先是在京城南的长春宫隆重祭祀七天七夜后，命道教法师崇真等人奉上金龙、玉简各两枚，到济源祭祀。六月，皇帝特使在当地官员陪同下，到济渎庙祭祀，投沉了事先准备好的金龙玉简。金龙玉简入水后，仍清澈可见。当夜即雷电交加，大雨如注。三天后，特使又到紫微宫祭祀。第四天，再到天坛山、王母洞投放金龙玉简。当天还是晴空万里，等金龙玉简投放之后，又迎来了一阵雷阵雨。

2. 开封禹王台庙会

开封因为地理原因屡遭黄河水患，为怀念大禹治水的伟大功绩，古人于明嘉靖二年（1523 年）在古吹台上建禹王庙，故古吹台被改称为禹王台。此后，经历明、清两代对台上的建筑物的多次修葺，到现今禹王台公园内的主要景点有：纪念师旷的古吹台，挂康熙亲书"功存河洛"牌匾的御书楼，乾隆御碑亭，为纪念李白、杜甫、高适三位大诗人登古吹台吟诗作画而兴建的"三贤祠"，为纪念大禹治水功绩的禹王殿，以及为纪念三十七位治水功臣而建的"水德祠"等。

据载，早在北宋年间，作为北宋都城的开封，官员们一到每年仲春都要在禹王台一带的先农坛举行盛大的祭祀活动。至明清两代，这项祭祀活动已逐渐发展为传统庙会，赶会人数量众多。清代有诗为证："一湾绿树禹王台，时节清明花正开，相约邓家诸姐妹，明朝城外踏青来。"而"柳如细霞春日暖，日暮游人犹未散，禹王台畔疑无路，前车不行后车荡"的著名诗句，也是当年禹王台庙会盛况的生动写照。

东京开封的禹王大庙会自始办至今，根据旅游市场的需求和游客"口味"不断创新，目前已显现出其浓郁的地方特色和民族特色，同时具有雅俗共赏、老少皆宜的特点。这里既有场面宏大的"历代皇帝祭祀禹王"巡游活动，又有绝活杂耍表演；既有少儿爱玩爱坐的水球飞椅，又有老人爱听爱看的豫剧大戏；既有各种开封风味小吃摊，又有草编制品、糖画、面人等开封民间工艺品店。进入庙会的游客，不论年龄、职业、文化层次，都可以从中获取到自己的休闲娱乐需求，融入这幅民俗画卷当中。

3. 温县与温泉

温泉的水多是由降水或地表水渗入地下深处，吸收四周岩石的热量后又上升流出地表的，一般又是矿泉。泉水温度等于或略超过当地的水沸点的称沸泉，周期性地、有节奏地喷水的温泉称间歇温泉。我国目前已知的温泉点约有2400多处，温泉最多的是云南，有温泉400多处，以腾冲的温泉最著名。河南温泉有温县温泉、鲁山温泉群和汝州温泉等。

温县的县名和温姓氏起源都是因温泉得名。据《温县志》载："约在公元前21世纪，此地已立国，以境内有温泉得名，称温国。履癸（夏桀王）二十六年，商灭温，温为商之畿内邑。"传说在夏代帝相年间，夏政权被寒浞把持，帝相流亡在外，全国处于无序状态。身居伯爵之位的黄帝之孙颛顼的后裔昆吾氏，在自己广大的领地内，将太行山以南的黄河水北畔之地，封赐其子而建立温国，成为夏的一个主要的地方国。温国土地平整，水利方便，粮丰草茂，人口繁多，交通便利，是个比较富裕的诸侯国家。商代建国后设立温邑，周朝春秋以后始设温县，已有 3000 多年的历史。商朝时期就有著名的六色泉，据史料记载，夏商时期，太行山以南，黄河以北地区，林海茫茫，古树参天，水草繁茂，动物众多，泉水叮咚，是国王及王公大臣们赏玩游猎之地。相传有一天，商纣王带领妲己及宫廷人员外出游猎，行至六村（今温县陆村）一带，听说村北有一清泉，泉水喷涌，水呈赤、白、黄、绿、蓝、紫六种颜色，甘甜清冽，沁人肺腑，很是兴奋，于是扬鞭催马来到六色泉。行至六色泉百步之外就听到泉水声响清脆悠扬，斜阳下可见六种水色变幻莫测，灿灿发光，十分奇妙。纣王近前观赏品尝，见泉水甘甜清冽，胜似御液琼浆，不由大声感叹：“神泉奇水，上天恩赐，堪称绝妙。”妲己及宫女们见了，更是争相品尝，赞不绝口。纣王玩到兴奋处，不思回宫，令人安营扎寨，临泉安歇，尽情玩耍，至翌日方回朝歌。六色泉一经在朝歌传开，朝歌一带达官权贵，纷纷携妻带子，慕名前来观赏游玩，车马行人络绎不绝，热闹非凡。为了接待这些达官贵人，官府在附近建了许多建筑，俗称官胡同。在历史上相当一段时间影响很大。

第三章　中原水文化资源价值评估与分级

生命起源于浩渺无际的海洋，整个生态系统的生命都因水而生，缘水而成，水是整个自然界最基础、最重要，也是最为活跃的控制因素。从古至今，水主导着人类的生产、生活，影响着人类的历史进程。与此同时，人类在躲避因水而引起的自然灾害（水旱灾害），在兴水利、除水害、利用水资源以及与此有关的历史实践活动中，改变着水的命运。人类在水与相互联系、相互依存、相互渗透、相互制约的过程中，创造了辉煌灿烂的水文化，形成了浩如烟海的水文化资源。中原水文化就是其中一颗熠熠生辉的明珠。

近年来，随着对中原水文化研究的不断深入，人们对中原水文化价值的认识不断深化，对其进行评估和分级的尝试工作也在不断开展。如何进一步明晰中原水文化价值评估与分级的资源范围、指导思想，准确找出中原水文化价值评估与分级的科学依据、显著特征，完善中原水文化价值评估与分级的方法，建立中原水文化资源价值评估与分级标准体系，已成为中原水文化建设进程中一项具有重要意义的工作。

第一节　中原水文化资源价值评估与分级的指导思想

一　价值评估与分级的资源对象

要建立起中原水文化资源价值评估与分级标准体系，首先要明晰中原水文化的资源对象。

中华文化发轫且壮大于中原文化，作为中原文化重要支撑的中原水文化，可以看作是中华水文化乃至整个中华文化的重要组成部分。中原文化的广泛定义是黄河中下游的区域文化，据此，我们可以把中原水文化看作生活在黄河中下游的人们在处理自身与水的关系过程中，人水关系形成、演变、发展创造的物质、精神财富的总和，是中原文化中以水为载体形成的各种文化现象的统称。

中原水文化资源则是中原地区人们从事水文化实践过程中运用、创造、传承的各种资源的总集，并以物质水文化、精神水文化、制度水文化与行为水文化等形式存在。中原水文化资源价值的潜在性与文化的存在形式有关。资源价值评估与分级的前提是对象化和具体化。在庞大的中原水文化资源体系中，只有一部分可以对象化和具体化。无法对象化和具体化的文化资源是很难度量或计算的。基于文化价值评估的角度，中原水文化资源可以分为可量化水文化资源和不可量化水文化资源两类。

可量化的水文化资源是指能够运用相应科学方法建立评估模型来估计和计算其实际价值的水文化资源种类，例如与水相关的建筑、工程、工具、景观等；不可量化的水文化资源是指不可用现实价值来衡量的水文化资源类型，如与水有关的社会政治、哲学思想、科学、教育、文学艺术、理想信念、价值观念、法律法规、道德规范、民风习俗、宗教信仰等。

在水文化资源产业的发展中，可量化的水文化资源具有积极的现实意义：一是可量化水文化资源是成为社会公共产品的必要条件之一。二是可量化水文化资源是发展水文化产业的重要前提，体现了人们对这类资源产品属性的认可。三是可量化水文化资源让水文化资源在进入市场时存在的价值认证问题得到了解决，让水文化资源现有的现实价值和可持续开发的永久价值得到了进一步的明确。

二　中原水文化资源价值评估与分级的指导思想

做好中原水文化资源价值评估工作，必须坚持"保护传承、创新发展、合理利用"的文化建设方针，通过科学有效的价值评估与分级方法，摸清中原水文化资源现状，为更好地保护和开发利用中原水文化资源提供依据。要重点突出。以中原水文化资源中历史厚重、影响深远、价值较高、特色显著、具有开发利用潜力的代表性水文化资源作为重点研究对象。要规范科学。遵循文化资源价值评估的规律和方法，对中原水文化资源按照不同属性进行全面梳理，保证价值评估工作科学规范。要客观真实。尊重中原水文化资源的历史原貌，坚持中原水文化资源价值评估的客观性，确保评估内容和成果真实，分级准确。

第二节 中原水文化资源价值评估与分级的
基本特征和基本原则

一 中原水文化资源价值评估与分级的基本特征

（一）时代性

随着历史的推移，时代的发展，环境的变化和科学技术的进步，水文化资源的自然及社会属性会出现较大的不同，从而导致水文化资源价值评估结论呈现出强烈的时代性。中原水文化资源当然也不例外。正因为如此，我们需要把水文化资源放在时代的背景中进行价值评估和分级，才能得出较为科学合理的结论。

（二）主观性

一是不同的水文化资源，其形成过程是存在明显差异的，人们对这些形成过程的某些主观认识，将会对水文化资源能否被合理评估产生较大影响。二是某些有价值、有内涵的水文化资源，由于没有被充分挖掘或本身资源密度不足，造成其群体认知度低，容易被忽视或被低估。三是水文化资源是一种公共消费品。从这个角度出发，在对水文化资源进行价值评估和分级时，应充分注意到不同人群对文化资源消费的效用差异。

（三）共生性

水文化资源不同于自然资源，也不同于其他社会资源，它的产生发展与其相邻的文化现象有着千丝万缕的联系。我们可以称之为文化资源的共生性。因此，对水文化资源进行价值评估与分级，以及其与相邻文化资源之间的共生关系，要充分考虑其相邻文化资源可否被价值评估和分级，从而提升水文化价值评估与分级的准确度。

二 中原水文化资源价值评估与分级的基本原则

（一）客观性原则

这是中原水文化资源评估与分级的首要原则。然而，由于个人的思维形成和其所生活的文化环境有着密切关系，作为水文化资源评估主体的个人的思维，必然会影响水文化资源评价的客观性要求。水文化资源的客观化的评价是建立在统计数据客观的基础上的，数据的客观，需要做到两个方面：一是数据的本身要客观，二是数据的获取和处理手段要可靠。除此之外，水文化资源价值评估的方法要科学。要通过客观化的评价方法来降低个人对水文化资源评价的影响力，从统计学的角度看，可通过增加样本容量和采取具有说服力的统计分析工具，降低单个或较少样本随机因素的影响，取得统计概念上的评价结论，而并不是过分依赖专家或者个人的意见。

（二）无宗教原则

评价者的宗教信仰同样也会对水文化资源的评估产生较大的影响。当宗教融入水文化资源时，宗教的渗透性很容易让评价者得到一个有失偏颇的结论。水文化资源价值评估和客观性原则又必须使这种资源的真实价值得到客观评估，而不是得到一个带有某种思想倾向的主观结论。使偏差消失的方法就是尽可能改进评估的方法，合理设定评价指标体系，而且选择与评价者的宗教信仰不相违背的评价对象。

（三）数据化原则

获得量化的指标是水文化资源可评估的一个重要标志。一般来说，数据化是统计学的基本特征。无论是原始数据还是二手数据，如果能够获取翔实、客观、准确的量化数据，我们就可以选用合适的统计方法进行分析计算，从而获得相对准确的评价结论。

（四）可比性原则

针对不同的水文化资源，需要作出简单的类比分类，以便从中获得简化的评价思路。选用方法和结论话语体统的一致性是进行水文化资源价值评估对比的基础性工作。

第三节　中原水文化资源价值评估与分级的目标任务和指标要素

一　中原水文化资源价值评估与分级的目标任务

评估认定中原水文化资源的类别与级别、初步建立《中原水文化资源价值名录》和《中原水文化资源分级名录》，明确需要重点保护和开发利用的中原水文化资源。

　　根据文化价值评估的分级结果，建议要向国家、省申报纳入国家级、省级管理的水文化资源，供有关文化管理部门参考。

　　依据中原文化资源的品相情况、分布情况、传承情况和衍生情况，建立中原水文化资源分级项目库。

　　依据文化价值评估分级的成果和数据，完善中原水文化资源数据库建设，研究提出文化资源保护、展示、开发和利用的对策建议，为制定中原水文化资源分级管理制度、开发审批制度和督察制度提供决策参考。

二　中原水文化资源价值评估与分级的指标要素构成

（一）品相要素

　　品相一般用来表示文化资源的完好程度。水文化的品相包括五种基本属性：一是水文化资源的特色，指水文化资源在产生、发展以及传承过程中所独有的地域性、历史性、风俗性的文化特征，根据这些独特鲜明的文化特征可对象资源与其他水文化资源进行明确的区分。一个独具特色的水文化资源的社会生命力是旺盛的，水文化资源的特色价值应该给予充分评价。二是认同度，可以用水文化资源公共媒体的曝光率和群体认知率来描述。一般来说，认同度高的水文化资源具有较高的社会价值。三是保存状态，是指水文化资源的保有数量和保存质量。四是稀缺性，这是水文化资源在历史的长期发展中所经历的选择与被选择的结果，是资源自我生存能力和生活选择相互作用的结果。稀缺性使资源的保存更具价值，从而使资源的延续成为一个重要的任务。五是水相性，是指水文化资源中涉水因素资源占整个资源总量的比例。涉水因素资源占整个资源总量的比例越高，则认为该资源的水相性越高，在水文化资源评估的范畴中，该资源的价值越突出。

（二）价值要素

　　一是文化价值。这是水文化资源区别于其他自然或社会资源的基本特征，也是水文化资源最为根本的价值要素。评估水文化资源的文化价值，首先要判断文化是否已成为该资源的核心和本质，在此基础上再观察该资源的文化内涵发育的层次和水平。二是时间价值。一般来说，与产生时间不长的水文化资源相比，历史久远且保存完好的水文化资源其蕴含的时间价值是具有比较优势的，同时还体现其不可代替性和强大的传承能力。三是社会价值。不同于一般的物质消费，社会性一直是水文化资源公共消费的一个显著的特征。如果水文化资源被开发、利用后得不到公众认可和消费，那么就失去了存在的现实价值。水文化资源的社会价值可由资源消费人群及资源市场规模来体现。四是保护价值。总的来说，一个有保护价值的水文化资源，肯定是稀缺资源。对水文化资源的保护价值进行评估，需要综合考虑水文化资源的形成、传承历史、目前状况及该资源未来发展等。

（三）效能要素

水文化资源的效能要素大致包括社会效能、经济效能、教育效能、生态效能、辐射效能等。其中，社会效能是指水文化资源的社会影响力或社会发展的贡献率；经济效能是指水文化资源面向公众消费时，产生的直接或间接的经济效益；教育效能是指水文化资源在拓展教育内容，丰富教育手段，陶冶公众情操，提升公众文化素质方面所做的贡献；生态效能是指水文化资源在改善局部生态质量、形成景观效应，提升人居环境方面所产生的作用；辐射效能是指水文化资源带动相关资源、相邻产业协同发展时作用发挥的深度和广度。

（四）产业化要素

随着经济社会的发展，人民群众对精神文化生活的需求越来越旺盛。水文化资源作为整个文化资源的重要组成部分，必将会成为人们日常生活的普遍需求和主要消费方向，并且会成为拉动经济增长，推动社会发展的一支重要力量。因此，水文化资源的公众消费品的特点，决定了具有一定条件的水文化资源在某种程度上可以实现商业化和产业化，也就是说，为使水文化资源的价值能够得到充分彰显，水文化资源的商业化和产业化是必由之路。

水文化资源的产业化水平与其归属地的经济发展水平、交通便利的程度、文化产业发展水平和积聚程度、地域对群众生活的服务能力、精神文明创建情况息息相关，这些因素构成了水文化资源价值评估的产业化要素。

（五）传承创新要素

水文化资源作为一种文化资源，应该具有较为强大的传承创新的能力和价值。通常来说，水文化资源的传承创新要素主要包括以下四个方面：一是水文化资源规模要素。一般来说，规模较大的水文化资源具有较为丰厚的历史积淀，其文化传承创新的基础扎实，后劲较足。二是水文化资源的成熟度。较为成熟的水文化资源有着较为科学的文化传承创新体系和传统。三是水文化资源的时代竞争力。能够在传承文化传统，结合时代特征并且迎合公众需求的基础上焕发出活力的水文化资源，通常有着较好的时代回应和创新空间。四是水文化资源的所处环境。这里的环境主要是指区域社会环境。如果该区域的决策者或公众有着强烈的文化传统自信、文化建设和文化创新自觉，那么该区域的水文化资源就会具有被传承创新的强烈先发优势。

第四节　中原水文化资源价值评估与分级的方法

一　水文化资源数据收集方法

数据是统计的基础，数据收集是进行中原水文化资源价值评估与分级的前提，取得准确可靠的数据是进行统计分析工作的重要内容之一。对于可量化的水文化资源数据，我们可通过统计调查来进行收集；对于不可量化的水文化资源数据，我们可以通过问卷调查进行收集。

（一）水文化资源调查

水文化资源统计调查是取得水文化原始数据的主要来源，实际中我们经常用到的水文化资源调查方法有两种：抽样调查和普查。其中抽样调查是从对象水文化资源总体中，抽取一部分样本作为研究对象，并通过样本调查结果来推断对象资源要素特征的数据收集的方法。与普查相比，抽样调查具有经济性好、时效性强、适应面广、准确性高的特点，是我们在实际中最常用的调查方式方法。普查也称为全面调查，它是为特定目而专门组织的全面调查，我国目前进行的普查活动主要有人口普查、工业普查、三产普查、农业普查等。文化普查在某些省份和地区单独开展过，但还没有上升到国家行为。相对于抽样调查，普查的目的性很强，对前期的论证、项目的设计、组织实施的要求比较规范严格，因此得到的数据的权威性、准确度也比较高。普查一般都是在政府的主导下，组织大量人力、物力和财力，多个部门通力协作才能完成。

（二）问卷调查

对于水文化资源中一些无法量化的指标要素进行评价，我们一般采用定性和定量相结合的问卷调查方式。水文化资源中的民俗文化类资源、区域人文类资源、饮食文化类资源、乡土风情类文化资源以及音乐、宗教类文化资源等特别适合进行问卷调查评价。

对于一些特定的水文化资源而言，我们可以通过制作专门调查问卷的方式，详细设计最适合该资源情况的特殊问题，对资源的基本状况进行最为客观、公正、有效的评价。对于评价者而言，选择将会更具有针对性，这样得出的调查结果将远远好于那些简单的专家评审或者会议评审结果。

二 水文化资源数据整理方法

通过各种渠道把各类统计数据收集上来以后，就要对这些数据进行进一步的加工和整理，使它们更加符合统计分析的需要。统计报表评价是对水文化资源基础统计资料进行整理的一个普遍适用的方法，同时也是水文化资源价值评估与分级的一个重要途径，在水文化资源的统计分析中，以下三种统计报表最为常用。

（一）建立水文化资源统计台账

作为一种系统积累统计资料的登记账册，统计台账是统计工作特别是资源统计工作最基础、最关键的部分。统计台账有助于将较为零散的一手数据加以收集整理，并且按照规范体系进行对比检查，有利于发现并解决数据出现的错误问题；有助于将大量的原始资料收集工作放在平时，充分发挥日常工作的积累效应，增加样本数据容量，提高估计精度；有助于提高资源数据的系统化、规范化程度，提高工作效率；有助于及时反映水文化资源的收集整理进度、作用发挥情况，满足水文化资源价值评估的基本数据需要。因此，对水文化资源进行价值评估时，建立一套较为完整的水文化资源统计台账十分重要。具体来说，可依据水文化资源评估与分级的指标要素，建立水文化资源统计台账的分类体系，利用现有的计算机软件或自行开发软件系统建立基础的水文化资源统计数据库。

（二）建立水文化资源年度、季度或月度异动报表

水文化资源与人们的生活息息相关，其产生、发展受到很多因素的制约和影响。经济的转型、社会的进步、科学的发展、人们认知水平的提升、区域定位规划变更等，都会对水文化资源的存在状态、实时价值产生一定的变换作用。因此，建立一套月度/季度/年度的水文化资源的

异动报表，可以对水文化资源发展态势作出积极、及时、有效的评估，对于水文化资源的基础价值评估和分析体系具有重要的修正意义，同时也对评估的可靠性和对资源瞬间状态的把握起着决定性的作用。

（三）水文化资源存量统计报表

根据各地区水文化资源统计台账，建立准确的水文化资源存量统计报表，可以直观获得该地区水文化资源相对完整、准确的资料和统计数据，便于就该区域水文化资源的存量进行区间比较和判别，作出积极有效的评估。有利于水文化资源主管部门和相关机构准确了解和掌握当地水文化资源基本情况、整体状态，同时对于水文化资源的保护和传承事业意义重大。

三　水文化资源价值评估与分级的方法

可用于中原水文化资源价值评估与分级的方法很多，基于中原水文化资源数据的特点，结合中原水文化资源价值评估的特性、原则，我们遴选了两种方法，在处理实际问题的过程中，有着广泛的应用。

（一）专家系统评级

专家系统是系统论中的一个基本概念，即通过对多名专家的意见征询和汇集，经过科学的、系统的评审考核，最终作出客观、合理的评价结论。其中，最为常用的方法是德尔菲法。

德尔菲法，又名为专家意见法或专家调查法，是依据系统的程序，对研究对象的发展趋势和状态进行调查、分析和判断的方法。该方法具有匿名性、反馈性和统计性的特点，本质上是充分综合利用众多专家的专业知识、经验和主观判断能力，特别适用于相对缺少信息资料和历史数据不足，且又较多地受到其他因素影响的信息分析与预测。德尔菲法通过一个多次与专家信息交互循环的过程，使分散的意见能逐次收敛在协调相对一致的一个结果上，能够充分发挥信息反馈和信息控制的作用。

德尔菲法的基本流程如下：

（1）确定评估目标。这里指对象水文化资源。

（2）选聘专家。文化问题是一个系统问题，在选聘专家时要注意学科专业的交叉和覆盖面。

（3）发布问题。发布需要专家进行评估的问题，分几轮进行评估，直到达到预期的收敛效果。

（4）回答问题。采用匿名或"背靠背"的形式进行，专家回答问题，说明自己回答问题的现实或理论依据，并严格按照程序完成对所有问题的回答。

（5）处理获取数据。以专家的原始意见为基础，建立对专家意见集成的优化模型，综合考虑一致性和协调性等因素，同时要满足整体意见收敛性的要求，从而找到群体决策的最优解或满意解，最终获得具有可信度指标的结论，从而达到专家意见集成的目的。

基于中原水文化资源的价值评估问题，本书选取了等级评估的方法，即针对中原水文化资源价值评估的所有情况，按照重要性进行排序，通过采用数据集中趋势的度量值——平均值来处理专家对于问题的相对重要性的评定。平均值的具体计算公式如下：

$$M_j = \frac{1}{m_j} \sum_{i=1}^{m_j} C_{ij}, j = 1, 2, \cdots, n$$

式中，M_j 为 j 问题得分的平均值；m_j 为对 j 问题的专家数；C_{ij} 为 i 专家对 j 问题的赋值。

（二）层次分析法

层次分析法（AHP 算法）是一种定性与定量相结合的统计决策分析方法，通过科学的比较和计算，可以得出不同方案（研究对象）的权重，通过权重对比，为中原水文化资源价值排序提供科学依据。层次分析法（AHP 算法）的具体步骤如下：

（1）确定研究目的。这里的目的就是对中原水文化资源群进行价值评估比较。

（2）构建层次结构。可将中原水文化资源价值评估问题具体划分为若干层次和若干因素（见图 3 - 1）。

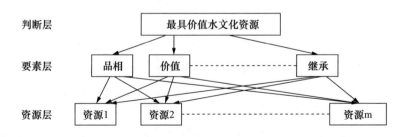

图 3 - 1　层次分析法的结构

（3）构造判断矩阵。对各指标的重要性进行两两比较之后，按九分位比率对各评价指标的相对价值进行排序，从而构造出评价指标的判断矩阵。

（4）单层次排序。将判断矩阵的每一列进行归一处理，归一化处理后的矩阵按行相加，再对按行相加的向量进行归一化处理，然后计算判断矩阵的特征根值并排序。最后进行一致性检验，若一致性比率小于或等于0.1，则通过一致性检验。

（5）总层次排序。利用单层次中计算结果，计算针对上一层的本层中所有因素的重要性权重值并排序从高到低，最高层的层次单排序就是其总排序。

（6）一致性检验。为了保证评估层次总排序的计算结果的一致性，需对排序结果的一致性进行检验。若一致性比率小于或等于0.1，则通过一致性检验。

（7）水文化资源分级。综合上述所有的排序检验过后的结果，结合中原水文化资源现状，组织专家和文化资源主管部门人员进行专业的讨论通过分级构成及指标分配。

第四章　中原水文化资源普查

文化资源普查是针对某种文化资源所进行的带有普遍性和系统性的调查与评估，通过这种调查与评估，可以全面掌握某种文化资源的现状，明确其结构和构成，以便能够准确把握其特点，并找到保护、开发和利用的对策，从而为当下的社会和经济建设服务。中原水文化资源普查是针对中原地区的各类水文化资源展开的普遍性和系统性的调查与评估，目的是摸清中原水文化资源的现状，为中原水文化资源的合理开发和利用打好基础。

第一节　中原水文化资源普查的意义

中原地区有着丰富的水文化资源，但长期以来我们对这种水文化资源缺乏系统的调查与评估，从而导致对其现状了解不够全面，对其存在的结构和元素理解不够深入，对其保护和抢救的措施落实不到位，也缺乏针对性，对其开发利用缺乏决策依据。因此，我们必须高度重视中原水文化资源普查的意义，使得这项工作能够落到实处，为有关部门制定科学规划，建立、完善中原水文化资源的基础档案，建设中原地区水文化资源数据库提供依据，真正对中原地区的社会经济发展起到积极的推动作用。

一　为有关部门进行决策提供依据

随着我国水利事业全面、健康的发展，水文化事业也受到国家各方面的高度重视，水利部于 2011 年 11 月 18 日颁布了《水文化建设规划纲要（2011—2020 年）》，这一纲要的颁布标志着我国水文化建设有了自己的行动纲领。各地有关部门很快行动起来，着手谋划实施当地的水文化工程建设，而开展水文化建设自然不能盲目地进行，其最需要的就是要摸清家底，以增强决策的针对性。

二　推动中原地区水文化资源的保护和开发

摸清中原地区水文化资源的家底，其目的就是要保护、利用和开发好优质的中原水文化资源，以便为当下的社会经济建设服务。中原水文化资源保护、利用和开发是一项艰巨、系统、持久的工作，因为中原地区的水文化资源内涵丰富，种类繁多，层次不一，要想合理地、最大限度地实现其价值，必须对不同类型和不同层次的水文化资源有一个准确的、系统的掌握和了解，防止在开发利用的过程中出现偏差。

三　提升中原地区水文化资源管理的水平

文化资源管理是一项系统的科学和实践活动，要提高文化资源管理的水平，就必须借助现代科学手段收集和分析、辨别第一手材料，以增强管理的针对性和科学性。利用现代科学技术建设中原水文化资源基础档案和数据库，就是为了给中原地区水文化资源管理提供依据和思路，并逐渐提高其管理水平。

四　助力中原文化资源的研究与学术探讨

开展相关的学术研究是为了从理论上辨别清楚中原地区水文化资源管理与开发的依据、意义和前景。长期以来，我们对中原文化的整体研究取得了丰硕的成果，对中原水文化研究的理论探讨则刚刚起步，而针对中原地区水文化资源及其数据库建设的理论探讨更是很少见到。这种缺失，与人们对中原水文化资源及其数据库建设的认识不深，以及对中原水文化资源基本状况不熟悉、不了解也有一定的关系。

第二节　中原水文化资源普查的任务

一　制定完善的中原水文化资源普查方案

普查行动，方案先行。实践证明，任何类型的普查都必须首先制定完善而科学的普查方案，只有在科学的方案指导下，普查工作才能取得实质性的成就。中原地区水域发达，这些水域大都有丰厚的文化积淀，各种水文化资源在历史和现实中均呈现出错综复杂的局面，如果没有一套完整而科学的普查方案，普查工作将无法实施。而完备的普查方案必须对普查的性质、目的、范围、层次、分工、时间安排、方法步骤等作出合理的统筹与安排。

二 摸清中原水文化资源的现状，建立《中原水文化资源名录》

由于中原地区的水文化资源分布广泛，构成复杂，其传承发展各有特色，长期以来又疏于对其进行全面、系统、准确的调查整理，众多涉水管理、涉水研究、涉水教学、涉水实践部门各自为政，都缺乏对其现状的清醒认识和全面了解。因此，运用一定的科学手段，摸清中原水文化资源的现状就显得特别迫切。而围绕对其现状的普查，建立旨在全面了解中原地区水文化资源的《中原水文化资源名录》是一项基础性和必要性的工作。

三 做好中原水文化资源的分类分级评估工作，建立《中原水文化资源分类分级名录》

中原水文化资源丰富多彩，从重要性、特异性、影响力、传承及开发等不同角度来看，对其进行合理的分类、分级并作出科学评估，是确保调查成果转化为文化生产力的重要环节。从我国一些地区文化资源普查所取得的实际经验来看，都需要对分类分级评估工作作出细致、合理、系统的安排。

四 提出中原水文化资源保护和开发利用的方略

开展中原水文化资源的普查工作，其直接目的就是在摸清家底的基础上，对其进行有效的保护和开发利用。在这里，摸清家底只是一项基础工作，如何在摸清家底的基础上制定科学、合理的保护和开发利用方略就显得特别重要。如若不然，开展普查的意义就要大打折扣，就不能体现出普查的意义。当然，保护和开发利用方略的制定与普查本身不是同一个问题，但却是普查与保护、开发之间连带和转化的中介。

五 提出中原水文化资源管理规范和制度建设的基本思路

制度和管理是开展任何一项工作的基本保障，譬如要保证中原水文化资源的开发利用不错位、不变形、不偏差，就需要制定一系列的原则和规范，并用制度的形式将其权威化与合法化。而中原水文化资源保护开发的管理规范和制度建设是一项严肃、系统、复杂的工作，需要在充分调研、论证的基础上逐步形成并不断完善，这一切又必须在中原水文化资源普查的基础上来开展。所以，在中原水文化资源普查取得相应成果的前提下，需要及时为中原水文化资源管理规范和制度建设提出一些基本操作导向和基本思路。

第三节　中原水文化资源普查原则

一　系统性与层次性

既然是普查，就要确保该项工作的系统性与完整性，防止出现较大的遗漏，达不到普查所要求的效果。系统性是资源普查的基本原则，要求对普查对象做到完整、全面、细致的了解和收集整理。表面上看，中原水文化资源类型多样，内容庞杂，给人以散乱的感觉。但任何事物都是有规律可循的，这些看似散乱的资源也有其秩序性和规律性，我们必须深入到这些事物的内部，通过收集、梳理、甄别、分析、归纳、总结，抓住其根本性的特点，并将其设定为一个完善的资源构成体系。同时，从中原水文化资源的规模、价值和重要性去考虑问题，我们应将其划分为不同的层次和级别，以便重点明确，循序渐进，分门别类，区别对待，增加普查工作的秩序性和针对性。在保证普查工作的完整性和层次性的前提下，我们还要利用各种手段来协调中原水文化资源大系统中各个分支系统及其不同侧面的相互关系，使整个中原水文化资源大系统保持完整、和谐、平衡的状态和格局。

二　真实性与可靠性

开展中原水文化资源普查，是为了收集中原水文化资源的真实数据，从而为准确把握和科学分析中原水文化资源的现状服务，如果收集来的数据不真实、有偏差，甚至有虚假、错位的数据，哪怕这种虚假、错位的数据很少，我们这项工作的基础也会出现重大错误，得出来的一切结论就会谬之千里，严重影响普查工作的质量。保证中原水文化资源普查的真实性与可靠性，就是要确保调查得来的数据真实，内容可靠。这不仅要求我们要脚踏实地，实事求是，还要拥有先进的眼光，能够运用科学、合理的手段，及时准确地发现问题和解决问题。在普查过程中，还要及时检查和反复甄别，以确保调查的真实可靠。

三　人文性与科学性

水文化资源说到底也是一种文化资源，既然是文化资源就要注重其文化属性，或者说要注重其人文性。从一般的意义上说，一切凝结了人们精神劳动的水文化遗产，包括非物质类型的水文化遗产和物质类型的水文化遗产，都能构成水文化资源。也就是说，中原水文化资源包括属于中原水文化的精神遗产成果，如有关中原水文化的著作、诗词、书画、神话传说、民间信仰等，也包括属于中原水文化精神劳动所转化而成的物质遗产成果，如大运河文化遗产、郑国渠文化遗产、红旗渠文化遗产等。在这样的前提下，无论是精神文化遗产还是物质文化遗产，其实都凝结了浓郁的中原水文化智慧和中原水文化情感，因而都具有浓郁的人文性。同时，水文化还是一种特殊形式的文化，在治水、用水、引水等不同环节，除了人文性还有科学性，例如在治水的过程中，没有科学求实精神是不可能取得任何成果的，大禹治水就是一个鲜明的例子。所以，我们在进行中原水文化资源普查时必须充分考虑到这一点，把中原水文化资源人文性与科学性紧密地结合在一起，也要在该项工作中始终贯彻人文性与科学性的有机统一。

四 描述性与评价性

中原水文化资源普查的最终成果是要形成一份相对完整、系统、科学的调研报告，在这份报告中，必须对收集来的材料进行准确的描述，通过事实的陈述与真实的描述，便于人们合理地把握其内容。但是任何形式的普查都是有特定的指导思想和出发点的，这就要求对收集到的材料进行合理的、客观的、公正的评价。评价时，要细致缜密，要有事实依据，避免主观臆断、敷衍了事和望文生义。

五 制度性与灵活性

没有完善、合理、严密的制度，任何事情办起来都会很困难，因为没有制度作支撑和约束，普查工作有可能无章可循，工作秩序和工作力度都会受到影响。工作的方向性也不易把握。因此，为了确保中原水文化资源普查工作的顺利进展，必须制定一套旨在让有关人员共同遵守的办事规程或行动准则，在这些规程或准则引导下，制定一套完整的普查方案和工作计划，最终达到中原水文化资源普查的预期目标。当然，任何制度都是为人服务的，都要体现出人性化和灵活性的特点。

第四节 中原水文化资源普查范围

中原地区的水文化资源源远流长，几乎贯穿于中原文化的各个时期。

开展中原地区的水文化资源普查，必须从中原水文化的源头开始，对中原水文化形成、拓展、深化、更新等环节作出全面的了解。特别是要弄清不同历史时期和不同历史阶段中原水文化资源状况及其特点，既要从历史文献中去查找线索，更要从中原水文化的历史遗存中去总结提炼。

一　中原地区不同类型的水文化

根据不同的标准可以将中原水文化分成各种不同的类型，如从宏观上可以将中原传统水文化分为工程水文化、精神水文化、行为水文化、区域水文化等；从形态上可以将中原传统水文化分为山水文化、河流文化、湖池文化、雨水文化等；从行为上可以将中原传统水文化分为治水文化、用水文化、亲水文化、管水文化等；从精神层面上可以将中原传统水文化分为水思想文化、水艺术文化、水宗教文化、水观照文化等；从区域上可以将中原传统水文化分为运河文化、黄河文化、洛水文化、淮水文化、渭水文化、汴水文化、卫水文化、济水文化、濮水文化等。

二　中原地区不同层次和不同层面的水文化

中原地区丰富多彩的水文化可以从不同角度分为不同的层次和层面，如从层次上讲，有的属于核心层的水文化，有的属于非核心层的水文化，而非核心层的水文化又可分为次核心层面的水文化、一般层面的水文化、边缘层面的水文化、交叉层面的水文化等；如从存在方式上讲，有的属于物质水文化、有的属于精神水文化、有的属于制度水文化等。

以上所述中原地区不同时期、不同类型、不同层次和不同层面的水文化立体交叉，相互渗透，共同构成了中原水文化的完整体系，这些内容都应该包含在中原水文化资源普查范围之内。

第五节　中原水文化资源普查方法

一　实地考察法

水文化资源普查不同于一般的普查，不能停留于书面的资料搜集上。为了确保普查的真实性、可靠性、鲜活性，调查人员必须深入到各个领域，搜集第一手资料，通过实地考察、验证、辨析来获取相关信息，同时为后期的分级整理和开发利用做好铺垫。

二 问卷调查法

问卷调查法是一种获取资源信息的传统方法，具有省时、省力、信息面广、信息量大等优点，实践证明是一种调查研究行之有效的方法。问卷设计是一项专门的学问，可分为封闭式问卷和开放式问卷等不同类型，各有其应用价值。应根据不同调查对象做不同处理，以增强其针对性。

三 人员访谈法

水文化资源的信息获取有一定的复杂性，有很多水文化资源并不是显在的和清晰的，需要通过调查人员的深度了解才能有所斩获，这就需要调查人员深入民间，针对一些调查线索开展人员走访。特别是一些与水有关的非物质文化遗产，必须通过与一些传承人的深度交流才能探其究竟。

四 头脑风暴法

针对中原水文化资源普查中遇到的一些复杂且难以定性的问题，可以利用头脑风暴法开展无限制的自由讨论和思维碰撞，力争每一个参与者都能够畅所欲言、各抒己见，表达个人的独立思考和独特看法，形成奔放自由、多元互补的格局，有利于形成客观、科学、合理的结论。

五 理论思辨法

任何调查研究都不是一堆资料的简单堆积，对收集到的中原水文化资源进行甄别、筛选、分级、定位等，均需借助理论思辨的方法进行逻辑整理和分析提升，这也是保证能够科学、有效地对普查成果开发利用的前提和基础。

六 统计分析法

对中原水文化资源进行普查必然涉及大量的数据，对收集到的大量数据进行统计分析也是这些工作的基本要求。统计分析是一种数学方法，其中还包含着很多具体的操作方法，如比较分析、分组分析、动态分析、指数分析、平衡分析、综合评价分析等。

第六节 中原水文化资源普查的步骤

一 制定普查方案

前面已经讲到中原水文化资源普查的基本任务之一就是制定完善的普查方案，这是中原水文化资源普查的第一步，也是最为关键的一步，因为它对后面的普查行为有着全面的影响，在一定程度上决定着普查工作的成效和质量。

二　确定普查人员

不同的普查环节需要有不同的人员参与，普查人员的综合素质对普查工作有重要影响。确定普查人员时应注意以下几点：一是普查人员的敬业精神；二是普查人员的技术水平；三是普查人员的协调能力。

三　开展宣传动员

为了引起普查人员对普查工作的高度重视，使得相关人员在思想上意识到这项工作的重要性和现实意义，必须适时开展宣传动员工作。为了使宣传动员工作取得实效，要注意宣传手段的多样性，包括知识普及、专题演讲、工作部署、印发传单、现场答疑等，力争取得最佳的宣传效果。

四　做好岗前培训

由于参与普查的人员众多，构成较为复杂，各类人员的工作基础可能差别较大，做好岗前培训就显得特别重要。岗前培训的基本要求是要传授给普查人员完成相关工作所必需的知识和技能。一是要摸清有关人员现有的工作基础，有针对性地扬长避短；二是要及时地把开展相关工作的新动态、新技术、新技能透彻地讲解给相关人员并让其消化吸收；三是要把开展工作的基本程序介绍给广大工作人员。

五　设计普查线路

鉴于中原水文化资源的构成在层次上和地域上都有很大的差异，如何选择好普查线路就显得特别重要。设计普查线路的基本要求是省时、省力、有效、合理，要避免出现过多的重复，要突出关键点和关键要素，要循序渐进，不断深化。

六　配备普查设备

普查的各个环节都需要有相关的设备作为工具和手段，不同的环节可能需要不同的设备，不同的环节也可能需要相同的普适性和公共性设备。普查工作所需要的设备很多，如交通运杂设备、通信联络设备、计算统计设备、调研记录设备、心理测试设备等。

七　监控普查过程

要想保证普查过程的严密有序和科学有效，必须通过一定的手段对普查过程进行监督检查，力争及时发现问题，解决问题。必要时可以调整工作方略，重新设计普查方案，保证工作效率和工作质量。

八 交流普查心得

普查是一个漫长的过程，为了相互促进和突出整体质量，必要的交流互动是必需的。交流普查心得可以通过个人撰写经验总结和亲身体会，也可以通过面对面交谈互动，还可以通过撰写小组和项目工作总结等形式来进行。

九 汇集普查材料

普查过程中会收集到各种各样的原始材料，包括视听方面的物证材料、访谈记录和口传记录材料、各种统计报表、工作人员的书面总结，以及集体撰写的专项报告等。对于这些材料，要及时收集汇总，分类整理，为最终形成科学、真实的总体报告做好铺垫。

十 提升普查内涵

文化的存在是因其拥有特定的内涵而发挥作用的。针对收集到的各种材料，要进行分析甄别、科学总结，并从中提取高层次的带有规律性的东西，然后对各水文化资源的内涵作出高度概括和科学把握。

十一 撰写普查报告

对中原水文化资源进行普查的最终结果是要撰写一份高水平的普查报告，并把这份报告报送到相关决策部门，为中原水文化资源的合理开发和利用作出材料支撑和科学导向。一份高水平的普查报告应该具有系统性、明晰性、科学性和可操作性等特点。

十二 开发普查成果

开发普查成果是该项工作的最后一环，因为对中原水文化资源进行普查的最终目的是为了对中原水文化资源进行开发利用，而普查所取得的成果是对中原水文化资源进行开发利用的基础性工作。建立科学的中原水文化资源数据库只是开发普查成果的基础性环节，在此基础上，则要最大限度地发挥中原水文化资源在社会经济建设中的现实作用。

第五章　中原水文化资源的保护

　　河南水文化资源是中原水文化的重要组成部分。科学保护与合理开发利用水文化资源，全面落实水利部《水文化建设规划纲要（2011—2020年）》，必须弘扬中原大文化，必须"着力资源保护，打好传承创新基础；着力品牌打造，突出传承创新重点；着力产业发展，提升传承创新能力；着力思路创新，增强传承创新活力"，在立足传承创新的基础上推动河南水文化大发展。《水文化建设2013—2018年行动计划》对水文化资源保护开发做了具体安排。《中原经济区规划（2012—2020年）》明确提出传承弘扬中原文化，提升建设中原历史文化旅游区，打造华夏历史文明传承创新区。因此，加强水文化资源保护研究，对于弘扬传承中华水文化、宣传普及基本国情水情、积极推动生态文明建设、实现华夏历史文明可持续发展，具有十分重要的意义。

第一节　中原水文化资源保护现状

　　目前，河南省在水文化资源开发利用的过程中，一些地方对文化遗产资源过度开发，缺乏长远规划和严格管理，只讲短期经济利益，从而忽视文化资源深层次的开发，漠视遗产生态环境的承载能力，由此导致许多文化遗产资源因旅游开发的不适当介入而过早地衰退。正如著名历史文化遗产专家陈志华先生指出的："目前我国又面临着一个新的文化遗产破坏的'高潮'，由旅游热而引发。"①

---

① 谢凝高：《屋满为患——文化遗产保护困难重重》，《人民日报》2001年2月13日第12版。

一 保护意识淡薄

文化遗产的保护形势十分严峻。一是文化遗产的保护是一项庞大的系统工程，文化、文物部门作为主管部门虽然开展了大量的工作，但受资金、人力、行业等客观条件限制，保护工作仍然存在着薄弱环节，对水文化遗产的保护长期得不到足够的重视。如南水北调中线干渠在河南省境内731公里，大型隧洞、渡槽、桥梁、倒虹吸等1200多座。截至2011年下半年，766座跨渠公路桥梁和27座铁路交叉建筑物已全部临时通车或移交作业面，① 水文化遗产保护需要大量资金投入。二是当前河南各地包括水利设施在内的城市基础设施建设力度空前，许多地方都提出把水作为城市发展和有机更新的重要理念，水文化遗产的保护面临着艰巨的任务。如2013年郑州市人民政府制定《郑州市水生态文明建设试点工作实施方案（2014—2016）》，提出了郑州坚持节约保护优先和自然恢复为主，落实最严格水资源管理制度，保证水资源可持续利用，通过水资源优化配置、水资源节约保护、水生态综合治理等措施，打造"河湖通、清水流、两岸美"的美丽郑州。② 与此同时，我们也应该看到，郑州许多地方仍把水系治理工作理解为简单的工程建设，只注重水利基础功能，忽视历史文化内涵；对水文化资源保护工作机制的缺失和监管不到位，导致水文化遗产遭到人为破坏。许多具有重要文物价值的桥、堤、闸、坝、堰、井、泉以及沿河重要的水景观、历史建筑、文化古迹被损毁，一些历史上曾经因水而得名的水乡小镇已名不副实，甚至一些蕴含水文化艺术的民间文学艺术因缺乏有效的保护和丧失传承发展的空间和环境，也已失传。

二 管理体制不顺

水文化资源保护不仅需要文化部门，还需要水利部门从行业的角度进行科学判定。现行的制度使得水文化资源进行旅游开发通常涉及诸多职能部门，如旅游、文化、水利、林业、农业等职能部门分管，这种权责不分、管理混乱的格局，从而形成"谁都想管，谁都不管，谁也管不了"的局面，造成很多水文化资源的自损式破坏，极大地影响了文

---

① 张海涛：《我省南水北调跨干渠桥梁全部通车》，《河南日报》2013年11月20日第2版。

② 孙娟、叶霖：《我市启动水生态文明建设　打造"河湖通、清水流、两岸美"的美丽郑州》，《郑州晚报》2013年10月15日第3版。

化资源的保护和正常的开发。与此同时，河南省尚未建立起水文化及水文化资源的科学评价体系和相关配套政策体系，也没有建立起与水文化相关的宣传推广工作体制机制，负责推进水文化各项工作。当前，对于水文化资源的研究、保护开发工作尚处于起步阶段，迫切需要得到全社会各方的高度重视，扎实推进各项工作，形成水文化发展所需的良好外部条件。

三　教研方式滞后

一是协同研究明显不足。目前，河南省高校、科研院所和水利系统有许多单位和个人从事水文化研究，但从事水文化研究的单位多是领导的爱好带动了单位文化的重视，许多同志多是凭借个人的业余爱好、思想敏锐和人文情怀自发地进行研究，类似于农业生产的个体耕作，在联合作战、深度研究方面尚有欠缺，集成研究、共同开发尚有差距。就河南省水利厅而言，河南水利学会、水利思想政治工作研究会、精神文明建设办公室虽然在水文化研究和水文化建设方面做了很多工作，但是力量分散，资源分散，没有形成水文化研究的浓厚氛围，不利于水文化研究和建设的进一步发展。

二是整体性规划性不足。就水文化研究本身而言，既往的成果还仅仅限于微观研究，对于原创性与基础性理论的研究略显不足，研究手段和研究方法略显陈旧。当前我国水文化研究存在的主要问题是研究队伍单一且相对比较分散，水文化研究人员和机构主要是与水利密切相关的行业主管部门、高校、科研院所，而教育行政主管部门、综合性高校和科研院所参与水文化研究的相对较少。

三是水文化的普及和教育还很不够。目前，我们的水文化普及教育是零散的、单一的、内部的、形式的，缺乏系统性、专业性、整体性、社会性；水文化能够提供的文化产品和文化服务，不论是在数量上还是质量上，在品种上还是内容上，都不能满足广大人民的精神文化需求，特别是高级精神需求。如在相关涉水高校如郑州大学水利与环境学院、华北水利水电大学、黄河水利职业技术学院、河南水利与环境职业学院等，没有水文化专业，尽管有的院校开设有选修的《中国水文化概论》，但是教学效果不佳。

第二节 中原水文化资源保护原则

中原水文化资源保护以科学发展观为指导，坚持"绿色发展"理念，从经济、社会和环境可持续发展的全局出发，全面树立"保护为主、抢救第一、合理利用"方针，走"保护→开发→利用→发展→保护"的良性循环发展之路，促进文化资源保护与社会、经济发展的良性互动，充分发挥文化资源在传承中原文化，培育大中原人文精神，增强民族凝聚力，促进社会主义先进文化建设，全面建设中原经济区的作用。

具体来说，我们认为实现河南水文化遗产保护需坚持四个原则：

一 可持续发展

可持续发展强调的是环境与经济的协调发展，追求的是人与自然的和谐。其核心思想是，健康的经济发展应建立在生态持续能力、社会公正和人民积极参与自身发展决策的基础上。它所追求的目标是：既要使人类的各种需求得到满足，个人得到充分发展，又要保护生态环境，不对后代人的生存和发展构成危害。[①] 从可持续发展的观点看，没有保护的开发，是不持续的开发；而没有开发的保护，则是没有根基的保护，不可能成为有效的保护，合理的开发和保护，有助于历史文化遗产步入良性发展的轨道，可持续发展是文化遗产的必然选择。

保护文化资源是第一要求，不仅是遗产可持续发展的前提，也是由遗产的性质所决定的，同时也是实现可持续发展代际公平原则，对子孙后代负责的选择，因为遗产的特性是不可计算、不可取代、不可再生的，具有不可逆转性。国内遗产保护界提出"保护即发展"观点。[②] 可持续发展强调代际公平，既要满足当代人的需求，又要满足下一代人的需要，水文化资源的珍稀性和独特的存在价值，更要求可持续发展，因为我们应该清醒地认识到，"历史的珍贵就在于它的不能复制，一旦损

---

① 曲格平：《关于可持续发展的若干思考》，《世界环境》1995 年第 4 期。
② 阮仪三、张艳华：《上海城市遗产保护观念的发展及其对中国名城保护的思考》，《城市规划学刊》2005 年第 1 期。

毁便意味着永远失去"。① 水文化资源保护是利用的前提，文化遗产资源是开发者进行相关开发利用建设活动的基础和前提条件，一旦破坏殆尽，水文化资源将失去保护的必要，也就无开发利用可言了。

与此同时，水文化资源必须经过开发利用，发挥其功能和效益，才具有现实的社会效益和经济效益。同时，实现水文化资源持续发展，我们还要科学论证资源所在地的基础设施（周边自然环境和人文环境、交通基础、景区规划建设等）、文化产业基础、宣传推介方式、力度与效果、营销方法与模式等，利用现代的推介与运营方法，科学展示文化遗产资源，扩大中原水文化外向度，可以有效地加速历史文化遗产可持续发展。

党的十八大报告提出"把生态文明建设放在突出地位，融入经济建设、政治建设、文化建设、社会建设各方面和全过程，努力建设美丽中国，实现中华民族永续发展"。对于中原水文化资源拥有的"绿色"自然资源，要宣扬其绿色文化、保护生态环境、爱护野生动植物，做到发展与保护二者有机统一，这与习近平在哈萨克斯坦纳扎尔巴耶夫大学发表演讲时指出的"我们既要绿水青山，也要金山银山。宁要绿水青山，不要金山银山，而且绿水青山就是金山银山"② 的观点是内在一致的；对于中原水文化资源拥有的人文资源，也要贯彻"绿色"发展理念，坚持做到"三低"（低污染、低消耗、低排放），尽量保持其原真性。

二 合理开发

合理利用是保护的必要体现，是可持续发展的基础。水文化是一种潜在的文化资源，能产生巨大的社会效益和经济效益。河南水文化资源具有鲜明的时代特征和地域特征，是中原文化的重要组成部分。截至2013 年11 月，河南省41 处国家水利风景区主要集中在南部山区，其中信阳、驻马店、南阳三市就占近五成，如南湾湖、薄山湖等。河南省国家水利风景区多为以水库为依托的景区，并且产生了一批具有较高知名度的水利风景区如焦作市的云台山景区、林州市的红旗渠景区、信阳市的南湾湖景区、驻马店的薄山湖景区，已经成为推动河南省旅游业发

---

① 杨欣元：《城市的灵魂》，《开封日报》2004 年8 月27 日第3 版。
② 《习近平在哈萨克斯坦纳扎尔巴耶夫大学发表演讲》，《中国青年报》2013 年9 月8 日。

展的核心景区和当地旅游产业的支柱。此外，还有城市河湖、灌区、湿地等类型。在现阶段，我们要探索"南水北调中线工程"为代表的河南水文化资源的纪录片和影视作品，精心打造出一批富有中原品质与中原特色的中原水文化品牌；以市场为导向策划海外传播策略，让中原水文化艺术唱响于维也纳金色音乐大厅，让水文化音符跳跃在纽约时代广场，让水文化乐章奏响在悉尼歌剧院，让河南发声，让河南出彩。从这个意义上来讲，开发意味着保护，也只有这样才能实现水文化资源"保护→开发→利用→发展→保护"的传承创新之路，才能实现文化遗产的永续利用的目标。

"保护第一"并不是不要开发，而是"不要破坏"，是只能"在有效保护的前提下"进行开发利用。水文化遗产开发要以保护遗产地旅游资源为基础，与旅游资源和旅游环境的承载力相协调，通过合理利用开发各种遗产旅游资源，以实现促进遗产旅游可持续发展。以"云台山水文化"为内容的云台山景区，2013 年十一黄金周共接待游客39.43 万人次，实现门票收入 4442 万元，根据可比口径，较上年同期分别增长 3.8% 和 7%，其中云台山 10 月 1 日接待游客近 8 万人次，在省旅游局公布的 56 家景区中，游客接待量位居首位。[①]

同时，发展水文化旅游，对水文化遗产资源进行适度的市场化开发，不仅有利于促进当地的经济发展，而且可以更直接地弘扬历史文化遗产资源和宣传遗产保护思想，从而更好地实现对历史文化遗产的可持续发展。

三 真实性与完整性

历史文化遗产是人类祖先在征服自然、改造自然、创造文化、传承文明时留下的珍贵历史遗存，是文明的载体，历史的见证，是一定历史时期人类社会生活的结晶。其真实性决定了稀有性和唯一性，决定了它不可再生，不能复制，无法克隆。[②]水文化资源，尤其是一些生态脆弱等珍稀不可再生资源，一旦破坏就难以恢复。保护水文化资源功在当代、利在千秋，各级党委和政府要增强对水文化资源的敬畏之心，树立

---

① 王怡潇等：《十一黄金周云台山接待游客 39 万人次　门票收入 4442 万元》，《大河报》2013 年 10 月 8 日第 2 版。

② 杨灿智：《保护历史文化遗产促进可持续发展》，《北京规划建设》2003 年第 5 期。

保护文化资源也是政绩的科学理念。要着力解决水文化资源原真性保护不力、管理不善的问题。对于水文化资源，坚持"原真性、整体性、可读性和可持续性"的保护四性要求。①

为了达到真实和完整水文化资源的在资源周边环境保护上，应坚持最大限度地恢复历史的真实面貌。要划定保护范围和建设控制带，提出控制要求，要特别注意保护水文化古迹的历史环境，以便更完整地体现它的历史、科学、艺术价值；对于水文化街区，要保存历史的真实性、风貌的完整性和生活的延续性，要改善街区的基础设施，更新改造建筑物的内部，以适应现代生活的需要。对于非物质文化遗产，按照"保护为主、抢救第一、合理利用、传承发展"的方针，通过"政府主导、社会参与、明确职责、形成合力、长远规划、分步实施、点面结合、讲求实效"的方法，加强非物质文化遗产的研究、认定、保存和传播，建立科学有效的传承机制，逐步形成有中原特色的非物质文化遗产保护制度，以便达到非物质文化遗产的真实性与完整性。

四 公众参与

当前，河南省正在实施国家三大战略，处于全面建成小康社会的决胜时期，明确提出了要实现经济大省向经济强省跨越、文化资源大省向文化强省跨越，努力推进中原梦建设。由于公众缺乏对水文化资源的认知，缺乏"以身作则、从我做起"的保护意识，甚至对一些过度开发行为视而不见，对水文化资源保护与管理的参与意识更加淡薄。

因而，加大公众参与力度，调动各级政府、当地社区、媒体、民间团体、学校和科研团体以及相关旅游服务商的积极性，明确权、责、利之间的关系，分工合作，共同完成历史文化遗产资源保护和管理的任务。各级政府的参与是多方参与的基础和主导力量。社区参与坚持"社区受益"原则，即要让社区的老百姓从保护中得到好处，从而自觉地参与到资源保护的事业之中。民间保护团体和媒体的参与，关键是要调动他们的积极性，并为他们的参与提供机会和渠道。②

同时，应加强水文化资源地间的沟通与交流，系统地、循序渐进地开展文化遗产资源知识的普及和宣传，使更多的人主动承担起保护水文

---

① 阮仪三：《保护世界遗产的要义》，《同济大学学报》2002 年第 3 期。
② 杨锐：《改进中国自然文化遗产资源管理的四项战略》，《中国园林》2003 年第 10 期。

化资源的责任与义务，加入参与者的行列。通过宣传教育，让广大群众积极参与到保护水文化遗产过程中，认识到文化资源的价值和作用，深刻意识到文化遗产是全人类绝无仅有的、永远都无法复制和再生的资源，每个人都有为子孙后代留下这笔财富的责任和义务；明了文化资源所在地与周边环境、配套设施、生态分布等具有不可分割的联系，充分认识到只有热爱和珍惜文化遗产，保护自然环境和生态平衡，才能做到人与自然和谐共处，促进历史文化遗产的可持续发展。

第三节　中原水文化资源保护走向

《河南省"十三五"旅游产业发展规划》指出，"十三五"期间，河南将依托交通网络和中心城市，打破行政区划，整合景区资源，以中原历史文化资源为载体，建设"中原历史文化旅游区"。河南水文化遗产资源是建设中原历史文化旅游区的资源禀赋。开发利用实现河南水文化遗产可持续发展，有很多可以选择的发展模式和可供尝试的路径。借鉴国内外发展经验，结合河南省情，我们认为适度开发利用河南水文化资源要围绕"改革为动力，创新为灵魂，可持续发展为核心"的指导思想，全面贯彻"保护为主、抢救第一、合理利用、加强管理、科学发展"的指导方针，以管理体制、决策机制、运作体系等方面为切入点，全面整合河南水文化资源，塑造大中原人文精神，加快建设文化强省的步伐，全面推进中原经济区建设。

一　创新管理体制

按照《中华人民共和国文物保护法》《风景名胜区管理暂行条例》《水利风景区管理办法》《中华人民共和国自然保护区管理条例》《国务院办公厅关于加强我国非物质文化遗产保护工作的意见》《世界文化遗产保护管理办法》以及河南省的相关规定，河南省水文化资源要接受多个主管部门的业务归口管理和地方各级政府的行政领导。这种分头管理的管理体制，导致政出多门，影响了文化资源的配置效率。因此，保护中原水文化资源既要体现"历史文化"，也要突出"传承"，更要凸显"创新"，必须创新水文化资源的管理体系。

（一）健全管理体制

中原水文化遗产资源的保护，要逐步改变和纠正目前管理体制中政出多门，分头管理的弊端。建议河南省建立省市两级水文化资源开发管理委员会，行使管理权、监督权，进行垂直管理，负责落实河南水文化资源的各项具体管理职能，并赋予其县级以上人民政府有关行政管理权，具有独立的财权、人事权及其他政府职权，特别是应赋予其必要的执法权，负责对河南水文化资源开发的综合管理工作，共同推动河南水文化资源永续利用。

要不断完善水文化资源管理体制，解决制约其保护的深层次矛盾和问题。关键是要积极推进水文化资源管理体制改革，制定具有针对性的水文化资源保护的实施细则，使水文化资源保护逐步步入规范化、制度化轨道。将水文化资源保护纳入官员考核指标，并将终身追责。让水文化资源保护也像环境评价一样，具有一票否决的效力。可按照精简、效能的原则，设置综合管理机构，统一行使管理职能，逐步建立起合理的资源保护与开发体制机制，逐步改变当前水文化资源保护工作的被动状态。

在开发利用河南水文化遗产的过程中，各级人民政府、各级文化遗产行政主管部门负责管理本行政区域内文化资源的开发、利用、监督等管理工作，根据国家文化遗产的相关规定，制定符合河南省水文化资源重点建设的各级各类文化遗产的入选标准和评选程序，禁止建设破坏遗产风貌或不协调的各类建筑物，科学地控制各遗产地的旅游容量，反对超容量开发。各级行业主管部门要进行科学合理的规划，既有长远的发展目标，又有具体措施，既有整体规划，又有重点攻关，集中力量解决好公共文化服务体系建设中的重点、难点问题。同时，各级管理机关要各司其职、各负其责，相互协作、相互监督，尤其是要科学地评估能够代表中原水文化精神的遗产地的状况，注重对遗产地历史真实性、风貌完整性等生态境域的监测，监控遗产资源环境及周围生态因素。对河南水文化遗产资源，实行遗产地的整体开发与分级分区管理相结合的原则，逐步建立相对规范的分类指导管理体系，组建专家咨询委员会，对于不同级别的文化遗产要进行不同程度的保护和管理。

（二）改革投资体制

《中华人民共和国文物保护法实施条例》规定：国家重点文物保护

专项补助经费和地方文物保护专项经费，由县级以上人民政府文物行政主管部门、投资主管部门、财政部门按照国家有关规定共同实施管理。在河南水文化资源保护的投资管理上，加快体制改革，拓宽融资渠道，力争投资结构多元化，为河南水文化资源的可持续发展提供资金保障。另外，我们可以尝试通过设立省级文化产业发展专项资金，通过贴息、补助、奖励等形式支持重点文化产业项目，有力地推动文化产业发展。

政府除了加大财政投入之外，也可参考国外经验，设立专项基金，用于水文化资源的保护、开发、人才培训、研究、宣传、咨询、考察、教育、交流等一系列活动。政府制定相关的社会资助政策，给予提供资助的企业和个人在政策和税收方面的优惠。政府鼓励以个人名义设立基金，尤其欢迎港、澳、台及外国企业家为保护和开发文化遗产设立基金。还可以向旅游、交通运输、餐饮等部门征收一定的文化遗产资源税，或采用冠名权等形式，以扩大资金来源。

（三）创新政府公共文化服务职能

发挥政府在水文化资源公共服务中的主体地位。因为水文化资源的功能的多样性，就决定了其作为文化事业的重要组成部分的属性，这就必然要求各级政府公共财政的持续投入。推动各级政府加大对文化资源公共服务的支持力度，建立稳定的财政资金渠道并不断加大支持和投入力度；除划拨事业经费外，要按照国家经济增速比例，不断加大红色文化设施建设和红色文化产业发展的投入，保持水文化资源的可持续发展。

创新政府公共服务文化体系，就是要构建覆盖城乡的公共服务体系，来真正体现公益性、均等性、基础性和便利性。实现上述目标，除了发挥政府的主导作用，以公益性文化为主干，以南水北调沿线工程和国家级水文化遗产为重点外，同时运用各种方法鼓励社会力量参与公共文化服务的提供，真正做到传承创新水文化，使社会文化生活更加丰富多彩，人民基本文化权益得到更好的保障，人民思想道德素质和科学文化素质全面提高，来建设中原历史文化旅游区。

二 完善决策机制

科学、高效的决策，是社会健康发展的前提和条件，因此，对于保护河南水文化遗产资源而言，通过完善法律制度，为决策提供法律依据；依靠科学技术，为决策提供技术支持；树立科学发展的理念，为河南水文化资源持续发展提供思想保障，从而实现华夏历史文明传承区的可持续发展。

（一）完善立法体系

水文化资源保护是一个系统工程，不仅涉及面广，而且周期长，资金缺口也大。政府在法律法规制定、资源保护政策导向以及水文化资源开发人才培养等问题上的功能，是社会上其他力量无法行使的。一方面，要按照"分级管理、分级负担"的原则，把水文化资源保护与开发利用资金纳入经常性财政预算，并且要在政府预算中占有一定比例。另一方面，要加大水文化资源保护的法律法规建设，加大执法保护水文化资源的力度，依法管理与保护水文化资源。根据相关法律法规，制定符合本地实际的水文化资源保护的相关法律法规及其实施细则，监督并保障这些法律法规能够得到落实，加大对破坏水文化资源违法犯罪行为的打击力度。对于职能部门执法不力造成水文化资源受到破坏的，要追究相关执法机关和责任人的责任。

目前，在水文化资源保护的法制建设方面，不论是我们国家还是河南省均有一些欠缺，主要表现为法律、法规不健全，全社会法律意识淡薄，有法不依等。截至目前，虽然从中央到地方，我国有关文化遗产资源保护的立法已有30多部，但是我国对于水文化遗产保护没有一部完整的法律或法规予以规范，均散见于各类不同层次的法律、法规、通知及规定之中，且存在多头管理的状况，以至于职责不明或存在管理上的缺失。① 如《文物保护法》规定文化遗产由国家文物行政主管部门负责；《环境保护法》《自然保护区条例》规定由国家环境保护行政主管部门负责；《城市规划法》规定由国家城市规划行政主管部门负责；《文物保护工程管理办法》规定由国家文化行政主管部门负责等。② 有关保护的法规文件多以国务院及其部委或地方政府及其所属部门制定、颁布的"指示""办法""规定""通知"等文件形式出现，大部分文件由于缺乏正式的立法程序，严格意义上都不能算作国家或地方的行政法规，法律和法规的比例很小，上述政策性文件和措施则在相当长一段

---

① 王星光、贾兵强：《中原历史文化遗产可持续发展研究》，科学出版社2009年版。

② 倪斌：《历史文化遗产保护现状探析》，《同济大学学报》（社会科学版）2005年第5期。

时间内行使着国家或地方法规的职能。

因此，我们应借鉴联合国教科文组织的《保护世界文化和自然遗产公约》和《保护传统文化和民俗的建议》，并参照国内外有关法律，尽快制定河南水文化遗产保护的大法——《河南省水文化资源保护条例》，以便于对河南水文化遗产保护提供法律依据，推进文化遗产资源保护的法制化，真正做到有法可依、违法必究、执法必严，以法律为准绳，保护中原历史文化遗产资源免受不法侵害。

在立法保护文化资源方面，河南省人民代表大会设立"河南水文化遗产委员会"，或在现有人大的"环境与资源保护委员会"基础上增设"河南水文化资源委员会"等，作为立法、监督、保护、开发和研究的专门机构，委员由各方面专家、学者兼职担任，委员会主任由省主管领导担任。同时，省政府通过省人大授权，赋予省级以上水文化资源管理机构具有县级人民政府行政管理职能，统一对涉及河南水文化资源开发的财政、税收、公安、工商、交通、建设、旅游、林业、文化、环保、宗教等事业进行综合管理，需要省及国家审批的有关事项，由省级有关部门依据现行法律法规办理，严格依法实施景区保护和开发利用规划。

（二）重视科技创新

保护河南水文化资源，必须大力发展文化遗产保护科学技术，用先进的科学技术保存、修复文物或古建筑，用先进的科学手段发掘历史遗迹或遗物，用先进的科学方法记录或整理发掘资料、古文献以及非物质文化遗产。大力加强水文化遗产保存与修复的基础科学研究，实施关键技术攻关行动，推进传统核心科技体系的科学化、现代化进程；通过计算机网络，利用虚拟技术，实施中原水文化遗产的数字化战略，将文化遗产制作成各种类型的影像，如三维立体、动画等，来展示遗产生动的原貌，提高水文化资源的展出率和效果，模拟地展示尚未挖掘或已经湮灭了的遗址、遗存，整合历史文化遗产资源，推动水文化资源进入数字化时代，科学展示中原水文化资源。

要依托华北水利水电大学水文化研究中心，充分发挥中华水文化专家委员会、河南省科技文化遗产保护与研究协会、河南省科技史学会水利史专业委员会和河南水利学会水文化研究会的作用，整合河南省水利高校和科研单位资源，设置水文化资源传承创新河南省协同中心，挂靠在华北水利水电大学水文化研究中心，利用水文化遗产研究保护方面的专家、学者以及爱好者、志愿者力量，建立水文化遗产保护协作网络与互动机制，打造创新型、开放型的水文化遗产研究和保护平台。

（三）树立科学发展理念

实现河南水文化资源的永续利用，必须更新文化传承观念。我们所传承的水文化不仅表现为思想理念，还体现在生活中的文化。水文化与百姓生活也是息息相关的，比如在"吃、住、行"方面。如有关"吃"的饮食文化与水有着不解之缘，中国人喜欢喝茶、喝酒、喝粥、喝汤，里面都有着深厚的文化内涵。这种文化既体现中原文化的特点，同时又代表华夏文明的特点，具备中原大文化精神，符合现代价值理念，而且具有国际竞争力和影响力，能够代表中国的软实力。

从可持续发展的观点看，可持续发展原则即是"保护为主、合理开发、科学规划、永续利用"的原则，保护是开发的前提，开发是保护的基础。[①] 在保护传承的基础上科学合理利用水文化资源，通过科学合理利用促进水文化资源的保护传承，实现水文化遗产的可持续发展。

因此，在河南水文化遗产资源保护的过程中，牢固树立"保护第一"的思想，一方面通过合理利用遗产资源获取利益，壮大地方经济实力；另一方面要在实践中，探索有效保护文化遗产的具体措施，促进文化资源的科学利用，走"保护→传承→创新→发展→保护"的良性循环发展之路，并带动相邻周边区域发展，共同构建保护屏障。

三　构建运作体系

保护河南水文化遗产资源，不仅需要创新管理体制、科学的决策机制，而且还需要高效的运作体系。其中，河南水文化遗产运作模式对华夏历史文明的可持续发展起重要作用。在构建河南水文化资源的运作体系过程中，要充分发挥政府的主导作用，建立管理者、经营者之间的协作机制，改革经营体制，调动公众参与文化遗产的积极性，为中原水文化持续发展提供必要的前提条件。

（一）发挥政府的主导作用

河南水文化资源保护涉及规划、文物、土地、发展、计划、水利、物价、交通、公安和环境保护等部门，因此，各级政府行政职能部门在

---

① 王星光、贾兵强：《中原历史文化遗产可持续发展的问题与对策》，《河南社会科学》2008 年第 4 期。

制定政策、制定规划、依法行政时应加强相互协作，使各系统有机结合形成合力。在水文化资源保护的过程中，各级政府部门要科学决策、严格实施开发规划，这是保证历史文化遗产持续发展和水文化遗产正常运作的重要前提。

此外，还要充分利用社会公众的力量，加强对水文化资源运作的监督。公众参与强调公众（市民）对保护规划编制、管理过程的参与、决策和管理，是人本主义与民主化的体现。[①] 因此，各级政府部门必须明确公众参与保护的对象、机构、内容、程序、深度、职责、权利、义务和监督保障等内容，以便调动不同社团组织、行为主体、多学科专家的参与，使历史文化遗产沿正确轨道良性发展。

（二）建立科学的运转体系

科学合理的运转体系，可以降低河南水文化资源的管理成本，有效地提高行政效率，取得良好的社会效益。因此，要实现河南水文化遗产可持续发展，正确处理好水文化资源的管理者、经营者、所有者和使用者之间的关系，改革文化遗产经营体制，建立文化遗产科学高效的运转模式。

作为河南水文化遗产资源的管理者，各级政府充分利用新闻媒体的力量，通过广播、电视、书刊、网络、微博等对历史文化遗产保护、开发、经营政策进行宣传，制定河南水文化资源投资开发优惠政策，吸引历史文化遗产投资者加入到文化遗产的开发与经营中，用可持续发展的观念正确处理旅游开发和经营管理中的问题，鼓励经营者合法经营，提高服务质量，从而使开发者、经营者和当地居民等历史文化遗产运作者获益，以实现中原水文化资源保护和经济发展的良性发展。

作为河南水文化资源的经营管理者，各级文化遗产管理职能部门和社团，应明确各自职责，分工协作，合理安排对遗产的管理和经营收入，为遗产可持续发展长期提供后续资金保障，确保河南水文化资源运作持续循环发展。河南水文化资源开发经营提倡社区居民的参与，因为社区居民通过参与遗产旅游经济活动，增加了收入，提高了消费水平，遗产地居民成了历史文化遗产经营与运作的"受益者"。在文化遗产开发过程中，他们积极参与历史文化遗产规划、保护与开发的活动，树立

---

① 陈易：《公众参与中的若干问题》，《城市问题》2002 年第 1 期。

文化遗产地主人翁意识，通过诚实劳动、合法经营等途径，培养社区居民热情礼貌自信的文明素质，有助于提供优美的旅游环境，重塑历史文化遗产地形象。

改革经营体制，加快文化产业的跨越式发展。实施文化产业，坚持"走出去"策略，调动各种现代化传播手段，加大海外传播力度在全球唱响"河南声音"。

（三）强化宣传意识

保护水文化资源，其本质是要充分发挥水文化遗产的教育、启迪、激励和凝聚作用。要把保护、传承水文化资源与开展群众性"爱水、节水、护水和用水"结合起来，大力展示"美丽中原，文明河南"成果，不断激发全省广大人民的爱国热情和民族自尊心、自信心、自豪感。要把保护、传承水文化遗产与传播中华优秀先进水文化结合起来，让水文化保护宣传进社区、进学校、进机关、进企业、进农村。同时，要加强宣传普及工作，结合"文化遗产日""世界水日""中国水周"等活动，广泛介绍水文化知识，增强公众依法保护意识，营造有利于水文化遗产保护的舆论氛围。要加强与国外相关研究机构的交流合作，传播、弘扬中国优秀传统水文化，向世界展示中华民族辉煌灿烂的文明成就。

水文化资源是"文明河南"建设组成部分，并以其强烈的爱国主义精神和独特区域特质成为"文明河南"建设的宝贵内核。一方面，我们要将水文化资源融入"四个河南"建设的战略布局中，依托"中原经济区""郑州航空港综合试验区"和"华夏历史文明传承创新区"建设规划，积极推进"水文化产业"主导下的"中原水文化品牌"培育工作。另一方面，水文化资源适时融入国家"一带一路"发展战略、"欧亚万里茶道"发展战略和"中部崛起"发展战略，从国家战略高度，搭建区域联动式的"互联网＋水文化产业"线路图，不断提升水文化社会效益和经济效益。

第六章 中原水文化资源的开发

第一节 中原水文化资源开发的重要意义

随着社会经济的发展，文化的重要性不断显现，水文化作为文化的重要组成部分，越来越受到社会的关注。河南水文化是中原水文化的缩影。河南具有丰富的水文化资源，河流、干渠、水文化遗产比比皆是，中原传统水文化资源是祖先留给我们的宝贵财产，也是中原特有的自然景观与人文景观，其中包含着无尽的文化价值，如果能够得到合理的开发利用，必将绽放出夺目的光彩。因此，对中原传统水文化资源的开发和利用，不仅可以打造独树一帜的中原特色旅游胜地，还可以优化产业结构，创造更多的就业机会，带来可观的经济效益，从而造福一方百姓。

一 中原水文化资源的开发，有利于水文化遗产的保护和整理

中原具有悠久的水文化历史传承，保留了大量的水利历史典籍、文物古迹和古代水利工程，创造和形成了光辉灿烂的水文化遗产，并成为优秀文化遗产的重要组成部分，是水文化传承的载体。这些宝贵的水文化遗产需要通过水文化资源的开发、利用才能得到发掘，精心维护，特别是蕴含其中的先进的科学思想才能得到弘扬和传播。水文化资源对水文化遗产在保护和整理的基础上进行开发，同时，水文化资源的开发能更好地促进水文化遗产的保护和整理。

二 水文化资源开发，可以促进先进文化价值理念的形成，提升精神文化层次水平

"文化"一词，可以小到中国民间说的"识文断字"，上过学，受过教育，有点知识就叫作"有文化"。文化一词从大处说是"人类创造的物质和精神成果的总和"。今天人们所强调的文化，是指"观念形态的文化"，即由思想理论、宣传教育、新闻出版、文艺演出和文物管理等构成的领域等。关于文化的本质，肖前教授等主编的《马克思主义哲学原理》一书中说"文化即人化"，文化的本质是人化，文化最重要的作用是化人，总结了历史上中西文化观中最重要的核心和实质内容。水文化的"化人"作用就是通过历代传承的治水精神来丰富人们的精神世界，武装人们的头脑，指导人们的实践。先进的水文化不仅能教育人、启迪人、感化人、引导人，还影响着人们的审美方式、思维方式、生活方式等。在水文化资源开发的过程中，通过对蕴含在水文化资源中的水文化精神进行提炼，形成全社会共同的行为准则，引导人们求真、求善、求美，共同建设更加美丽的精神家园。

三　水文化资源开发，有利于促进环境改善和城市品位的提升，实现人水和谐

在经济社会快速发展和精神文明不断提高的今天，人们的生活对环境提出了越来越高的要求。中国古代的城均与水和谐相处，体现了"城有水则秀，居有水则灵"的说法。城市因水而美，水因城而秀，水文化即城市文化，城市文化也就是水文化。今天，通过水文化资源的开发，能让更多的人认识到水资源的重要性和重要意义，从而建立人水和谐的生产生活方式，营造山更青、水更秀、城更美、人水更加和谐的良好环境，提高人民群众生产生活的舒适度，形成水城一体的独具特色的城市景观，打造城市名片，提升城市品位。

四　水文化资源开发，有利于为中原经济区提供保障，促进社会经济的发展

资源的开发最终都是为了经济的发展。水文化资源的开发是水文化向更高层次发展的需要，更是经济社会发展到一定阶段的客观要求。水文化资源在开发的过程中，会形成自己的产业文化和产业体系，通过弘扬水文化，实施亲水战略，大做水文章，产生社会经济效益。随着"大众创业、万众创新"理念的提倡，水文化资源的开发，有利于形成新的经济增长点，促进社会经济的可持续良性发展。

第二节　中原水文化资源开发的基本现状

中原水文化资源时间跨度长、门类全、价值高、分布广泛，构成了河南种类繁多、独具特色的人文景观和自然景观。河南开发水文化资源有一定的优势，如水生态景观众多，水文化历史沉积厚重，人文景观丰富，水文化遗产众多。河南水文化资源开发在立足已有资源的基础上，取得了一定的成就。水文化理念得到初步的贯彻，各级政府在制定相关政策和做相关决定时，能从本地的水文化资源开发角度出发。水文化资源得到初步开发，水文化的深刻内涵得到挖掘，以黄河、西峡龙潭沟、洛阳龙潭大峡谷、重渡沟、宝泉旅游度假区、白云山、清明上河园、云台山、红旗渠等为代表的一批水文化风景区迅速崛起，既满足了群众的观光休闲需求，同时也促进了水文化旅游经济的发展。虽然有一定的成绩，但是水文化资源开发目前存在很多问题。总体上看，河南的水文化资源优势还没有得到充分开发和挖掘，资源优势还没有转变为经济优势，中原历史文化遗产很多还处在"休眠期"状态或是"金屋藏娇"，犹如"藏在深闺无人识"，与世隔绝，外界人很少了解。即使作为省会城市郑州，丰富的历史文化资源优势还没有转化为经济优势。倪鹏飞在对中国 47 个城市竞争力的研究中，郑州排名第 45 位，其文化竞争力排名末位。

在水文化资源开发过程中存在的突出问题，表现在保护不够、发掘不够、利用不够，基础工作薄弱等方面。

一　保护不够

保护是开发的前提，保护好就是最好的开发。"美不美，家乡水"，要建成大好河南，首先要有一域秀水。河南域内虽有众多河流，但水资源现在极其有限，假如都是死水、臭水，那也只会令游人徒然败兴，不仅不能提升城市品位，而且会收到适得其反的效果。河南目前可以说是有水皆污，现有水体均不同程度地受到了污染，地下水超标开采，地表河流污染严重，极大地影响了城市形象，令游人望而却步。

二　发掘不够

文化是一个城市的名片。文化竞争力在城市核心竞争力中占有重要的位置。发展工业招商引资过程中，投资环境的第一印象往往正是文化。在游客看来，古城可以说是凝固的历史，黄河是流动的文化，水文化作为河南文化中源远流长、别具潜力的一块，需要匠心发现和用心雕琢。水文化景观建设问题需要开展系统的研究，需要精心的设计和包装，水文化品牌需要长时间打造。

三　利用不够

中原的水文化遗产十分丰富，仅文字方面的历代皇帝关于治河的圣旨、历代文人咏河咏水的诗篇就还未系统整理，更没有进行利用。水文化物质遗产也没有引起人们的足够重视。多年来没有人去关注它的存在。以水文化为专题的博物场馆建设也相对缺乏。

从水文化遗产资源开发本身来讲，上述问题的形成原因有三种：

一是水文化意识缺乏。在城市建设过程中由于开发者缺乏保护意识和可持续发展意识，水文化及水文化遗产在开发过程中缺乏严谨的论证，在建设中不仅水文化缺失，而且对传统水文化破坏严重。许多老水井被毁。

二是配套保障措施不完备。也有的开发者有保护水文化资源的意识，但不知道怎么保护，也缺乏相应的技术与手段和法律等方面的支持，从而使文化资源受到被动的破坏，这在地方性文化资源的保护与开发过程中表现得尤为明显。

三是过分强调经济利益，忽视社会效益。有的开发者虽然知道保护水文化遗产的重要性，但受经济利益的驱动，盲目地扩大文化资源的开发范围，从成本角度考虑过多，采取不恰当的开发方式，使水文化资源得不到应有的维护和管理，使水资源的开发流于形式。

如何加强这些水文化资源的开发利用将是今后不断提升河南水文化实力的发展方向。

第三节　中原水文化资源开发的总体思路和目标任务

河南地处中原大地，是中华文明的发源地，建设文化大省是河南义不容辞的义务。把河南全面建成小康社会，是推进河南治理体系和治理能力现代化的一项宏大系统工程，代表先进文化的发展方向。水文化是中国社会主义先进文化的重要组成部分，是中华民族文化的精髓。目前我们应以水文化实践为载体，积极全面推进河南水文化建设，努力创造无愧于时代的先进水文化。

一　中原水文化资源开发的总体思路

河南水文化资源的开发要按照社会主义核心价值体系建设的根本要求，在立足现有水文化资源的基础上，不断探索创新，深挖水文化资源的深层内涵，力争通过 5—10 年的努力，形成河南省的水文化资源的特色产业，通过水文化资源的开发，引导全社会建立人水和谐的生产生活方式，促进资源节约型和环境友好型社会建设。

二　中原水文化资源开发的目标任务

通过 5—10 年的努力，基本建成与河南省水文化资源相适应的水文化资源发展格局、水文化资源管理体制及运行机制，全省水文化资源得到充分挖掘开发，水文化遗产在开发的同时得到保护，增加群众的水文化活动和水文化宣传教育场馆，丰富水文化艺术作品的创作内容，水文化资源研究和开发队伍不断壮大，建设一批在全国享有知名度的水文化场馆、基地、主题公园和示范区，逐步形成若干通过水文化资源开展的水文化节庆活动，完善水文化体系，从而达到人水和谐的社会氛围。

通过水文化资源的开发基本形成全省比较完善的水文化体系，在做好顶层规划的同时，注重物质文明与精神文明的有机结合，提高水文化的核心竞争力，精神文化建设出亮点，物质水文化建设出精品。使水文化理念深入人心，文化自觉全面提升，文化自信持续增长。

要做到对中原传统水文化资源的合理开发和利用，首先要对中原传统水文化资源的现状有一个全面而细致的了解与调研，充分掌握中原传统水文化资源的特点、分类与保存情况，用翔实的数据、确实的图表、真实的影像等构建"中原传统水文化资源数据库"。其次要制定切实可行的保护、开发和利用方案，以保证中原传统水文化资源的可持续发展。再次要有全局眼光，建立"大中原文化圈"，把各地区传统水文化资源纳入一体化管理，保留区域特色的同时更要互相联系沟通，开发出一系列水文化旅游带，逐步形成结构合理、同中有异、特点鲜明的水资源文化体系和文化产业。最后要加大宣传力度，提升中原水文化资源的知名度和影响力，要有"水漾中原""水润中原"的文化意识，使之成为"魅力中原""文化中原"的最好诠释。

第四节　中原水文化资源开发的重点工作

河南有着丰富的水文化资源，涉及面广且全，既有物质、文字的，也有非物质的、口口相传的。因此，针对水文化资源的开发既要整体推进，也要重点突破。

一　水历史文化资源开发

河南是华夏文明治水的一个缩影，治水行为遍布各个时代。南召猿人时代，新石器时代的裴李岗文化、仰韶文化、龙山文化、二里头文化、二里岗文化、殷墟文化时期都留下了治水的实践，其中最为人熟知的就是大禹治水。治水名人更是不胜枚举，如春秋时期的孙叔敖、战国末年的郑国、魏晋时期的司马孚、宋代著名建筑家和水工专家宋用臣等，共同交织成兴水利、除水害的华美乐章。河南在治水时兼顾农田水利的兴修和内河航运的发展，大运河的开通就是内河航运发展的典范。治理黄河更是历朝历代必办的大事，为后人留下了宝贵的经验和物质遗产，如武陟县的嘉应观、济源市的济渎庙。

龙是中华民族的象征，龙文化更是中原水历史文化的一个亮点。距今 6400 年被考古学界誉为"中华第一龙"的濮阳蚌龙，是中国最早的龙形象。被学者命名为"中国龙"的大型绿松石龙形器，距今至少 3700 年，发现于"华夏第一都"偃师二里头遗址。在今周口淮阳一带，人文始祖太昊伏羲"以龙师而龙名"，首创龙图腾。统一黄河流域各部落的黄帝，在今新郑一带用龙作图腾，于是有了今天的"炎黄子孙"和"龙的传人"。

这些与水有关的历史文化都是水文化资源开发的重点。

二　水工程文化资源开发

水利工程依托于水，换句话说，水利工程的发展本身体现了文化的发展，因此具有文化属性。水利工程流经河南抑或就在河南境内，如古代的以漳水为源的引漳十二渠、最早沟通黄河与淮河的鸿沟、春秋时期的期思陂、首次黄河大规模堵口工程瓠子堵口、蓄水灌溉工程鸿隙陂和六门陂、隋朝开通的汴渠和京杭大运河，现代的三门峡水利枢纽、小浪底水利枢纽、黄河大堤，等等，数不胜数。这些水利工程不仅是保护社会生产生活的建筑，更是人与水相互依存又相互斗争的写照。因此，在水工程文化资源的开发中，除突出水利工程蓄水防灾的功能外，还要深入挖掘水工程本身所蕴含的精神文化内涵，宣传和弘扬这些不断奋斗的积极精神，与中国梦实现同频共振。

三　水民俗文化资源开发

水民俗文化是广大群众在与水接触中形成的与水有关的物质和精神的文化现象。河南的水民俗文化特色鲜明，丰富多彩，且大放异彩。舞钢市水灯节是水民俗资源开发的一个范例。舞钢市有着历史悠久的水灯文化，中秋节放河灯祈福的习俗可追溯至宋代。修建石漫滩水库（又称龙泉湖），在水库放灯的习俗便盛行于周边群众中。2001 年，为更好地继承和发扬舞钢这一传统民俗文化，舞钢市举办了首届水灯节，盛况空前。之后，舞钢市每年举办水灯节，连续举办了十届。水灯节期间，为使水灯节的内容更加丰富多彩，还举办大型文艺演出、燃放烟火、民俗表演、书画奇石根艺摄影展等活动。如今，水灯节已成为舞钢市的文化品牌。有鉴于此，水民俗资源在开发的过程中，要在充分挖掘本地水民俗内涵的基础上，发扬水民俗特色，不断创新。

四　水艺术文化资源开发

河南有着丰富多彩的文学艺术，众多名人骚客在此驻足，如杜甫、白居易、韩愈、李商隐、刘禹锡、元稹等，创作了大量脍炙人口的佳作，其中不乏大量歌咏水的佳句，如刘禹锡的"九曲黄河万里沙，浪淘风簸自天涯"；杜甫的"黄河北岸海西军，椎鼓鸣钟天下闻"；白居易的"汴水流，泗水流，流到瓜洲古渡头，吴山点点愁"；等等。北宋张择端的名画《清明上河图》用细腻的笔墨描绘了北宋都城东京汴梁（今开封）及汴河两岸的自然风光和丰富多彩的市民生活。现在，夜幕降临，大型实景水上演出《大宋·东京梦华》就会在开封清明上河园上演，再现北宋京都的盛世繁荣，带给观众"一朝步入画卷，一日梦回千年"的时光穿越的体验。水艺术文化在资源开发中，要立足艺术本身魅力，不断扩大其外延范围，延长艺术的生命力。

五　水旅游文化资源开发

随着休闲旅游经济的发展，水旅游也逐渐进入人们的视野。河南具有发展水旅游的重要资源，如嵩山、云台山、伏牛山、王屋山、白云山、石人山，伊水、洛水、汝河、沁河、颍河、南湾湖，三门峡、小浪底、殷墟博物馆、少林寺、虢国墓、龙门石窟、白马寺、铁塔、龙亭、相国寺、包公祠，等等，这些壮美的自然景观和多彩的人文景观在这片热土上交汇。此外，大量国家级和省级水利风景区不断涌现，如信阳南湾湖、焦作群英湖、方城望花湖、舞钢石漫滩龙泉湖、嵩县陆浑湖、漯河沙澧河、汝南宿鸭湖、唐河友兰湖、内乡马山湖、驻马店板桥水库、南召辛庄水库等。通过水旅游资源的开发，展现水利工程的丰功伟绩和河南水利人的聪明才智，打造河南水文化与休闲旅游的经典品牌。

六　水文化产业开发

文化产业是指生产和提供精神产品的行为。水文化产业作为文化产业的一个重要分支，主要指生产和提供与水有关的产品和服务的行为，例如以水为主题的广播影视、网络、纸质传媒、动漫、休闲娱乐、演艺、印刷发行、工艺品生产、古玩书画、广告会展等产业。近年来，随着开发的重视，河南水文化产业取得骄人的成绩。以《大宋·东京梦华》《水秀》《禅宗少林·音乐大典》《洛神赋》等为代表的水文化产品不断创新，形成了较完善的产业发展态势。此外，创意产业园区也在设计和建设中，其中济水文化产业园项目规划在园内建济水文化博物馆，通过图示、3D动画等形式，重点展示济水文化的发源和四大水系的演变发展历史。将历史文化和场景与高科技相结合，是未来水文化创意产业的发展方向。

七　水文化载体开发

水文化载体是人们认识水文化的过程中所凭借的对象，其具体表现形式可以多种多样，一切与水有关的事物或媒介都可以称为水文化载体，如水上景观、河流、湖泊、水利工程、水文化博物馆、水利杂志等。此外，召开论坛、研讨会，参观考察，进行文学艺术创作，拍摄专题片、影视剧，举办书法、绘画、摄影展览，编印水文化手册，印制标语图片等也属于水文化载体范围之内。通过建设和丰富水文化载体，创作一批大众化和时代化的水文化精品，弘扬水文化精神，带动社会对水文化的重视，使水文化理念深入人心。

总之，中原传统水文化资源是中原人民劳动与智慧的结晶，我们有责任保护好、发展好这一方风水宝地，并在继承中创新发展，使中原文化成为一颗璀璨的明珠，能够吸引全世界的目光。

第七章 中原水文化资源之"治黄理论"的开发利用

　　黄河在中华民族的繁衍和发展史上发挥了重大作用，黄河流经的中原地区是中华文明的主要发祥地之一。黄河的中游流经土质松软的黄土高原，由于这里的降水主要集中在夏秋季节，降水集中、雨量大，对黄土高原造成了严重的侵蚀，使得河水中夹带了大量的泥沙，成为世界上含沙量最大的河流，黄河下游地区是广阔的平原地区，流速减缓，泥沙沉积，就形成了黄河下游河道易淤、易决、易徙的特点，滔滔洪水给下游地区的人民带来巨大的灾害，因此，如何治理黄河成为历朝历代的大事。中原地区的人在几千年治理黄河的实践中形成了丰富的治河理论和技术，特别是在防洪、引黄灌溉、开凿运河等方面，创造了在世界水利史上可谓独具特色的治黄理论。

第一节　中原治黄理论的内涵

　　黄河发源于青海巴颜喀拉山北麓约古宗列渠，干流长 5464 千米，流域面积 75 万余平方千米，是我国第二长河，黄河的上游区域流经高山草原区，植被较好，河道地势高峻，河水较清。中游流经毛乌素沙漠和黄土高原，这里地质构造疏松，降水雨量集中，水土流失严重，是黄河泥沙的主要来源区域。黄河下游段从河南郑州桃花峪到山东垦利县，河行地上，两侧大堤约束，基本没有支流汇入，河道坡降低，水流平缓，是黄河泥沙的沉降段和输移通道。由于河道宽浅散乱，泥沙淤积严重，河床逐渐升高，两岸几乎全靠大堤为屏障。河道滩面一般高出两岸地面约 2—5 米，有的高达 10 米，是世界上著名的"悬河"。黄河下游这种特殊的地理条件使得干流具有易决口、善迁徙的特点。历史上的黄河泛滥、改道也主要发生在这一地区。黄河在这里南北摆动，恣意流行，时而流向东南，时而流向东北。据统计，历史上黄河决口达 1593 次，大的改道 26 次，几乎平均每三年就有两次决口，百年就有一次大的改道，给下游地区两岸人民造成了巨大的生命与财产损失。

中原治黄理论是指中原地区的人民在治理和利用黄河过程中创造的理论和技术，主要包括防洪、引黄灌溉、航运等方面。

第二节 中原治黄理论的分类

一 防洪治河

在中原治黄理论中如何防洪治河是最为重要的，毕竟防御洪水、保护人民的生命财产安全是首要任务。中国古代最早的治河思想及理论也是自传说中的鲧禹父子治理洪水开始的。几千年来围绕着如何使黄河安澜、驯服，形成了系列的治黄理论。

（一）堵与疏

早在远古时期，中原人民就开始了与黄河灾害的斗争，传说中的尧舜时代，黄河泛滥，尧任用鲧来治理河患，鲧采用"雍防百川，堕高堙庳"的方法治理洪水，结果失败了。鲧的儿子大禹继续治理洪水，禹针对父亲鲧治河失败的原因，采用了以疏导为主、拦蓄为辅的综合治理方法，将洪水归流入海，最终获得了治水成功。此后一千余年黄河没有什么大的泛滥。

春秋时期，针对黄河泛滥，黄河下游地区的各诸侯国就纷纷修筑大堤，以保护自己的封地，黄河下游的堤防也由小到大，由局部到整体，逐步发展起来。到战国时期，形成了黄河下游两岸的第一个堤防。黄河大堤的修建，使黄河下游的河床稳定了几百年，对防止洪水泛滥起了重大作用。堤防的出现，是治河史上的一大技术进步，也是堵与疏理论综合运用的结果。

（二）顺天应时，任其泛滥

西汉武帝元光三年（公元前 132 年）五月瓠子决口，于是"天子使汲黯、郑当时兴人徒塞之，辄复坏"。当时丞相田蚡为了一己之私利，因河决而南对他的封地有利，提出"强塞之未必应天"；甚至动用方士散布流言，使黄河在长达数十年的时间内无人治理，任其泛滥成灾。

西汉成帝鸿嘉四年黄河决口，谷永主张不堵塞，认为"修政以应之，灾变自除"。解光、李寻也有类似的主张，认为不必堵塞，看水势如何，使自成川，"然后顺天心而图之"。

北宋时期，宋神宗赵顼针对黄河决口也提出"纵水所之"，即放任行流之说。

（三）迁民让水，宽河行洪

西汉末年的治黄战略家贾让，针对汉代黄河河患频发的原因，提出了以"宽河行洪"思想为主的全面治理黄河的上、中、下三种不同对策，上策主张滞洪改河，中策提出筑渠分流，下策则为缮完故堤，贾让还对此进行了对比选优和评估。贾让"治河三策"对后世产生了重大影响。

1904 年，周馥在治理利津县薄庄漫口时，借鉴和吸收了前代贾让提出的"徒当水卫之民，让地于水"的方法和清代靳辅的"治水之道当损小以图大，毋保全一方而误全局"的办法，认为"水势如此，与其逆水之性，耗无益之财，救民而终莫能救，不如迁民避水，不与水争地，而使水与民各得其所"，采取了"不事堵塞，迁其土著，载之高地"的治理措施。这在实践中被证明是非常正确的。

（四）"疏、浚、塞"并举

元代至正四年（1344 年），黄河在山东曹县白茅堤决口。至正八年（1348 年）元朝政府任命贾鲁为都水使者，负责治理河患。贾鲁提出了"疏、浚、塞"并举的方针，先疏后塞，采取先易后难的方案。他考虑到疏浚的工程量最大，但比较容易，乘汛期来到之前，使疏浚工程控制在土工范围内，可大大缩短工期，所以整个治河分为疏浚故河，堵塞黄河故道下游上段各决口、豁口，修筑北岸堤防以及堵塞白茅决口。终于成功堵塞决口，挽河南流，沿泗水、淮水旧道入海。贾鲁治水，共浚河道 140 公里，修筑堤防 350 公里。他在堵口技术上取得了重大成就，特别是他能采用沉船堵口技术在大汛期间堵住一个夺溜十分之八的口门，说明当时的治河技术达到一个相当高的水平。清代水利专家靳辅对贾鲁所创的用石船大堤堵塞决河的方法，非常赞赏，称赞"贾鲁巧慧绝伦，奏历神速，前古所未有"。

（五）分流说

西汉成帝时，清河都尉冯逡就曾建议恢复旧屯氏河，使黄河分流。黄河分流之说在北宋最为盛行，此说分全河分流和局部分流两种形式。如果实行全河分流，不仅不能减轻河患，而且越分河水流速越缓，越容易造成泥沙淤积，最后抬高河床，导致河堤决口，因此，危害甚大。局部分流主要是指在黄河下游开凿分流，分杀水势，导水入海。此法作为一种临时分水措施，是有一定积极作用的，但作为一种长远方针，当然也有害而无益。清代李塨则认为分流是上策，主张黄河下游多开支流，关键是要因地制宜。他认为当年大禹主要在北方治水，按照北方的地势将黄河分流，治水得以成功。

（六）束水攻沙

明代治理黄河的总原则是"治黄保漕"。针对黄河治理，当时人们提出了许多治水理论，如分流论、改道论、束水攻沙论、北堤南分论、放淤固堤论、疏浚河口论、汰沙澄源论、沟洫治河论等。黄河在下游的最大问题是泥沙淤积，明朝万历年间潘季驯充分认识到了这一点，他改变了过去治水不治沙的传统，开始从治理黄河泥沙着手，提出"筑堤束水，以水攻沙，水不奔溢于两旁，则冲刷乎河底"的治河方针，进行大规模的堤防建设，将堤防的作用由阻挡洪水扩展为治河治沙，比较彻底地整治了徐州至淮安间的河段，以及洪泽湖东堤淮扬运河和南旺一带水道，使黄河出现了"清口方畅，清连数年"，河道无大患的相对安流时段。潘季驯的治河思想对后代治河产生了重大影响。

明清鼎革之际，社会动荡不安，黄河堤防失修，造成下游又频繁泛滥。清朝康熙时期，任命靳辅为治河都督，开始大规模治理河道。靳辅主张堵塞决口以挽正河，修筑堤防以束水攻沙。他把束水攻沙和人工疏浚结合起来。在浚挖黄河故道时，用挖出的泥土修河建堤，既挖深了河道，又巩固了堤岸。在疏浚河口时，他还创造了带水作业的刷沙机械，在船尾系上铁扫帚，翻动水底泥沙，利用流水的冲力，将泥沙输送到大海。在修建堤坝方面，他们吸取潘季驯不重近海堤防的教训，在上起河南、下到海口附近，都修起了坚固的堤防，经过十余年不懈的努力，基本上解决了黄河、淮河复归故道的问题，其成就超过了前人。

（七）全流域综合治理思想

民国时期，以李仪祉为代表的中国现代水利科学的先驱，把西方文化与中国传统丰富治水经验相结合，提出了综合治理黄河的思想。李仪祉是我国近代著名的水利专家，被誉为"近代中国水利之父"，为我国江河治理事业作出了贡献，尤其是在黄河治理方面。从 20 世纪 20 年代开始一直到其逝世的近 20 年中，他提出了最为详细的黄河治理方案并部分付诸实践，在长期的治河实践过程中形成了其独特的综合治理黄河理论。即治理黄河要上、中、下游并重，防洪和航运、灌溉和水电兼顾。在防洪工程中，要固定下游中水位河槽，在中游干支流选择适当地点修建蓄洪水库。在中游黄土高原区开展水土保持，减少泥沙来量。这一思想推动了传统河工向现代河工的转变，使黄河治理有了根本改观，并对新中国成立以来的黄河治理产生了重大影响。

二　农田水利

治理黄河应防洪与利用并举，中原地区的人民很早就利用黄河来建设农田水利。特别是黄河中下游地区在引黄灌溉、引黄淤地方面卓有成效。

战国时期，梁惠王十年（公元前 360 年），引黄河水入圃田泽，蓄水溉田，种稻改土，肥田增产。这是古代引黄淤灌、种稻改土的最早典范。该泽东西宽四十多里，南北长二百余里，与黄河息息相通，在黄河大汛期间，能分杀黄河汹涌之水势，夏蓄水而春秋灌溉农田。[①]

秦汉时期，人们就在关中引泾水开凿了大型的灌溉水利工程郑国渠和白渠。汉武帝时，以长安为中心，先后修复并建成郑白渠、潜渠、龙首渠、六辅渠、灵积渠、成国渠，在朔方、西河、河西即今黄河中游黄土高原地区，也开始引黄河水进行灌田。在宁夏的贺兰山下，秦汉时期就开凿了秦渠、汉伯渠、汉延渠、光禄渠，引黄河水灌溉农田，唐时又开凿了薄骨律渠、七级渠、特进渠、御史渠和唐徕渠，使得宁夏平原的经济发展深得黄河之利。

北宋熙宁年间，以王安石为代表的变法运动兴起，制定了"农田水利法"，设置了引黄淤灌专职机构，利用黄河伏汛盛涨、扶带肥水最多之际，以都城开封汴河一带为起点，在黄河两岸普遍推行引黄淤灌之法，"灌溉民田，变斥卤而为肥沃"，引黄河水改造两岸低洼瘠薄之地，成效显著。《续资治通鉴》说："开封府界淤田，岁须增产数百万石。

[①] 张民服：《黄河下游河南段湖泽陇堵的形成和变迁》，《中国农史》1988 年第 2 期。

民食有限，物价须岁加贱。依余转之河北，非惬实边，亦免伤农。"引黄淤灌收到了良好效果。诗人韦骧有一首诗中写道"万里耕桑富，中原气象豪，河流开亿顷，海贡集千艘"，讴歌了北宋熙宁十年间黄河下游引黄淤灌发生的巨大变化。

三　航运工程

历史上中原人民很早就知道利用黄河来开辟航运，使黄河成为重要的水运通道和运河的水源，各个时代的人们修建了许多著名的航运工程。

（一）鸿沟

战国时期的魏惠王开凿。魏国在魏惠王九年迁都大梁后，次年开始开凿鸿沟，该运河自荥泽引黄河水入莆田泽，再向东开至大梁城北，由大梁北继续东开，并向南转经过尉氏、太康、淮阳后汇入淮河。对此，《史记》记载曰："荥阳（今荥阳故城）下引河东南为鸿沟，以通宋、郑、陈、蔡、曹、卫。"其后，历经秦汉、魏晋南北朝时期，一直是黄淮间的主要交通线路之一。

（二）两汉漕运

秦汉全国统一后，水运交通也迅速发展，秦以前河淮、江淮、太湖、钱塘江之间早已沟通，沿黄河西上可由渭水直达关中长安。后因渭水航道迂曲宽浅，不能适应迅速增长的财物运量需要，又引导渭水，沿终南山北坡，开凿漕渠三百余里，东至黄河，极大地改善了航运条件。东汉时期定都洛阳，东方漕运由黄河入洛水，由洛水通阳渠至洛阳城。《水经·谷水注》："下漕渠，东通河济，南引江淮，方贡委输，所由而至。"又记载："大城东有太仓，仓下运船常有千计。"由此可见东汉漕运盛况。

（三）通济渠和永济渠

运河体系是隋唐时期重要的交通命脉。隋唐时期，人们继续利用黄河水系开凿运河，发展漕运。开皇元年（581年），隋文帝命郭衍主持开凿广通渠。郭衍"部率水工，凿渠引渭水，经大兴城北，东至潼关，漕运四百里。关内赖之，名之曰'富民渠'"。

隋大业元年（605年）三月，隋炀帝命宇文恺在洛阳城之西十八里大营东部，每月役丁二百万人，同时又命皇甫仪发河南、淮北诸郡男女百余万人开通济渠，自西苑引谷水、洛水分支入洛水主流河道通黄河，又自板渚引黄河水经一段旧汴渠入新渠，通于淮。这段运河在宋代即为著名的汴渠，每年运粮 600 万石至东京，是南北交通的大动脉。南宋与金对峙时，南北交通断绝，汴渠堙废。

隋大业四年（608 年），隋炀帝又"诏发河北诸郡男女百余万，开永济渠，引沁水南达于河，北通涿郡"。永济渠全长 850 公里，是华北平原的主要运河，在沁水入河处建有可以启闭的闸门，使黄河和永济渠的往来船只自由出入，大大方便了交通。唐朝时，再次扩建永济渠，一方面浚深南段河道，一方面又开凿几条支渠，直通河北的重要产粮区。永济渠的南段宋代称御河，明代称卫漕，其治理均旨在发展漕运，清代改成卫河，直到清光绪年间，从卫河水运可直达天津海河。明清两代，"凡漕粮入津、芦盐入汴，率由此道"。卫河上下，船梃如林，航运繁忙。北京城内所需物资，除江南海运或运河漕运之外，多由黄河漕运转淇门入卫河抵京，卫河对中国北方地区的经济发展发挥过重要作用。

第三节　中原治黄理论的传承

中原人民在几千年的治黄历史上，治黄方略纷呈，从大禹时代的"疏导之法"，到贾让的"治河三策"，再到明代潘季驯的"束水攻沙"，代代相传，并且不断创新和发展，为后世人们治理黄河积淀了丰厚的治黄理论。当代，中原人民在继承先贤们治理黄河理论的基础上，继续向治黄事业高峰攀登，与时俱进、大胆创新，把治黄理论推到了一个崭新的高度。

一　调水调沙

黄河小浪底水利枢纽工程是治理开发黄河的关键性工程，也是黄河干流上的一座集减淤、防洪、防凌、供水、灌溉、发电等为一体的大型综合性水利工程。1997 年 10 月 28 日，小浪底工程顺利实现大河截流。2000 年 11 月 30 日，历时 6 年，大坝主体全部完工，2001 年 12 月 31 日，工程全部竣工，总工期逾 11 年。2009 年 4 月 6 日至 7 日，国家发展和改革委员会、水利部在郑州主持召开工程竣工验收会议，通过了小浪底工程竣工验收。建成后的小浪底工程由拦河大坝、泄洪建筑物和引水发电系统组成，由此成为黄河干流上大型综合性水利枢纽工程，有效缓解了黄河下游的洪水威胁，基本解除了下游凌汛威胁，把黄河下游防洪标准由不足 60 年一遇提高到千年一遇。目前，在小浪底枢纽开展的一年一度调水调沙工作，实现了对下游河道主槽的全线冲刷，"二级悬河"形势开始缓解。这种调水调沙既继承了先贤们治理黄河的成功经验，又是对"束水攻沙"这一传统治黄理论的进一步创新和发展。

二 引黄灌溉

（1）人民胜利渠是新中国成立后在黄河下游兴建的第一个大型引黄水利工程。1949 年提出，1950 年勘查、规划、设计，经中央批准于 1951 年 3 月开始修建，渠首位于黄河北岸的河南武陟县嘉应观乡秦厂村。1952 年 4 月第一期工程竣工，同年 6 月开始灌溉农田，产生效益。后来又经多次续建、扩建，逐步达到了目前的规模。60 多年来，人民胜利渠的运行产生了巨大的社会效益、经济效益和生态效益，灌溉了豫北地区近百万亩田园，也为当地市民的工业用水和饮用水作出了巨大贡献，不但是黄河下游引黄灌溉的一面旗帜，也是人民治黄历史上的一座丰碑。

（2）共产主义渠，原为大型引黄灌溉工程，1958 年开始建设，渠首位于黄河北岸河南省武陟县秦厂村，以冀、鲁、豫三省人民发扬共产主义精神共同开挖而得名。该渠自武陟县秦厂起经获嘉县、新乡县、郊区、北站区、汲县、淇县、浚县至汤阴瓦碴村南老观嘴入卫河，全长 192 公里，渠底宽 60—80 米，渠口宽 80—100 米。1962 年停止引黄后，变为防洪除涝河道。它上承武陟、获嘉的涝水，至新乡县西永康大沙河汇入，此外，还有原卫河支流石门河、黄水河、百泉河、十里河、香泉河、沧河、思德河、淇河等相继注入。河渠经过不断加固，防洪标准已达十年一遇，保证洪水流量 1500 立方米/秒。为豫北地区防洪除涝骨干河流。沿渠建有提灌站 100 多处，天旱时利用引黄退水提水灌溉农田。

（3）除了以上著名的引黄灌渠，在河南境内还有 34 处引黄取水口门，对应着 24 个引黄灌区。河南省自 1952 年开展引黄取水以来，已经累计引水 1300 多亿立方米，引黄灌溉面积达 1280 万亩，抗旱补源 380 万亩，为中原地区的农业发展作出了巨大贡献。

三 引黄供水

（一）引黄入郑

1969 年，河南开始建设引黄河水入郑工程，把黄河水引入输送到郑州西郊的贾鲁河河道，一度缓解了郑州市的水荒，但因黄河水含沙量太大，不久就出现了严重淤塞。于是从 1970 年 7 月 1 日起用了两年多的时间，建成了邙山输水干渠，北起黄河之滨，跨过邙山，穿越索须河，向南到达郑州市城郊的提灌站，把黄河水自西北向东南引入贾鲁河，并在河道上修建 5 个闸坝，把水逐渐抽到市自来水公司的柿园泵站，它是市区工业和生活用水的第二水源。与此同时，人工挖的"西流湖"应运而生。

（二）引黄入洛

引黄入洛工程于 2010 年 3 月开始建设，2015 年 12 月完工。引水口分水枢纽位于孟津县小浪底镇刘庄村附近，占地 1200 平方米，共有 5 个闸门。除了进水总闸门，还有引黄入洛闸门、孟西灌区闸门、自流灌区闸门、退水闸门。进水总闸门设置有高度控制仪，工作人员可实时调节流量大小。黄河水通过全长 20 公里的引黄入洛工程主隧洞，一路向南，到达麻屯镇上河村与西工区红山乡汶家沟交界处的分水枢纽后，黄河水不再"潜伏"于地下。经该分水枢纽调节后，黄河水流向金水河水库，之后注入涧河，流经市区同乐湖、王城湖、洛河入河口（还有一部分黄河水分流进入中州渠），最终汇入洛河。引黄入洛工程设计引水流量为 9 立方米/秒，设计年引水量 2.84 亿立方米，可满足 9.91 万亩耕地灌溉和涧河、瀍河、洛河等城市水系的生态用水需求。

（三）引黄入冀补淀工程

引黄入冀补淀工程自河南省濮阳市渠村引黄闸取水，入南湖干渠，沿第三濮清南干渠穿卫河进入河北，经东风渠、支漳河、老漳河、小白河等最终进入白洋淀，全线总长 481 公里，2015 年 10 月开工建设。引黄入冀补淀工程建成后，可以缓解河北省中南部地区农业严重缺水矛盾，将实现年引黄河水 9 亿立方米，供水范围涉及 26 个县市（区），控制灌溉农田面积 300 多万亩。

第八章 中原水文化资源之"红旗渠精神"的开发利用

红旗渠精神是中原水文化精神在当代社会实践中的最好表达，是传统中原水文化精神在当代的合理延续和创新发展，是中原水文化精神生生不息、薪火相传的集中体现，同时也是中原水文化资源的重要组成部分。

第一节 从中原水文化看红旗渠精神的历史动因

红旗渠精神是红旗渠人在修建红旗渠这一伟大水利工程过程中凝练出来的价值追求和价值取向，它的基本内涵被人们凝练为"自力更生、艰苦创业、团结协作、无私奉献"十六个字。正是在红旗渠精神的感召下，广大林州人民在新的历史时期谱写了"十万大军战太行、十万大军出太行、十万大军富太行"的创业三部曲，通过实际行动使得这一具有深厚历史根基的水文化精神代代相传，并引领广大中原儿女开拓进取，不断迸发出新的创造激情。作为一项伟大的水利工程，红旗渠的修建虽然离不开上级部门的大力支持和正确决策，但从中原水文化的角度来看，这一伟大的历史壮举还与中原地区深厚的水文化底蕴密不可分。

一 中原文化中人水和谐理念的新发展

众所周知，中国传统哲学在对待人与自然关系上的基本态度是天人合一，也就是强调人与自然万物的和合共生，表现在水文化领域就是人水和谐。表面上看，人水和谐的态度避免了西方传统文化中过分强调人对自然的主宰（人与自然对立）而导致的人类中心主义的许多弊端，不过人对自然山水的尊重有一个基本前提，就是自然山水是人类生存发展的环境和条件，是人类健康发展必要的保障和生活的源泉。中原古代山水文化同样以天人合一为最高追求，所以它也讲人水合一，也企望假借自然山水来提升、丰富和发展自己的生命。中原思想家刘禹锡在《刘梦得文集》卷一二《天论》中说："天，有形之大者也；人，动物之尤者也。天之能，人固不能也；人之能，天亦有所不能也。故余曰：天与人交相胜耳。"这里的"天"便包含了自然山水。对中原水文化的这种精神，修建红旗渠的林州人是有自己独到理解和体会的。红旗渠的修建者对自然山水进行改造，其目的并不是为了单纯地征服自然，与自然闹对立，以显示人类的力量，恰恰相反，他们也是从天人合一和人水和谐的基本理念出发的，所以在修建过程中，他们非常注意保护自然生态，尊重自然界本身的规律，还通过植树造林、引水灌溉等手段改善了这一地区的自然生态环境，可以说达到了人与自然生态的双赢。新中国成立初期，林县恶劣的自然环境严重制约着农民的土地收成，在一定程度上甚至影响着人的生命安全。因此，面对干旱缺水的现实，本着民生发展的需要，开渠引水是必然的选择，而开渠引水并不是破坏自然，而是着眼于人水和谐乃至自然本身的生态完备性。所以，修建红旗渠这一伟大的水利工程，也是从天人合一的基本文化理念出发，通过天人相分（人水相分）的过程和手段达到了更高层次的天人合一（人水和谐）。

二 中原水文化核心品质的自然传承

中原水文化作为中华水文化的突出代表，在很大程度上浓缩了中华民族人水和谐这一基本理念下的许多优秀品质，例如它所包含的重功精神、创造精神、勤俭精神、团结协作精神、吃苦耐劳精神等，都体现着整个中华民族精神的基本内涵。如《二程集·粹言》："践行其言而人不信者有矣，未有不践言而人信之者。"《礼记·大学》："苟日新，日日新，又日新。"《左传·宣公十二年》："民生在勤，勤而不匮。"《乐府诗集·梁太庙乐舞辞·撤豆》："克勤克俭，无怠无荒。"《白居易集·太平乐》："愿同尧舜意，所乐在人和。"《孟子·告天下》："天将降大任于斯人也，必先苦其心志，劳其筋骨，饿其体肤，空乏其身，行拂乱其所为，所以动心忍性，曾益其所不能。"以上这些无疑是中原文化精神的核心内容，都在中原传统治水实践中得到了贯彻，它们贯穿了中原人的整个治水和用水实践，并成为当代中原地区广大人民处理人水关系的最基本的价值导向。自然而然，它们也都在红旗渠精神中得到了合理传承与集中表达。

红旗渠所在地——河南林州（原林县），地处豫西北的太行山东麓。自古以来，林州山多地少，石厚土薄，自然条件十分恶劣。历史上很长一个时期，林州人凿井无泉，引水无源，半数以上的村庄人畜饮水都非常困难。为了生存，人们经常要翻山越岭，往返数十里去获取生活用水。据有关资料显示，新中国成立前的林州，流传着"吃水贵如油，十年九不收，豪门逼租债，穷人日夜愁"的民谣，甚至有"家有万贯财不如一口井"的说法。新中国成立后，林州人民秉承中原传统治水实践中的"愚公精神"，"逢山劈山，遇岭凿洞，移山填谷"。提出了"用林县人民勤劳智慧的双手，重新安排林县河山"的口号。修建红旗渠的过程中，林州人在几乎没有任何机械装备的情况下，用十分简易的索绳、镬头、铁锤、铁锹，前前后后十年时间，在一千多米高的太行山山腰，开凿了一条包括干渠、分干渠、支渠、斗渠总长 1500 多公里的人工天河。而当时正值我国自然灾害最严重的时期，每位民工每天仅有六两粮食，其艰辛可想而知。红旗渠 1960 年开工时，正值三年自然灾害的严重时期，红旗渠人勒紧裤带，省吃俭用，县、社、队三级自筹资金 5839.66 万元，占总投资的 85.06%，保证了这一宏大工程的顺利完成。[①]

三　中原淳朴民风的社会化践履与更张

自古以来，中原地区人文厚重，民风淳朴，德风良善。作为中华文明的摇篮之一，从远古的先帝时代开始就不断积累起厚重的民风民俗，而中原地区淳朴的民风民俗是丰富多彩的。就士人文化而言，早在《尚书·洪范》中就写道："一曰正直，二曰刚克，三曰柔克。"《老子·六十七章》也写道："我有三宝，持而宝之。一曰慈，二曰俭，三曰不敢为天下先。慈，故能勇；俭，故能广；不敢为天下先，故能成器长。"可以说，中原人正直、刚健、豪爽、朴实、和善、坚韧的品质源远流长。中原地区厚重的文化积淀和在这种积淀中逐渐形成的这些优秀品质，使得中原士人文化和民间伦理融为一体，士人文化在理念层次上的道德诉求不断向民间渗透，最终演化为一种朴实无华的且具有积极向

---

① 河南省林州市红旗渠志编纂委员会：《红旗渠志》，生活·读书·新知三联书店 1995年版。

上意义的民间道德情怀。这种道德情怀所熔铸的自强不息、奋斗进取、俭朴宽容、灵变创新等精神品格，无一不在中原地区世世代代的治水、用水实践中得到贯彻。有的学者在谈到中原水文化的核心——河洛文化的基本精神时说："河洛文化的基本精神之一就是奋发向上、勇于创新、自强不息。这种精神曾激励了千千万万的河洛儿女。他们创造了河洛文化，世世代代又发扬光大。《河图》《洛书》是河洛人聪明智慧的结晶，它奠定了人类文化的初基。老子的《道德经》成为中国道家的经典著作；'三班'著《汉书》，我国第一部断代史问世；司马光等人用了近20年的时间，我国第一部编年体通史才能成书；蔡伦以最大的毅力终于造出了'蔡伦纸'；张衡不屈不挠，百折不回创造出候风仪、地动仪、浑天仪；左思构思十年，《三都赋》问世，才有'洛阳纸贵'之说；玄奘西域取经，历经17年之久，才有御封'三藏法师'之称。二程几乎用尽终生之力，才创立了'洛学'，为中国理学奠定了基础。这一项项发明，一次次创造，一件件革新，无不体现了自强不息、奋发向上的民族意识和民族精神。那种坚韧不拔、勇往直前、战天斗地、不惧牺牲的伟大人格和崇高的品质，也正是这种民族精神的完美的体现。"[1] 而正是这些民族精神影响和支撑着当代红旗渠修建者的人生体验和奋斗历程，从而促使他们完成了这一前所未有的伟大历史壮举。修建红旗渠这样巨大的水利工程，没有广大人民群众的广泛参与，仅依靠几个专家显然是不行的。广大人民群众是红旗渠工程的核心力量，这一壮举的实现靠的正是广大人民群众无穷的力量和无尽的智慧。十万红旗渠修建者踏入莽莽的太行山中，进行了一场前所未有的引水之战，十年奋战，付出了八十多位修渠英雄的生命代价，但林州人从不怨天尤人、瞻前顾后、裹步不前。这正是中原民间丰厚的道德情怀和自强自立精神在新中国建设困难时期的凸显，也是中原地区的广大民众长久积淀的道德品质的自然流露。

四 因水而生的利益共享原则的发扬与超越

人民群众的温饱问题自古以来就是社会稳定进步、和谐发展的基础，任何人生活在世界上都首先要解决衣食住行问题，这些最基本的生

---

① 孟令俊：《河洛文化的几个问题》，载陈义初主编《河洛文化与汉民族散论》，河南人民出版社2006年版，第25—26页。

存保障也是联结不同阶层、不同地位、不同职业的社会大众的纽带，同时也是利益共享原则的根本源泉。社会大众的福祉就是社会大众最切身的利益所在，同样道理，没有切身的公共利益作为纽带，红旗渠这一创造性的水利工程是不可能顺利完成的。当然，社会大众的福祉是社会大众共同利益的体现，它绝不是某些社会个体的自我追求，它往往能够反映出所有社会成员的共同心声。红旗渠人正是为了社会大众的共同利益——水，而凝结了一种牢固的团队精神和集体主义精神。阮炜先生在《地缘文明》一书中认为，"为了求生存求发展，黄河中下游中国文明的先民们还必须培育一种集体主义的精神。因为，在自然环境的严峻挑战面前，在其他人类群体的激烈竞争面前，个人只有依靠集体的智慧和力量才能获得更大的生存机会。甚至可以说，群体越大，生存的机会就越大，因为这会产生比个体力量的简单相加大得多的集团效应。正是由于这一缘故，黄河中下游地区的古代社会景观迥异于西亚—地中海地区：'不是血缘群体的分化和解体，而是血祖群体的强化以及在此基础上形成更大的社会群体'"。"除了集体主义精神，面对自然环境的严峻挑战，黄河中下游地区的先民们还必须涵养一种精进健动、百折不挠的品质。这意味着在自然对象的阻碍和敌意面前，作为主体的人最终可以依赖的，既不是神，不是天，也不是命或运气或任何一种有形或无形的终极实在，而是其自身主体精神的高扬，是其主观能动性的最大限度的发挥。只有自身的主观努力，只有自身智力和体格方面潜力的充分发挥，才是生存斗争中获得成功的最可靠保障。正是这种源于同自然界互动关系的精神品格，构成了中国文明的本原性品质——理性的认知态度（不语'怪乱力神'）、合和而非分裂、中庸而非极端、宽容而非褊狭、谦恭敦厚而非好勇斗狠、吃苦耐劳、能屈能伸、温文平和、淡泊宁静、富于自尊、善于妥协等。在数千年的文明演进中，这些本原性品质无不赋予中国文明乃至每个中国人以一以贯之、恒定稳健的精神性格和文化形象。事实证明，秉持这些品质的中国人无论走到哪里，都会成功地葆守这些品质。"① 可以说，解决吃水、用水问题是林县地区广大民众世世代代的共同心愿。人们吃水难，牲畜饮水难，庄稼无水难收。正是在极为恶劣的环境和极其艰难的生存条件下，修建红旗渠把社会大众的共

---

① 阮炜：《地缘文明》，上海三联书店 2006 年版，第 49 页。

同利益紧紧联系一起，解决吃水、用水问题是红旗渠修建者的共同利益所系和共同目标所在。在当时大量流行的"红旗渠诗"中，有一首叫作《看见五谷流进仓》写道："红旗渠水长又长，翻山越岭过村庄。爷爷捧起渠中水，看见五谷流进仓。"另一首叫作《水听人使唤》的诗写道："引来漳河水，如养一条龙。旱天能浇地，涝天能防洪。水听人使唤，年年好收成。"这些诗歌作品从不同侧面反映出红旗渠水利工程对民生共同利益的支撑。

五 治水英雄奉献精神的感召与新生

远古时代，黄河中下游地区水患严重，人们为了生存，便涌现出了像大禹那样的一大批治水英雄，而治水英雄的献身精神则是中原传统水文化的核心内容。《韩非子·五蠹》云："中古之世，天下大水，而鲧禹决渎。"中原地区的广大人民在最初的生存实践中，就凝结着治水英雄胸怀天下、大爱无疆的奉献精神。《列子·杨朱》里就说过："公天下之身，公天下之物，其唯至人。"这里所说的"至人"也包括古代中原地区众多的治水英雄。大禹是夏朝的建立者，据古书记载，他栉风沐雨、不辞艰辛，三过家门而不入，历时十三年，终于战胜洪水，并带领广大人民建立了夏朝稳固的政治秩序。克服了水患，建立了稳固的政治秩序，接着就是大力发展农业，意在惠及民生。《论语·宪问》曾记载他和周朝的始祖后稷的功劳："禹、稷躬稼而有天下。"很多中原古代文献都对大禹治水所体现的献身精神有所记载。如《庄子·天下》里说："墨子称道曰：'昔者禹之堙洪水，决江河，而通四夷九州也，名山三百，支川三千，小者无数，禹亲自操橐耜而九杂天下之川，腓无胈，胫无毛，沐甚雨，栉疾风，置万国，禹大圣也，而形劳天下也如此。'"《韩非子·五蠹》也有类似记载："禹之王天下也，身执耒臿，以为民先，股无胈，胫不生毛，虽臣虏之劳，不苦于此矣。"司马迁在《史记·夏本纪》中有更为生动的描绘："禹为人敏而克勤，其德不违，其仁可亲，其言可信，声为律，身为度，称以出，亹亹穆穆，为纲为纪。""禹八年于外，三过其门而不入。"在大禹之后，中原地区的许多治水人物都继承了这一传统。例如战国末期韩国著名水利专家郑国，为了解除当地的干旱困境，游说并协助秦王开渠引水，修建了长达300余里的郑国渠，在当时能灌溉田地4万多顷。

以上事实说明，红旗渠的修建并非无源之水，除了自然环境所迫外，还体现了中原地区治水英雄长期奉行的艰苦奋斗和无私奉献精神，特别突出地表现了中原水文化实践中决策者一以贯之的民生意识。20世纪70年代，周恩来总理在会见外国朋友时曾自豪地说："新中国有两大奇迹，一个是南京长江大桥，一个是林县红旗渠。"在红旗渠这一前所未有的创新工程的决策过程中，时任河南林县县委书记的杨贵等中层干部怀揣着"改变山区面貌、造福林县人民"的信心，率领调查组日晒雨淋、翻山越岭进行调研，"摸大自然的脾气"，彻底查清了林县缺水的现状和根源，并积极寻找对策。下决心"把天上水蓄起来，把地下水挖出来，把境外水引进来"，最终使红旗渠成为"一渠水、一渠粮、一渠电、一渠社会主义的蜜"。当初杨贵下决心修渠时思考最多的一个问题是"为谁修渠、靠谁修渠"。① 而在 1960 年 2 月 7 日作出的《中共林县委员会关于林县引漳入林工程施工方案（草案）》中称："只要我们加强领导，苦钻苦干，紧紧依靠群众，走群众路线，发挥广大群众的智慧和积极性，没有克服不了的困难，没有搞不好的事情。……希望所有同志都能在实际工作中立下自己的功劳，成为开辟人类幸福的英雄，到'五一'节放水时党组织将给你们庆功。"在红旗渠修建的过程中，广大基层干部和共产党员，身先士卒，率先垂范，秉承中原古代治水英雄的奉献精神，与普通群众打成一片，保证了这一伟大工程的顺利完工。

总之，红旗渠水利工程的修建，是中原地区优良水文化传统中反映出来的民族精神的时代体现，也是中原地区治水者长期奉行的自强不息、艰苦奋斗、无私奉献精神在新中国艰难创业时期的发扬光大。

第二节　从中原水文化看红旗渠精神中人水和谐的历史轨迹

德国哲学家黑格尔说过，自然界乃是与人"不同质"但又与人"牵连在一起"的人的另一半。人类为了认识自己，首先必须认识赖以生存的自然界，所以认识自然界也就是间接地认识人自身。

---

① 《红旗渠：一座为民执政的丰碑》，《人民日报》2004 年 10 月 14 日。

一　引水无源，敬神求水

红旗渠人生活在太行山东麓，三面环山，素有豫北山城之说。太行山给了红旗渠人太多的遐想，给了红旗渠人丰富的森林资源，珍稀树种和稀有的生物化石，给了红旗渠人大山一样的厚重、朴实，但同样一座大山让红旗渠人生活在石厚土薄，凿井无泉，引水无源，又被太行山无情阻隔的山坳里。大山给了红旗渠神一样的呵护，也让红旗渠人祖祖辈辈顺天抑民，古有"巫婆送女为漳河神"，人民被"神"统治着，人把太行山当神一样敬重，在远古时代甚至有人把女儿送"河神"以求保佑风调雨顺，而在新中国成立前的各朝各代更是恶神当道，不仅有自然迷信情况下的所谓"自然神"，在人们"不敬神"情况下的惩罚（实为自然灾害），而且有封建统治者的盘剥压迫，那时的红旗渠人的人性常常处于被抑制状态，更多地表现为顺应性和适应性。

二　确立信念，引水为民

新中国成立后，在党中央和新中央人民政府领导下，"神"的迷信被破除了。人的自然天性和创造精神被解放了出来，"实事求是，战天斗地，战太行"成了红旗渠人的性格特点。"天行健，君子以自强不息"的中华民族精神被红旗渠人发扬光大。这时候的红旗渠人，把对自然的敬畏转化为一种富有哲学智慧的聪明才智，充分利用大山赋予人们的纯朴性情，从而激发起他们的凌云壮志和科学思维。利用"孤阴不生，独阳不长"的传统文化精神（山在中国传统文化中代表阳，水代表阴），他们认为，在一定时期内，林县的自然山水存在阴阳失调的现实，自然界阳气太盛让林县"十年九旱"，于是红旗渠人实事求是地根据《易经》赋予他们的智慧和大山给予他们的倔强，开始了十年的引阴——引水运动。

三　自力更生，人水和谐

德国哲学家费尔巴哈在《基督教的本质》中认为，上帝的人格性，本身不外是人之被异化了的、被对象化了的人格性。无限的或属神的本质，就是人的精神本质，但是，这个精神本质被从人里面分离出来，被表象成为一个独立的存在者。当林县人认识到"神"并不是任何身外之物，世界上并不存在脱离人而存在的所谓"神"，人自己其实就是"神"的时候，再也不被以前的"山神""河神"所困惑。林县人要创造新时期的红旗渠精神，这种红旗渠精神就是红旗渠人自己的"神"。

红旗渠人自带工具，自备口粮，石灰自己烧，水泥自己造的战天斗地精神，像"神"一样去安排着林县的壮丽山河。当红旗渠人十年的艰苦奋斗创造出来红旗渠的时候，红旗渠每年灌溉面积3.6万亩，涉及14个乡镇，360个行政村，并担负着灌溉区内田地、人畜饮水，以及县、乡、村办工业用水的任务。当然，不光是这个渠解决了红旗渠人的水问题，更重要的是红旗渠人创造的"神"（红旗渠精神）却一刻不离地呵护着红旗渠人，给红旗渠人以无穷的力量和无尽的智慧。

第三节　从中原水文化看红旗渠精神的实质

由上可知，红旗渠精神的形成和发展与中原传统水文化的优秀品质有着不可分割的血肉联系。红旗渠精神是中原水文化优良传统不断积淀和凝练的结果，而在新的历史条件下，也在不断丰富和发展着中原水文化精神。因此，红旗渠精神从诞生之日起，就像源源不断的红旗渠水一样，有着不竭的生命力。如今，在我国全面建设小康社会之际，我们从中原水文化的角度，对修建红旗渠的历史动因做进一步考察，对红旗渠精神所包含的厚重的中原水文化底蕴进行分析与再发现，以期给我们合理地继承和发扬这份珍贵的文化遗产提供更加深厚的人文根基。

红旗渠精神是在特殊的历史条件下形成的，但它不是僵硬的，伴随着红旗渠人在当代各种社会实践中前进的步伐而不断丰富和发展着，完整的红旗渠精神应该是不同时期红旗渠人集体智慧的结晶。红旗渠精神被人们表述为"自力更生、艰苦创业、团结协作、无私奉献"十六个字。在这看似简单的十六个字背后，却蕴藏着中原水文化博大精深的思想内涵。

一　"自力更生，艰苦奋斗"是红旗渠精神的核心

依靠自己的力量改变自己的生存状态，面对艰苦的生存环境，奋力拼搏，积极进取，这就是"自力更生，艰苦奋斗"的基本内涵。"自力"首先就是要"自立"，"奋斗"首先就是要"自强"。所以，"自力更生，艰苦奋斗"就是要自立自强，把自己的命运牢牢把握在自己手中。"自力更生，艰苦奋斗"既是中原水文化的基本精神，同时也是中原治水实践的真实写照。《淮南子·修务训》谓："不自强而成功者，

天下未之有也。"自力更生、艰苦奋斗与自强不息、战天斗地的勇气是密不可分的。自强不息就是奋发有为、不甘落后，它是人类进步的动力，更是社会发展的动力。它不仅是中原水文化精神的核心因子，同时也是整个中华民族精神的核心因子。而这一因子的现实表达，就是革故纳新、开拓进取。中华民族自强不息的天性和中原文化中的刚健意识给了林州人民一股勇往直前的干劲，他们祖祖辈辈生活在太行山下，人类天性中的好勇精神，使他们自古就养成了"自力更生，艰苦奋斗"的坚强作风。红旗渠人正是从征服"天难"中认识了自己，也形成了战天斗地的性格。如果说红旗渠人秉承了中华民族自强不息的性格是修建红旗渠最根本的动力所在，那么林县缺水的严峻事实则必然要求红旗渠人艰苦奋斗，自谋生存发展之路。20 世纪 60 年代红旗渠开工以后，鉴于国家的经济困难，林县县委提出了"以自力更生为主，国家扶持为辅"的建渠方针，不等、不靠、不向国家伸手要，依据本地条件，"没有资金自己筹，没有粮食自己集，没有工具自己带，没有建材（石灰、水泥、炸药等）自己制，没有技术自己学，一切本着克勤克俭的原则，力求用较少的钱办较多的事。"①

自力更生、艰苦奋斗的精神是红旗渠人在修建红旗渠过程中逐渐形成的：修建红旗渠的土石工程是人类历史上除了长城以外最大的靠人力和简单的工具完成的工程，没有机械设备和物资，造工具，制建材，往往只是他们工作之余的娱乐项目。因此，红旗渠精神的核心是"自力更生，艰苦奋斗"。

二 "团结协作，无私奉献"是红旗渠精神活的灵魂

《尚书·周书·泰誓中》谓："人之所宝，尚或未珍；不有同好，云胡以亲！"中原地区的治水、用水实践中自古就不乏集体主义和团结友爱精神，虽然这种集体主义和团结友爱精神在不同时期有完全不同的内在含义，但其追求"团结""奉献"的合理精神内核，却是推动中原地区社会发展的精神动力之一。

就修建红旗渠而言，如果没有团结协作的精神，人们就会一盘散沙，难以想象能完成浩大的水利工程。任何强大的团结精神都来自崇高

---

① 河南省林州市红旗渠志编纂委员会：《红旗渠志》，生活·读书·新知三联书店 1995 年版，第 373 页。

的共同利益，诚如《六韬·文韬·文师》谓："与人同忧、同乐、同好、同恶者，义也。义之所在，天下赴之。凡人恶死而乐生，好德而归利，能生利者，天下归之。"如前所说，在红旗渠人的求生历程中，他们共同利益就是水，水把整个林州人民紧紧团结起来。在特定的历史环境下，物资相当紧缺，不管是修渠的机械工具，还是修渠的工人口粮。在极为艰苦的条件下，人民群众自发组织，把家里的编筐拿出来，自己的被褥拿出来，甚至把要留给女儿出嫁的布拿出来，给修渠的工人做成了衣服，该休息的不休息，与工友在一起，整个修渠的工程队，从领导到技术员，从工人到妇女，精诚合作，不计报酬，最终使整个工期提前了五年。

三　"为了民众，依靠民众"是红旗渠精神的根本所在

中原传统治水实践中有浓郁的民本意识，突出民本利益是中原传统水文化一以贯之的追求。《尚书·周书·酒诰》云："人无于水鉴，当于民鉴。"《尚书·大禹谟》："禹曰：帝年哉！德惟善政，政在养民。重言水火金木土谷，惟修正德、利用、厚生、惟和，九功惟叙，九叙惟歌，戒之。"然而，历史上的民本思想并不完全是从广大民众自身的利益出发，在封建时期，更多的是出于维护统治者的利益而笼络民心。譬如，林州地方缺水几世几代就有，不是新中国的特有现象，但封建社会历朝历代的统治者却没能从根本上解决这一问题，这其中既有技术因素，也有制度因素。但抛开这种制度因素，单就重民爱民本身而言，这种文化精神还是值得我们批判地加以吸收的。

在新中国，人民政府想人民所想，急人民所急。在红旗渠的修建过程中，各级政府千方百计，发动群众，依靠人民，克服和战胜一切艰难困苦，最终完成了这一功在当代、利在千秋的伟大工程，也在客观上创造了人类战胜恶劣环境的一大奇迹。这一水利工程的完工，也为中原人民解决了一件世世代代的难题。而从水文化层次上，也赋予了中原水文化新的内涵。

四　"坚定信念，实事求是"是红旗渠精神的内涵

生长在太行山下的唐代中原诗人卢全在《感古四首》中写道："人生何所贵，所贵有始终。"红旗渠修建者善始善终的韧劲是保证红旗渠水利工程顺利完工的精神力量，而信念的坚定是自立自强精神的进一步延伸，是中原人递进不已和生生不息的生命精神的必然流露，是中华民

族追求大化流行的宇宙精神与和合共生的生命化育之道的真实表达。但信念的坚定绝不是莽撞无知，它必须与实事求是的工作态度以及科学、务实的发展观念密切结合起来。战国时，韩国是秦国的东邻。公元前246年，中原地区韩国的著名水利专家郑国，被韩桓王派往秦国游说秦王，以向强大的秦国示好，即所谓"疲秦"的策略。郑国游说秦王在泾水和洛水（北洛水，渭水支流）间，修建一条大型灌溉渠道。明的说是帮助秦国发展农业，暗地里却是要耗竭秦国的军事实力，此"疲秦"策略后被秦王发现。郑国曾对秦王说："始臣为间，然渠成亦秦之利也。臣为韩延数岁之命，而为秦建万世之功。"郑国在指挥修渠过程中诚守诺言，并没有采取任何虚妄不实的骗术，而是兢兢业业、科学务实地开展工作。最终修建了一条长达300余里的郑国渠。《汉书》里记载："渠就，用注填阏（淤）之水，溉舄卤之地四万余顷，收皆亩一钟，于是关中为沃野，无凶年，秦以富强，卒并诸侯，因名曰郑国渠。"可以说，郑国的科学务实态度，是中原汉子的秉性所在，是中原水文化务实精神的践履与发扬。尽管在如此特殊的情况下，郑国都没有丧失一位中原科学家的道德秉性和科学创造冲动。可以说，郑国的信念是科学务实的信念，郑国的行为是实事求是的行为，郑国的精神是求真创新的精神。这种信念、行为和精神在中原水文化中是一以贯之的，所以它很自然也贯彻到了红旗渠工程之中。修建红旗渠是在三年自然灾害时期，人民的生活本来就很艰难，但林州人民在完成社会主义改造后，坚定建设社会主义的理想和信念，实事求是，科学而理性地考察了引水的实际可能后，制定了切实可行的方案，并在认准后及时开工建设。

人是理性的动物，理性是人的本性，是人性的根基。中原水文化实践同样也看重理性的价值。《老子》第三十三章云："知人者智，自知者明。"中原水文化绝不仅仅是伦理文化和诗性文化，同时也是理性文化。"坚定信念，实事求是"就是中原水文化求真、科学、务实的理性精神的体现。林州人民秉承这一传统，在坚定信念、科学考察的基础上，果断决策，迅速行动，仅用了短短十年时间就完成了这一浩大的水利工程，同时也形成了红旗渠人特有的思维方式和处理问题的原则。

五　"审时度势，开拓进取"是红旗渠精神的发展

"审时度势，开拓进取"是中原水文化的一贯追求，大禹治水就是一个典型的例子。《管子·宙合》中谓："不审不聪则缪，不察不明则过。"《后汉书·蔡邕列传》中曰："且夫地将震而枢星直，井无景则日阴食，元首宽则望舒朓，侯王肃则月侧匿。是以君子推微达著，寻端见绪，履霜知冰，路露知暑。时行则行，时止则止，消息盈冲，取诸天纪。利用遭泰，可与处否，乐天知命，持神任己。"中原水文化和整个中原文化之所以生生不息，之所以成为中原社会生存发展的不竭之源，是因为它们包含着巨大的创造精神和创造热情。红旗渠精神就像红旗渠里流淌的水，源源不断，永葆活力，不断地发展、更新自己。红旗渠建成后，极大地改善了当地的生存环境，在生活质量不断提高的情况下，林州人民没有故步自封，而是审时度势，紧抓机遇，顺应新时代的潮流，实施"走出去"的战略方针和"内部优化、开拓进取"的科学决策，通过劳务输出和向外拓展工程业务，每年都有大量的外来资金带回林州。谱写了"战太行"、"出太行"、"富太行"三部曲。早在1991年10月8日林县县委八届二次全会审议通过的《中共林县县委第八个五年计划期间工作指导方针》就指出："继承和发扬红旗渠精神，把这一优秀的民族精神和改革开放现代意识相结合，坚韧不拔，顽强拼搏，艰苦创业，在解决温饱问题和向农村工业化和小康目标的奋进中，趟出一条新的成功之路，谱写建设红旗渠后大力发展外出建筑业和大办乡镇企业的新乐章。"[1]

　　近年来，红旗渠人通过自己的不断努力，实现了国内生产总值跨越式增长。现在，开放进取的林州人民，又在打造新的红旗渠精神，他们敢为人先，提出了"工业创强市，城建创精品，旅游创品牌，环境创一流"的四大战略，不断以红旗渠人自力更生、艰苦奋斗的优良作风，再创新时期新的红旗渠精神。

第四节　红旗渠精神对中华民族
精神发展的意义

　　红旗渠的修建虽然是一项水利工程，但它不仅给后人留下了浇灌几

---

① 河南省林州市红旗渠志编纂委员会：《红旗渠志》，生活·读书·新知三联书店1995年版，第383页。

十万亩田园的水利效应，更重要的是留下了宝贵的红旗渠精神。如果说精、气、神是人类有机体的重要组成部分，那么红旗渠、红旗渠人、红旗渠精神就是红旗渠文化的一个有机整体，同时红旗渠精神也从一个侧面印证了中华民族精神的基本内涵。红旗渠人修建和创造了红旗渠，并缔造了红旗渠精神。红旗渠是红旗渠精神的创造性结晶，红旗渠人则是红旗渠精神的创造主体。红旗渠、红旗渠人、红旗渠精神是一个一脉相承的整体。同样，红旗渠人、红旗渠精神与中华民族精神也是一个一脉相承的整体。中华民族精神的发展，最终必须在中华民族的社会实践中总结和提升，并使其成为中华民族实践的动力。所以，要把握红旗渠精神对中华民族精神发展的意义，就必须从红旗渠精神在当前社会主义建设中的积极作用说起。

尽管红旗渠精神产生于特殊的历史时期，但是红旗渠精神是随着时代的变化而不断进步的有机整体，自力更生，艰苦奋斗，一切为了人民，依靠人民，造福人民的精神永远不会过时。林县能从一个"十年九旱"的小县城发展成为有较大辐射力和影响力的县级市，靠的就是这种精神，新时期新形势下，红旗渠精神不但没有过时，相反人民需要红旗渠精神，时代呼唤红旗渠精神。不仅红旗渠人，全国人民也需要红旗渠精神。因此，为了实现社会主义全面小康社会和构建和谐社会，就必须继续深入探讨和弘扬红旗渠精神。

红旗渠精神丰富、发展了中华民族精神中勤俭务实的精神。红旗渠人民修建红旗渠时，条件相当简陋。工程的巨大和困难，很多人连想都难以想象，更不必说修渠了，但林县人民克服了种种困难，最终修成了红旗渠。改革开放时期，红旗渠人靠这种精神，硬是在各个城市的建筑行业中打下一片天地。当前我们所开展的各项事业，同样需要发扬修建红旗渠那样的凌云壮志，敢为天下先，实事求是，科学规划，理性探索，重把农村来安排，发动广大群众的智慧和力量，激发广大群众的积极性，把精神的力量变成物质的力量，争取新时期再造新的"红旗渠"。

第九章　中原水文化资源之"水文学艺术"的开发利用

中原是中华文明的发祥地，中原传统文化异彩纷呈，诗文（词）、书画、音乐、舞蹈、戏曲、园林、建筑、雕塑等，全都有着深厚的文化底蕴和人文内涵。在这些优秀文化遗产中，水文化资源丰富多彩，如果能够从中找出古代中原人民对水资源开发利用的规律与特点，一定会对当今社会的物质和文化建设大有裨益。下面我们就从卷帙浩繁的古代中原文艺作品出发，对基本文献材料进行精细解读，希望能够将中原水文化的思想启迪、理论贡献与现实意义呈现出来。

第一节　古典诗词中的中原水文化资源

中国古典诗词是中华文化的重要载体，江河湖海是诗词创作的一个重要题材。广袤中原的名山秀水，更是为文人墨客们提供了无限的想象空间和创作灵感，水文化的博大精深和独特的审美情趣，亦化作了诗人笔下的绝妙好词，显示了诗人的胸襟气度与人格修为，形成了特有的中原水文化氛围。

一　黄河

"仁者乐山，智者乐水"，水是万物之源、生命之源、文化之源。源远流长、波澜壮阔的黄河是孕育中华民族的母亲河，是中华民族的摇篮，从远古时期到夏、商、周三代，以及后来的西汉、东汉、隋、唐、北宋等王朝，人民生活在黄河流域，创造出了灿烂的中华文明。从李白"君不见黄河之水天上来，奔流到海不复回"，到王之涣的"白日依山尽，黄河入海流"，黄河已经化作了中华民族的血脉、华夏儿女的情性，可歌可赋、可诗可文，滋润着世世代代中原人民。因此，黄河在中国古代文学中占有非常重要的位置，古诗中出现了大量包含黄河意象的诗歌，这类诗歌承载着诗人们的人生价值、艺术审美和对黄河的复杂情感。北宋定都开封，是一个以黄河为中心的王朝，后被迫南渡长江，远离家园，诗人们对黄河更是怀有多重的复杂情感。"一方水土养一方人"，中原文化作为黄河文化的一部分，古往今来，无数诗人赋予了黄河不同的情感和别样的审美，那一首首闪耀着独特光辉的诗词，散发着独特的文学魅力与文化韵味，历久弥新。

《诗经》是中国第一部诗歌总集，收集了自西周初年至春秋中叶五百多年的诗歌305篇。这些诗歌以黄河流域为中心，南到长江北岸，涵盖今陕西、甘肃、山西、山东、河北、河南、安徽、湖北等地，即中原地区。《周南·关雎》是《诗经》中的第一篇诗歌："关关雎鸠，在河之洲。窈窕淑女，君子好逑。"这里的"河"，即是黄河。因河水起兴，描写了发生在黄河边的男女之间的爱情。

《诗·郑风·清人》中曰："清人在彭，驷介旁旁。二矛重英，河上乎翱翔。清人在消，驷介麃麃。二矛重乔，河上乎逍遥。清人在轴，驷介陶陶。左旋右抽，中军作好。"① 清，是郑国之邑，在今河南省中牟县西。清人，指郑国大臣高克所率领的清邑士兵。彭，也是郑国之邑，在黄河边上。据《春秋·鲁闵公二年》记载："冬，十有二月，狄入卫，郑弃其师。"《左传》云："郑人恶高克，使帅师次于河上，久而弗召，师溃而归，高克奔陈。郑人为之赋《清人》。"公元前660年（鲁闵公二年，郑文公十三年），狄人侵入卫国。卫国在黄河以北，郑国在黄河以南，郑文公怕狄人渡过黄河侵入郑国，就派他最不喜欢的大臣高克率领清邑的士兵到黄河上去防御狄人。时间已经很久了，郑文公也没有把高克和军队召回，而且对其不闻不问。于是这支队伍在黄河边上为所欲为，其结果当然是军心涣散，没有任何战斗力，士兵纷纷溃逃，连主将高克也逃到陈国去了。

《诗·魏风·伐檀》中曰："坎坎伐檀兮，寘之河之干兮。河水清且涟猗。不稼不穑，胡取禾三百廛兮？不狩不猎，胡瞻尔庭有县貆兮？彼君子兮，不素餐兮！……"② 这里伐木工人把伐下来的木头堆放在黄

---

① 程俊英、蒋见元：《诗经注析》，中华书局1991年版，第229页。
② 同上书，第300页。

河边，看到河水清清微波荡漾，便以此起兴，歌咏出心中的愤懑与忧伤。

《诗·商颂·长发》提及："濬维商，长发其祥。洪水芒芒，禹敷下土方，外大国是疆。幅陨既长。有娀方将，帝立子生商。……"① 它的意思是说：深远又智慧的我大国殷商，永远发散无尽的福祉瑞祥。遥想那洪荒时代洪水茫茫，大禹治水施政于天下四方。他以周边各诸侯国为疆域，扩张的天下幅员辽阔之极。有娀氏族部落正在崛起时，禹王立有娀氏为妃生下契。"洪水芒芒"，即当时连续大雨造成黄河决口，大禹率众治水。

《诗·卫风·河广》记载："谁谓河广？一苇杭之。谁谓宋远？跂予望之。谁谓河广？曾不容刀。谁谓宋远？曾不崇朝。"② 这是客居卫国的宋人表达自己还乡心情急迫的思乡诗作，以黄河水起兴，客观上能够使我们得知当时河水的宏阔气势。

诗《邶风·新台》中有："新台有泚，河水弥弥。燕婉之求，蘧篨不鲜。新台有洒，河水浼浼。燕婉之求，蘧篨不殄。鱼网之设，鸿则离之。燕婉之求，得此戚施。"③ 这首诗讲述的是当时一桩众所周知的丑闻，丑闻的主角是卫宣公（？—公元前 700），名晋，卫庄公之子，卫桓公之弟，春秋时期卫国第十五任国君，公元前 718 年—前 700 年在位。卫宣公为儿子伋娶齐女宣姜，后来听说宣姜貌美，便想自娶，于是在黄河边上修建了一座新台（在今河南省濮阳市），将宣姜留在新台。国人不耻卫宣公的这种行为，便作了《新台》诗来讽刺他。

《诗·邶风·二子乘舟》中道："二子乘舟，泛泛其景。愿言思子，中心养养。二子乘舟，泛泛其逝。愿言思子，不瑕有害？"④ 这是一首送别诗，黄河岸边，两位年轻人登上一叶孤舟，河水滔滔，小舟远去。送行者久立河岸、骋目远望，满怀忧虑，希望他们能顺利渡过湍急的河水，一帆风顺。这首诗反映出当时人们对湍急的黄河水充满了敬畏。

古人认为黄河中有河神，名河伯，《楚辞·河伯》云："与女游兮九河，冲风起兮横波。乘水车兮荷盖，驾两龙兮骖螭。登昆仑兮四望，

---

① 程俊元、蒋见元：《诗经注析》，中华书局 1991 年版，第 1033 页。
② 同上书，第 184 页。
③ 同上书，第 118 页。
④ 同上书，第 120 页。

心飞扬兮浩荡。日将暮兮怅忘归，惟极浦兮寤怀。鱼鳞屋兮龙堂，紫贝阙兮朱宫。灵何为兮水中？乘白鼋兮逐文鱼。与女游兮河之渚，流澌纷兮将来下。子交手兮东行，送美人兮南浦。波滔滔兮来迎，鱼隣隣兮媵予。"① 这虽是一首河神祭歌，通篇写的却是人与黄河之神相恋的故事。他们同游九河，共登昆仑，进入水宫，遨游河渚，最后两人在南浦分别，河伯派波涛、群鱼相送。由此可见江南楚地人们对黄河充满向往崇敬之情。

在生活在黄河边的人们看来，黄河还是很危险的，故有"公无渡河"的故事与歌诗流传至今。《琴操》曰："有一白首狂夫，被发提壶，涉河而渡。其妻追止之，不及，堕河而死。乃号天嘘唏，鼓箜篌而歌曰：'公无渡河，公竟渡河，公堕河死，将奈公何！'"② 这是一曲悲歌，真实地反映了黄河波涛的汹涌湍急。后世诗人多以此为题描写黄河的磅礴气势。如南朝梁刘孝威《乐府·公无渡河》诗云："请公无渡河，河广风威厉。樯偃落金乌，舟倾没犀柂。绀盖空严祠，白马徒生祭。衔石伤寡心，崩城掩媚袂。剑飞犹共水，魂沈理俱逝。君为川后臣，妾作江妃娣。"③ 唐李白《相和歌辞·公无渡河》诗云："黄河西来决昆仑，咆吼万里触龙门。波滔天，尧咨嗟，大禹理百川，儿啼不窥家。杀湍湮洪水，九州始蚕麻。其害乃去。茫然风沙，被发之叟狂而痴。清晨径流欲奚为，旁人不惜妻止之，公无渡河苦渡之。虎可搏，河难凭，公果溺死流海湄，有长鲸白齿若雪山。公乎公乎，挂骨于其间，箜篌所悲竟不还。"④ 唐王建《相和歌辞·公无渡河》诗云："渡头恶天两岸远，波涛塞川如叠坂。幸无白刃驱向前，何用将身自弃捐。蛟龙啮尸鱼食血，黄泥直下无青天。男儿纵轻妇人语，惜君性命还须取。妇人无力挽断衣，舟沉身死悔难追。公无渡河公自为。"⑤ 唐温庭筠《相和歌辞·公无渡河》诗云："黄河怒浪连天来，大响淜淜如殷雷。龙伯驱风不敢上，百川喷雪高崔嵬。二十五弦何太哀，请公勿渡立裴回。下有狂蛟锯为尾，

---

① 洪兴祖：《楚辞补注》，白化文、许德楠、李如鸾、方进点校，中华书局 1983 年版，第 76 页。

② 汉·蔡邕《琴操》，吉联抗辑，人民音乐出版社 1990 年版，第 36 页。

③ 逯钦立：《先秦汉魏晋南北朝诗》，中华书局 1983 年版，第 1866 页。

④ 彭定求等编：《全唐诗》（增订本），中华书局 1999 年版，第 200 页。

⑤ 同上书，第 201 页。

裂帆截棹磨霜齿。神锥凿石塞神潭，白马趁趋赤尘起。公乎跃马扬玉鞭，灭没高蹄日千里。"① 唐王睿《相和歌辞·公无渡河》诗云："浊波洋洋兮凝晓雾，公无渡河兮公苦渡。风号水激兮呼不闻，提壶看人兮中流去。浪摆衣裳兮随步没，沉尸深入兮蛟螭窟。蛟螭尽醉兮君血干，推出黄沙兮泛君骨。当时君死妾何适，遂就波澜合魂魄。愿持精卫衔石心，穷取河源塞泉脉。"② 宋之问《伤曹娘二首》其二："河伯怜娇态，冯夷要姝妓。寄言游戏人，莫弄黄河水。"③

发生在黄河边的故事，除了悲剧，也有喜剧，《河激歌》："升彼河兮而观清，水扬波兮冒冥冥。祷求福兮醉不醒，诛将加兮妾心惊。罚既释兮渎乃清，妾持撖兮操其维。蛟龙助兮主将归，呼来櫂兮行勿疑。"④ 这个故事出自汉刘向《列女传·辨通传》："女娟者，赵河津吏之女也。简子南击楚，津吏醉卧不能渡，简子怒，欲杀之。娟惧，持楫走前曰：'愿以微躯易父之死。'简子遂释不诛。将渡，用楫者少一人，娟攘拳操楫而请简子，遂与渡，中流为简子发河激之歌。简子归，纳为夫人。"⑤

黄河流水的九曲十八弯，也让它成为了人们抒发愁绪的代指。三国魏应玚《别诗二首》其二云："浩浩长河水，九折东北流。晨夜赴沧海，海流亦何抽。远适万里道，归来未有由。临河累太息，五内怀伤忧。"⑥ 南朝梁沈君攸在《桂楫泛河中》诗云："黄河曲注通千里，浊水分流引八川。"⑦《木兰诗》二首：其一："不闻爷娘唤女声，但闻黄河流水鸣溅溅。旦辞黄河去，暮宿黑山头。不闻爷娘唤女声，但闻燕山胡骑声啾啾。"⑧ 北齐颜之推《从周入齐夜度砥柱》中道："侠客重艰辛，夜出小平津。马色迷关吏，鸡鸣起戍人。露鲜华剑彩，月照宝刀新。问我将何去，北海就孙宾。"《北史》载："荆州为周军所破，大将军李穆送之推往弘农，令掌其兄阳平公远旧翰。遇河水暴长，具船将妻子奔

①　彭定求等编：《全唐诗》卷十九，中华书局 1999 年版，第 201 页。

②　同上。

③　《全唐诗》卷五十三，中华书局 1999 年版，第 656 页。

④　《先秦诗》卷二，《先秦汉魏晋南北朝诗》，第 17 页。

⑤　《先秦汉魏南北朝诗》，第 171 页引。

⑥　《魏诗》卷三，《先秦汉魏晋南北朝诗》，第 383 页。

⑦　《梁诗》卷二十八，《先秦魏晋南北朝诗》第 2110 页。

⑧　《梁诗》卷二十九《横吹曲辞》，《先秦魏晋南北朝诗》，第 2160 页。

齐。经砥柱之险，时人称其勇决。"① 北周王褒《乐府·从军行》其二：
"黄河流水急，骢马远征人。谷望河阳县，桥渡小平津。"② 北周庾信
《杨柳歌》："河边杨柳百丈枝，别有长条踠地垂。河水冲激根株危，倏
忽河中风浪吹。"③

黄河边的战争也是很悲壮的。三国魏乐府《杂歌谣辞·克官渡》
云："克绍官渡由白马，僵尸流血被原野。贼众如犬羊，王师尚寡沙塉
傍。风飞扬，转战不利士卒伤，今日不胜后何望。土山地道不可当，卒
胜大捷震冀方。屠城破邑，神武遂章。"④ 这首诗讲述的东汉献帝建安
五年（200），曹操军与袁绍军相持于官渡（今河南中牟东北），在此展
开一场大战，最终曹操以少胜多，一举击溃袁绍，从而奠定了统一北方
的基础。还有《定武功》亦云："定武功，济黄河。河水汤汤，旦暮有
横流波。袁氏欲衰，兄弟寻干戈。决漳水，水流滂沱。嗟城中如流鱼，
谁能复顾室家。计穷虑尽求来连和，和不时心中忧戚。贼众内溃，君臣
奔北。拔邺城奄有魏国，王业艰难。览观古今，可为长叹。"⑤ 建安九
年（204 年）二月，曹操率军进入洹水，正值袁尚攻击袁谭，留下苏
由、审配守护邺城（今临漳县境内邺城遗址），苏由闻曹操至即投降。
留下曹洪攻击邺城，曹操亲自率军攻克毛城的尹楷和邯郸县的沮鹄守
军。易阳县令韩范及涉县长梁歧献城投降，被封关内侯。五月水淹邺
城，袁尚回兵救邺。七月大败袁尚的援军，袁尚欲投降，不许。袁尚逃
往中山国，部下马延、张凯投降，追击袁尚军，得其全部辎重。审荣开
城投降，审配不降而斩之。自此邺城平定。

黄河虽然让人们感觉凶险，但却是人们赖以生存的家园，亦是家国
天下的象征。因此，澄清浑浊的黄河之水，便有了安定天下的宏大意
义，故有"河清天下治"之说。南朝梁范云《渡黄河诗》云："河流迅
且浊，汤汤不可陵。桧楫难为榜，松舟才自胜。空庭偃旧木，荒畴余故
塍。不睹人行迹，但见狐兔兴。寄言河上老，此水何当澄。"⑥ 此诗当

① 《北齐诗》卷二，《先秦汉魏晋南北朝诗》，第 2282 页。
② 《北周诗》卷一，《先秦汉魏晋南北朝诗》，第 2329 页。
③ 《北周诗》卷二，《先秦汉魏晋南北朝诗》第 2353 页。
④ 《魏诗》十一，《先秦汉魏晋南北朝诗》，第 527 页。
⑤ 同上书，第 528 页。
⑥ 《梁诗》卷二，《先秦汉魏晋南北朝诗》，第 1546 页。

为作者公元 492 年（永明十年）出使北魏途中作。黄河在北魏境内，时魏都在平城（今山西大同），故须渡河北上。"渡黄河"这种题材在南朝诗歌中并不多见，作者身临北境，写出了旅途中的无限感慨，流露出了澄清天下之志。如南朝陈江总《济黄河》诗亦云："葱山沦外域，盐泽隐遐方。两源分际远，九道派流长。未殚所闻见，无待验词章。留连嗟太史，惆怅践黎阳。导波萦地节，疏气耿天潢。悯周沈用宝，嘉晋肇为梁。"①

黄河奔腾东去，亦代表时间一去不再回，"子在川上曰，逝者如斯夫，不舍昼夜"。唐李白《乐府杂曲·鼓吹曲辞·将进酒》："君不见黄河之水天上来，奔流到海不复回。君不见高堂明镜悲白发，朝如青丝暮成雪。"② 唐崔融《拟古》诗云："饮马临浊河，浊河深不测。河水日东注，河源乃西极。思君正如此，谁为生羽翼。日夕大川阴，云霞千里色。"③ 骆宾王《晚渡黄河》诗："千里寻归路，一苇乱平源。通波连马颊，迸水急龙门。照日荣光净，惊风瑞浪翻。棹唱临风断，樵讴入听喧。岸迥秋霞落，潭深夕雾繁。谁堪逝川上，日暮不归魂。"④ 储光羲《登商丘》诗云："河水日夜流，客心多殷忧。维梢历宋国，结缆登商丘。汉皇封子弟，周室命诸侯。摇摇世祀怨，伤古复兼秋。鸣鸿念极浦，征旅慕前俦。太息梁王苑，时非牧马游。"⑤ 崔曙《登水门楼见亡友张贞期题望黄河诗因以感兴》："吾友东南美，昔闻登此楼。人随川上逝，书向壁中留。……已孤苍生望，空见黄河流。流落年将晚，悲凉物已秋。天高不可问，掩泣赴行舟。"⑥ 韩愈《河之水二首寄子侄老成》其一云："河之水，去悠悠。我不如，水东流。我有孤侄在海陬，三年不见兮使我生忧。日复日，夜复夜。三年不见汝，使我鬓发未老而先化。"⑦

当然，黄河也有温柔可人的时候，如唐阎防《与永乐诸公夜泛黄河作》诗云："烟深载酒入，但觉暮川虚。映水见山火，鸣榔闻夜渔。爱

<hr>

① 《陈诗》卷七，《先秦魏晋南北朝诗》，第 2572 页。
② 《全唐诗》卷十七，第 170 页。
③ 《全唐诗》卷六十八，第 762 页。
④ 《全唐诗》卷七十九，第 852 页。
⑤ 《全唐诗》卷一三七，第 1394 页。
⑥ 《全唐诗》卷一五五，第 1604 页。
⑦ 《全唐诗》卷三三八，第 3790 页。

兹山水趣，忽与人世疏。无暇然官烛，中流有望舒。"① 诗人与友人夜泛黄河，赏山水风月，忘人世烦忧。此时的黄河，静静流淌，美好而安详。

二 淇水

淇水，即今河南省境内的淇河，属卫河支流。它发源于山西省陵川县棋子山，向东流经河南省辉县、林州、鹤壁市淇滨区、淇县及浚县，最后注入卫河。淇水是中国古代一条有着重要军事意义的河流，《韩非子·初见秦》记载："昔者纣为天子，将率天下甲兵百万，左饮于湛溪，右饮于洹谿，淇水竭而洹水不流，以与周武王为难。"②

《诗·鄘风·桑中》云："爰采唐矣？沬之乡矣。云谁之思？美孟姜矣。期我乎桑中，要我乎上宫，送我乎淇之上矣。"③ 这首诗描写了男女幽会之后，男子送女子过淇水。全诗轻松活泼，情感热烈。

《诗·邶风·泉水》云："毖彼泉水，亦流于淇。有怀于卫，靡日不思。娈彼诸姬，聊与之谋。"④ 这是一首表达对卫国强烈思念的诗，用泉水流入淇水起兴，委婉道出自己想回到家乡的念头。

《诗·卫风·有狐》云："有狐绥绥，在彼淇梁。心之忧矣，之子无裳。有狐绥绥，在彼淇厉。心之忧矣，之子无带。有狐绥绥，在彼淇侧。心之忧矣，之子无服。"⑤ 这是一首独特的爱情诗，描写了淇水边一只求偶的狐狸。它心事重重地徘徊在淇梁（拦鱼坝）、淇厉（流水的沙滩）、淇侧（岸边），并大胆地对淇水表明心迹，也有以淇水为证，表明其爱情坚贞的意思。

《诗·卫风·氓》云："氓之蚩蚩，抱布贸丝。匪来贸丝，来即我谋。送子涉淇，至于顿丘。匪我愆期，子无良媒。……淇水汤汤，渐车帷裳。……淇则有岸，隰则有泮。……"⑥ 这首诗描写了一位女子从热恋到成婚，后来又被男子无情抛弃的故事，而这件事情的始末，全都由淇水作见证。

---

① 《全唐诗》卷二五三，第 2843 页。
② 王先慎：《韩非子集解》，中华书局 1998 年版，第 11 页。
③ 《诗经注析》，第 131 页。
④ 同上书，第 106 页。
⑤ 同上书，第 189 页。
⑥ 同上书，第 169 页。

《诗·卫风·竹竿》云："籊籊竹竿，以钓于淇。岂不尔思？远莫致之。泉源在左，淇水在右。女子有行，远兄弟父母。淇水在右，泉源在左。巧笑之瑳，佩玉之傩。淇水滺滺，桧楫松舟。驾言出游，以写我忧。"① 这首诗写出了一位远嫁外地的卫国女子思亲怀乡的强烈情感。女子从小在悠悠的淇水边长大，当她远离故乡，回首往事的时候，想到最多的还是淇水边快乐的童年时光。此时此刻，淇水更是化作了思念的动力。

由于《诗经》中这些诗篇对"淇水"的描绘，以及淇水的地理位置，古人多从此地登船渡黄河，淇水便成为了文学史上一个有着独特内蕴的存在，有"阻滞"之意，寓含着两人之间存在难以逾越的障碍，成为"苦情"的象征，为历代文人所引用来表达送别时的依依惜别或别后的刻骨思念。西汉李陵《录别诗二十一首》其十二云："陟彼南山隅，送子淇水阳。尔行西南游，我独东北翔。"② 南朝齐谢朓《江上曲》云："易阳春草出，踟蹰日已暮。莲叶尚田田，淇水不可渡。"③ 南朝梁沈约《八咏诗·岁暮愍衰草》云："愍衰草，衰草无容色。……送归顾慕泣淇水，嘉客淹留怀上宫。"④ 南朝梁萧子显《春别诗四首》其三云："江东大道日华春，垂杨挂柳扫清尘。淇水昨送泪沾巾，红妆宿昔已应新。"⑤ 唐宋之问《使往天平军马约与陈子昂新乡为期及还而不相遇》诗云："入卫期之子，吁嗟不少留。情人去何处，淇水日悠悠。恒碣青云断，衡漳白露秋。知君心许国，不是爱封侯。"⑥ 唐孟云卿《邺城怀古》诗云："朝发淇水南，将寻北燕路。魏家旧城阙，寥落无人住。"⑦ 唐岑参《送宇文舍人出宰元城（得阳字）》诗云："双凫出未央，千里过河阳。马带新行色，衣闻旧御香。县花迎墨绶，关柳拂铜章。别后能为政，相思淇水长。"⑧ 唐高适《淇上送韦司仓往滑台》诗云："饮酒莫辞醉，醉多适不愁。孰知非远别，终念对穷秋。滑台门外见，淇水眼前

① 《诗经注析》，第 177 页。
② 《汉诗》卷十二，《先秦汉魏晋南北朝诗》，第 340 页。
③ 《齐诗》卷三《先秦汉魏晋南北朝诗》，第 1416 页。
④ 《梁诗》卷七，《先秦汉魏晋南北朝诗》，第 1665 页。
⑤ 《梁诗》卷十五《先秦汉委晋南北朝诗》，第 1820 页。
⑥ 《全唐诗》卷五十二，第 639 页。
⑦ 《全唐诗》卷一五七，第 1612 页。
⑧ 《全唐诗》卷二〇〇，第 2072 页。

流。君去应回首，风波满渡头。"①

"淇水"因其风光秀丽，也是古代人们寻欢作乐场所的代称，南朝梁简文帝萧纲《和湘东王名士悦倾城诗》云："美人称绝世，丽色譬花丛。经居李城北，住在宋家东。教歌公主第，学舞汉成宫。多游淇水上，好在凤楼中。"②《杂句春情诗》云："蝶黄花紫燕相追，杨低柳合露尘飞。已见垂钩挂绿树，诚知淇水沾罗衣。"③）南朝陈江总《新入姬人应令诗》云："洛浦流风漾淇水，秦楼初日度阳台。玉轶轻轮五香散，金灯夜火百花开。"④ 唐李白《魏郡别苏明府因北游》诗云："魏都接燕赵，美女夸芙蓉。淇水流碧玉，舟车日奔冲。青楼夹两岸，万室喧歌钟。天下称豪贵，游此每相逢。"⑤

正因为"淇水"留给人们的欢乐记忆不可忘怀，它也就有了时光易逝、乐事难再的含义。南朝梁简文帝萧纲《倡楼怨节诗》云："上林纷纷花落，淇水漠漠苔浮。年驰节流易尽，何为忍忆含羞。"⑥ 南朝梁江淹《清思诗五首》其三云："林木不拂盖，淇水宁渐裳。倏忽南江阴，照曜北海阳。从此长往来，万世无感伤。"⑦ 南朝梁沈约《古意诗》云："露葵已堪摘，淇水未沾裳。锦衾无独暖。罗衣空自香。明月虽外照。宁知心内伤。"⑧ 南朝陈后主叔宝《舞媚娘三首》其二云："淇水变新台，春垆当夏开。玉面含羞出，金鞍排夜来。"⑨ 唐长孙无忌《新曲二首》其一："侬阿家住朝歌下，早传名。结伴来游淇水上，旧长情。"⑩ 唐韦应物《拟古诗十二首》其十二云："白日淇上没，空闺生远愁。寸心不可限，淇水长悠悠。"⑪ 唐沈颂《卫中作》："卫风愉艳宜春色，淇水清泠增暮愁。总使榴花能一醉，终须萱草暂忘忧。"⑫

---

① 《全唐诗》卷二一四，第 2228 页。
② 《梁诗》卷二十一，《先秦汉魏晋南北朝诗》，第 1938 页。
③ 《梁诗》卷二十二，《先秦汉魏晋南北朝诗》，第 1978 页。
④ 《陈诗》卷八，《先秦汉魏南北朝诗》第 2595 页。
⑤ 《全唐诗》卷一七四，第 1786 页。
⑥ 《梁诗》卷二十二，《先秦汉魏晋南北朝诗》，第 1977 页。
⑦ 《梁诗》卷四，《先秦汉魏晋南北朝诗》，第 1583 页。
⑧ 《梁诗》卷六，《先秦汉魏晋南北朝诗》，第 1639 页。
⑨ 《陈诗》卷四，《先秦汉魏晋南北朝诗》，第 2509 页。
⑩ 《全唐诗》卷三十，第 433 页。
⑪ 《全唐诗》卷一八六，第 1902 页。
⑫ 《全唐诗》卷二〇二，第 2116 页。

"淇水"也是人们理想中的隐居之地。唐王维《淇上田园即事》诗云："屏居淇水上，东野旷无山。日隐桑柘外，河明间井间。牧童望村去，猎犬随人还。静者亦何事，荆扉乘昼关。"①唐常建《春词二首》其一云："菀菀黄柳丝，濛濛杂花垂。日高红妆卧，倚对春光迟。宁知傍淇水，骚褭黄金羁。"②

三　洛水

洛水，即洛河，古称雒水，黄河右岸重要支流。在河南省偃师县境内与伊河并流，亦称为伊洛河。洛河源出陕西蓝田县东北与渭南、华县交界的箭峪岭侧木岔沟，流经陕西省东南部及河南省西北部，在河南巩义市河洛镇注入黄河。河道全长 447 公里，陕西境内河长 129.8 公里，河南境内河长 366 公里，流域总面积 18881 平方公里。

洛河水利开发历史悠久。特别是河南省境内，《水经注·谷水注》③称，西周时洛阳附近，已修有汤渠。唐代曾引伊、洛水灌溉地势较高的农田，是形成古代经济文化中心的重要地理条件。

洛河在中华文明的发展中占有重要地位，与黄河交汇为中心的地区被称为"河洛地区"，是华夏文明发祥地，河洛文化被称为中华民族的根文化。

关于洛水的神话传说中最吸引人的当属"洛神"了。洛神，又名宓妃，传说她是伏羲氏之女，因迷恋洛河两岸的美丽景色，便来到了洛阳。三国魏文帝曹丕黄初三年（222 年），陈思王曹植写下了千古名篇《洛神赋》，描写了洛神的绝世风采：

　　余从京域，言归东藩。背伊阙，越轘辕，经通谷，陵景山。日既西倾，车殆马烦。尔乃税驾乎蘅皋，秣驷乎芝田，容与乎阳林，流眄乎洛川。于是精移神骇，忽焉思散。俯则未察，仰以殊观，睹一丽人，于岩之畔。……其形也，翩若惊鸿，婉若游龙，荣曜秋菊，华茂春松。髣髴兮若轻云之蔽月，飘飖兮若流风之回雪。远而望之，皎若太阳升朝霞。迫而察

---

① 《全唐诗》卷一二六，第 1277 页。
② 《全唐诗》卷一四四，第 1459 页。
③ 郦道元：《水经注校证》，陈桥驿校证，中华书局 2007 年版，第 388 页。

之，灼若芙蕖出渌波。秾纤得中，修短合度。肩若削成，腰如约素。延颈秀项，皓质呈露，芳泽无加，铅华弗御。云髻峨峨，修眉联娟，丹唇外朗，皓齿内鲜。明眸善睐，靥辅承权，瓌姿艳逸，仪静体闲。柔情绰态，媚于语言。奇服旷世，骨像应图。披罗衣之璀粲兮，珥瑶碧之华琚。戴金翠之首饰，缀明珠以耀躯。践远游之文履，曳雾绡之轻裾。微幽兰之芳蔼兮，步踟蹰于山隅。于是忽焉纵体，以遨以嬉。左倚采旄，右荫桂旗。攘皓腕于神浒兮，采湍濑之玄芝。①

这篇想象丰富、词藻华丽的作品，形神兼备地刻画了洛神的绰约风姿，从中也可以看出洛水景色的奇丽怡人。因此，洛水物华水美，洛水边的女子更美。南朝梁昭明太子萧统《歌》云："阳阿奏兮激楚流，望洛水兮有好仇，纵轻棹兮泛龙舟。"② 梁武帝萧衍《河中之水歌》云："河中之水向东流，洛阳女儿名莫愁。莫愁十三能织绮，十四采桑南陌头。十五嫁为卢家妇，十六生儿字阿侯。卢家兰室桂为梁，中有郁金苏合香。头上金钗十二行，足下丝履五文章。珊瑚挂镜烂生光，平头奴子擎履箱。人生富贵何所望，恨不早嫁东家王。"③ 这也是一个普通女子足以令人羡慕的美满人生，"如何四纪为天子，不及卢家有莫愁。"④

实际上，自古时起，洛水就是一条有着重要意义的河流。《祠洛水歌》云："洛阳之水，其色苍苍。祠祭大泽，倏忽南临。洛滨醳祷，色连三光。"这是秦始皇祭祀洛水时作的歌，《古今乐录》记载："秦始皇祠洛水，有黑头公从河中出，呼始皇曰：'来受天宝。'乃与群臣作歌。"⑤ 唐太宗李世民也曾来到洛水边，并作《临洛水》诗云："春蒐驰骏骨，总辔俯长河。霞处流紫锦，风前漾卷罗。水花翻照树，堤兰倒插波。岂必汾阴曲，秋云发棹歌。"⑥ 唐诗人储光羲甚至说："洛城本天邑，洛水即天池。君王既行幸，法子复来仪。"⑦ 因此，洛水也成为了

---

① 赵幼文：《曹植集校注》卷二，人民文学出版社 1998 年版，第 282 页。
② 《梁诗》卷十四，《先秦汉魏晋南北朝诗》，第 1802 页。
③ 《梁诗》卷一，《先秦汉魏晋南北朝诗》，第 1520 页。
④ 李商隐：《马嵬二首》其二，《全唐诗》卷五三九，第 6228 页。
⑤ 《隋诗》卷八，《先秦汉魏晋南北朝诗》，第 2749 页。
⑥ 《全唐诗》卷一，第 7 页。
⑦ 《送恂上人还吴》，《全唐诗》卷一三八，第 1406 页。

吉祥福泽的象征，人们多通过祭祀洛水以求福祉。

洛水也是人们宴饮的重要场所。晋何劭《洛水祖王公应诏诗》云：

> 穆穆圣王，体此慈仁。友于之至，通于明神。游宴绸缪，情恋所亲。薄云饯之，于洛之滨。嵩崖岩岩，洪流汤汤。春风动衿，归雁和鸣。我后響客，鼓瑟吹笙。举爵惟别，闻乐伤情。嘉宴既终，白日西归。群司告旋，鸾舆整绥。我皇重离，顿辔骖騑。临川永叹，酸涕沾颐。崇恩感物，左右同悲。①

从这首诗的描述中，可见当时宴会的热闹场面：笙瑟齐鸣、觥筹交错。晋王浚也有《从幸洛水饯王公归国诗》云："圣主应期运，至德敷彝伦。神道垂大教，玄化被无垠。钦若崇古制，建侯屏四邻。皇舆回羽盖，高会洛水滨。临川讲妙艺，纵酒钓潜鳞。八音以迭奏，兰羞备时珍。古人亦有言，为国不患贫。与蒙庙庭施，幸得厕太钧。群僚荷恩泽，朱颜感献春。赋诗尽下情，至感畅人神。长流无舍逝，白日入西津。奉辞慕华辇，侍卫路无因。驰情系帷幄，乃心恋轨尘。"② 陆机的《日出东南隅行》则讲述了普通百姓游洛水的情景："暮春春服成，粲粲绮与纨。金雀垂藻翘，琼佩结瑶璠。方驾扬清尘，濯足洛水澜。蔼蔼风云会，佳人一何繁。南崖充罗幕，北渚盈軿轩。"③ 可谓摩肩接踵、华车满路，热闹非凡。

每年的三月三日上巳节，也是"祓禊"的日子，即春浴日，又称女儿节。在这期间，洛水更是游人如织，络绎不绝。晋潘尼《三月三日洛水作诗》云："暮春春服成，百草敷英蕤。聊为三日游，方驾结龙旗。廊庙多豪俊，都邑有艳姿。朱轩荫兰皋，翠幕映洛湄。临岸濯素手，涉水搴轻衣。沈钩出比目，举弋落双飞。羽觞乘波进，素卵随流归。"④ 到了唐代，三月三日的洛水祓禊更加隆重，即使在国力逐渐衰弱的中唐时期也不例外。刘禹锡《三月三日与乐天及河南李尹奉陪裴令公泛洛禊饮……十二韵》诗云：

---

① 《晋诗》卷四，《先秦汉魏晋南北朝诗》，第648页。
② 《晋诗》卷八，《先秦汉魏晋南北朝诗》，第774页。
③ 《晋诗》卷五，《先秦汉魏晋南北朝诗》，第652页。
④ 《晋诗》卷八，《先秦汉魏晋南北朝诗》，第767页。

洛下今修禊，群贤胜会稽。盛筵陪玉铉，通籍尽金闺。
波上神仙妓，岸傍桃李蹊。水嬉如鹭振，歌响杂莺啼。
历览风光好，沿洄意思迷。棹歌能俪曲，墨客竞分题。
翠幄连云起，香车向道齐。人夸绫步障，马惜锦障泥。
尘暗宫墙外，霞明苑树西。舟形随鹢转，桥影与虹低。
川色晴犹远，乌声暮欲栖。唯馀踏青伴，待月魏王堤。①

白居易《三月三日袚禊洛滨》亦云：

三月草萋萋，黄莺歇又啼。柳桥晴有絮，沙路润无泥。
禊事修初半，游人到欲齐。金钿耀桃李，丝管骇凫鹥。
转岸回船尾，临流簇马蹄。闹翻扬子渡，蹋破魏王堤。
妓接谢公宴，诗陪荀令题。舟同李膺泛，醴为穆生携。
水引春心荡，花牵醉眼迷。尘街从鼓动，烟树任鸦栖。
舞急红腰软，歌迟翠黛低。夜归何用烛，新月凤楼西。②

当然，除了上巳节、寒食节，人们平常也爱畅游洛水之上。唐薛存诚《奉和进船洛水应制》诗亦云："禁园纡睿览，仙棹叶宸游。洛北风花树，江南彩画舟。荣生兰蕙草，春入凤凰楼。兴尽离宫暮，烟光起夕流。"③ 这是贵族官员的洛水之行，南朝陈岑之敬的《洛阳道》则描述了普通百姓的洛水之游："喧喧洛水滨，郁郁小平津。路傍桃李节，陌上采桑春。聚车看卫玠，连手望安仁。复有能留客，莫愁娇态新。"④ 储光羲《洛阳道五首献吕四郎中》其一亦云："洛水春冰开，洛城春水绿。朝看大道上，落花乱马足。"⑤ 宋张耒《洛水》诗云："洛水秋深碧如黛，乱石纵横泻鸣濑。清明见底不留尘，日射澄沙动玑贝。南山秋风已萧瑟，倒影上下迷空翠。何当载酒纵扁舟，一尺鲤鱼寒可鲙。"可见

① 《全唐诗》卷三六二，第4102页。
② 《全唐诗》卷四五六。
③ 《全唐诗》卷四十五，第557页。
④ 《陈诗》卷六，《先秦魏晋南北朝诗》，第2549页。
⑤ 《全唐诗》卷一三九，第1417页。

洛水一年四季的景色都很优美宜人。傅璇琮等主编：①

　　"洛水"也是故国家园的象征，唐宋之问《早发韶州》诗云："炎徼行应尽，回瞻乡路遥。……绿树秦京道，青云洛水桥。故园长在目，魂去不须招。"② 张说《南中赠高六戩》诗亦云："鸟坠炎洲气，花飞洛水春。平生歌舞席，谁忆不归人。"③ 因此，能够"闲游占得嵩山色，醉卧高听洛水声"④ "兵符相印无心恋、洛水嵩云恣意看"⑤，是文人士大夫的理想生活状态，宋宋庠《和参政丁侍郎洛下新置小园寄留台张郎中诗三首》其一云："勤勤高意念林丘，新买溪园洛水头。"⑥ 黄庭坚《次韵文潜同游王舍人园》诗云："移竹淇园下，买花洛水阳。"⑦ 邵雍《商山道中作》说得更明白些："东西逆洛水，表里看秦山。身在烟霞外，心存人子间。"⑧ 也就是说，既可享洛水清幽，又不忘情于世间，这样的生存方式，才是最适合的。

　　洛水见证的不仅有盛世的繁华，还有战乱的残酷，以及朝代的更迭。李白《狱中上崔相涣》诗云："胡马渡洛水，血流征战场。千门闭秋景，万姓危朝霜。"⑨ 王安石《出巩县》诗云："向来宫阙不可见，但有洛水流浑浑。"⑩

　　说起洛水，必然要提到"河图""洛书"，二者历来被认为是华夏文化的源头，也是"河洛文化"的滥觞。《易·系辞上传》说："河出图，洛出书，圣人则之。"这里的"圣人"据说就是人类文化的始祖伏羲。传说伏羲氏时，有龙马从黄河出现，背负"河图"；有神龟从洛水出现，背负"洛书"。伏羲根据这种"图""书"画成八卦，后来周文王又依据伏羲八卦研究成文王八卦和六十四卦，并分别写了卦辞。"洛书"出处的具体地点在"洛汭"，位于洛水的下游，洛水入黄河处。"河图""洛书"，也是祥瑞的象征。唐苏颋《奉和圣制途次旧居应制》

①　《全宋诗》（第20册）卷一二六三，北京大学出版社1995年版，第13126页。
②　《全唐诗》卷五十三，第655页。
③　《全唐诗》卷八十七，第947页。
④　刘禹锡：《酬令狐相公见寄》，《全唐诗》卷三六〇，第4078页。
⑤　刘禹锡：《酬思黯见示小饮四韵》，《全唐诗》卷三六一，第4082页。
⑥　《全宋诗》（第17册）卷九八四，第11361页。
⑦　《全宋诗》（第4册）卷二二二，第11361页。
⑧　《全宋诗》（第7册）卷三六二，第4464页。
⑨　《全唐诗》卷一七〇，第175页。
⑩　《全宋诗》（第10册）卷五四七，第6542页。

诗云："盛业铭汾鼎，昌期应洛书。"① 李峤《书》诗云："削简龙文见，临池鸟迹舒。河图八卦出，洛范九畴初。"② 宋王珪《从驾至开宝寺庆寿崇因阁依韵和吴相公》诗云："洛水浮神篆，天花满御衣。"③

四 伊水

伊水，即伊河，是黄河南岸支流洛河的支流之一，源于熊耳山南麓的河南省栾川县陶湾镇，流经嵩县、伊川，穿过伊阙后进入洛阳，东北至偃师县注入洛河，与洛水汇合成伊洛河。伊河全长 264.88 公里，流域面积 6100 多平方公里。伊河、洛河文化合称"伊洛文明"，世界文化遗产龙门石窟倚伊河而建，是著名的旅游胜地。

自古以来，伊水一直是繁华热闹、吉祥福气之地。南朝梁沈约《三月三日率尔成章诗》云："清晨戏伊水，薄暮宿兰池。"④ 南朝梁刘孝绰《奉和昭明太子钟山解讲诗》云："御鹤翔伊水，策马出王田。"⑤ 南朝陈徐陵《新亭送别应令诗》云："风吹临伊水，时驾出河梁。"⑥ 南朝陈江总《宴乐修堂应令诗》云："仙如伊水驾，乐似洞庭张。"⑦ 隋薛道衡《和许给事善心戏场转韵诗》云："惊鸿出洛水，翔鹤下伊川。"⑧ 唐张说《行从方秀川与刘评事文同宿》诗云："方秀美盘游，频年降天罕。水共伊川接，山将阙门断。"⑨ 唐韦述《晚渡伊水》诗细致描述了伊水风光：

> 悠悠涉伊水，伊水清见石。是时春向深，两岸草如积。
> 迢递望洲屿，逶迤亘津陌。新树落疏红，遥原上深碧。
> 回瞻洛阳苑，遽有长山隔。烟雾犹辨家，风尘已为客。
> 登陟多异趣，往来见行役。云起早已昏，鸟飞日将夕。
> 光阴逝不借，超然慕畴昔。远游亦何为，归来存竹帛。⑩

---

① 《全唐诗》卷七四，第 808 页。
② 《全唐诗》卷五九，第 705 页。
③ 《全宋诗》（第 9 册）卷四九一，第 5952 页。
④ 《梁诗》卷七，第 1644 页。
⑤ 《梁诗》卷十六，《先秦汉魏晋南北朝诗》，第 1829 页。
⑥ 《陈诗》卷五，第 2532 页。
⑦ 《陈诗》卷八，《先秦汉魏晋南北朝诗》，第 2578 页。
⑧ 《隋诗》卷四，《先秦汉魏晋南北朝诗》，第 2684 页。
⑨ 《全唐诗》卷八十六。
⑩ 《全唐诗》卷一〇八，第 1118 页。

伊水也是人们祭祀天地、先祖的圣地。唐乐府《郊庙歌辞·享章怀太子庙乐章·迎俎酌献》云："通三锡胤，明两承英。太山比赫，伊水闻笙。宗祧是奇，礼乐其亨。嘉辰荐俎，以发声明。"①唐褚亮《奉和禁苑饯别应令》诗云："大藩初锡瑞，出牧迤皇京。……钓台惭作赋，伊水滥闻笙。怀德良知久，酬恩识命轻。"②

"伊水"也是高人雅士娱心养性的最佳之地。唐宋之问《自洪府舟行直书其事》诗云："贵身贱外物，抗迹远尘轨。朝游伊水湄，夕卧箕山趾。"③张说《崔礼部园亭得深字》诗云："水连伊阙近，树接夏阳深。……讶君轩盖侣，非复俗人心。"④李颀《送刘四赴夏县》诗云："举世皆亲丞相阁，我心独爱伊川水。"⑤储光羲《洛中贻朝校书衡朝即日本人也》诗云："出入蓬山里，逍遥伊水傍。"⑥储光《寻徐山人遇马舍人》诗亦云："泊舟伊川右，正见野人归。日暮春山绿，我心清且微。岩声风雨度，水气云霞飞。复有金门客，来参萝薜衣。"⑦李白《赠嵩山焦炼师》诗云："八极恣游憩，九垓长周旋。下瓢酌颍水，舞鹤来伊川。"⑧刘禹锡《和思黯忆南庄见示》诗云：

> 丞相新家伊水头，智囊心匠日增修。化成池沼无痕迹，奔走清波不自由。台上看山徐举酒，潭中见月慢回舟。从来天下推尤物，合属人间第一流。⑨

卢仝《冬行三首》其二亦云："长年爱伊洛，决计卜长久。赊买里仁宅，水竹且小有。"⑩筑室伊头边，举头看山、低头见水，确实是风雅之举。但这并不是人人都能做到的，经常泛舟伊水也不失为赏心乐

---

① 《全唐诗》卷十五，第147页。
② 《全唐诗》卷三十二，第447页。
③ 《全唐诗》卷五十一，第627页。
④ 《全唐诗》卷八十七，第943页。
⑤ 《全唐诗》卷一三三，第1353页。
⑥ 《全唐诗》卷一三八，第1405页。
⑦ 《全唐诗》卷一三九，第1412页。
⑧ 《全唐诗》卷一六八，第1742页。
⑨ 《全唐诗》卷三六一，第4082页。
⑩ 《全唐诗》卷三八八，第4932页。

事。唐张籍《寄令狐宾客》诗云："秋日出城伊水好，领谁相逐上闲船。"① 白居易《秋日与张宾客舒著作同游龙门醉中狂歌凡二百三十八字》诗云："秋天高高秋光清，秋风袅袅秋虫鸣。嵩峰馀霞锦绮卷，伊水细浪鳞甲生。"② 白居易《闲游即事》亦云："郊野游行熟，村园次第过。暮山寻湿涧，蹋水渡伊河。"③

北宋大理学家邵雍（1011—1077），少有大志，喜刻苦读书并游历天下，后到伊川，悟到"道在是矣"，于宋仁宗皇祐元年（1049）定居伊水边，自号安乐先生，并迁父母坟茔于此，师从李之才学《河图》《洛书》与伏羲八卦，学有大成，著有《皇极经世》《观物内外篇》《先天图》《渔樵问对》《伊川击壤集》《梅花诗》等。宋仁宗嘉祐与宋神宗熙宁初，两度被举，均称疾不赴，逍遥于伊水之上。邵雍写下了大量描写伊水的诗篇，兹举几例：如《留题龙门》诗云："中分洪造夏王力，横截大山伊水流。八节滩声长在耳，一川风景尽归楼。"④《秋游六首》其二云："回舟伊水风微溜，缓辔天津月正明。"⑤《游山三首》其二云："泛舟伊水风回夜，⑥ 垂钓溪门月上时。"

五 汴水

汴水，古水名，也指汴河，即隋朝大运河的一部分。它发源于河南省荥阳市大周山洛口，经中牟县北五里的官渡，流经开封、陈留、杞县，与泗水、淮河汇集。北宋时期，开封之所以能成为"八方辐辏，四面云集"的大都市，便主要归功于汴水。它连接黄河、长江，是当时的水路交通枢纽，全国各地的物产可以源源不断地运往开封。唐卢仝《冬行三首》其三云："不敢唾汴水，汴水入东海。污泥龙王宫，恐获不敬罪。不敢蹋汴堤，汴堤连秦宫。"⑦ 此言虽然有夸张成分，但却道出了汴水的特点和重要性。

从北宋张择端的《清明上河图》我们可以看见当年汴水上船只来往的繁忙景象。南宋孟元老《东京梦华录》亦载："自西京洛口分水入

---

① 《全唐诗》卷三八五，第 4349 页。
② 《全唐诗》卷四五二，第 5134 页。
③ 《全唐诗》卷四五六，第 5201 页。
④ 《全宋诗》（第 7 册）卷三六二，第 4462 页。
⑤ 同上书，第 4463 页。
⑥ 《全宋诗》，第 4468 页。
⑦ 《全唐诗》卷三八八，第 4392 页。

京城，东去至泗州入淮，运东南之粮，凡东南方物，自此入京城，公私仰给。自东水门外七里，至西水门外，河上有桥十三。"① 北宋诗人黄庶（1019—1058）《汴河》诗云：

> 汴都峨峨在平地，宋恃其德为金汤。
> 先帝始初有深意，不使子孙生怠荒。
> 万艘北来食京师，汴水遂作东南吭。
> 甲兵百万以为命，千里天下之腑肠。
> 人心爱惜此流水，不啻布帛与稻粱。
> 汉唐关中数百年，木牛可以腐太仓。
> 舟楫利今百于古，奈何益见府库疮。
> 天心正欲医造化，人间岂无针石良。
> 窟穴但去钱谷蠹，此水何必求桑羊。②

从这首长诗中，我们可看出，汴河交通之便利可谓空前。梅尧臣《汴之水三章送淮南提刑李舍人》其一云："汴之水，分于河，黄流浊浊激春波。昨日初观水东下，千人走喜兮万人歌。歌谓何，大船来兮小船过。百货将集玉都那，君则扬舻兮以峦刑科。"其二云："汴之水，入于泗，黄流清淮为一致。上牵下橹日夜来，千人同济兮万人利。利何谓，国之漕，商之货，实所寄。"③ 直至元代时还有"一苏、二杭、三汴梁"的谚语，足见依汴水而建的汴梁城之繁华富庶。

汴水不仅是交通要道，自然景色也很优美。宋梅尧臣《汴河雨后呈同行马秘书》诗云："雨霁晚虹收，河堤净如扫。清阴拂人树，翠色垂流草。汉漕走王都，华言杂夷獠。时方同马生，野泊聊论道。"④ 宋贺铸《燕子楼》诗云："城据山川胜，千年楚故都。高楼临汴水，杨柳荫芙蕖。"⑤ 特别是秋季，有"汴水秋声"的美誉。

但必须提到的是，汴水为古代开封带来经济和文化繁荣的同时，也

---

① 孟元老：《东京梦华录》卷一《河道》，邓之诚注，中华书局1995年版，第2709页。
② 《全宋诗》（第10册）卷四五七，第5486页。
③ 《全宋诗》（第5册）卷二四六，第2854页。
④ 《全宋诗》（第19册）卷二三九，第2770页。
⑤ 《全宋诗》（第19册）卷一一〇二，第12497页。

带来了灾难。因为汴水主要水源来自黄河，所以河道经常淤塞，洪水常
常泛滥，人们的生命财产往往遭受重大损失。宋梅尧臣《汴水斗减舟
不能进因寄彦国舍人》一诗，真实地道出了汴水河道堵塞后的情形：
"朝落几寸水，暮长几寸沙。深滩鳌背出，浅浪龙鳞斜。秋风忽又恶，
越舫嗟初阁。坐想掖垣人，犹如在寥廓。"① 特别是一旦发生战争，汴
水更是成了战争工具，历史上很多"以水代兵""以邻为壑"的战例，
造成人为的水灾，使百姓流离失所。三国魏乐府《杂歌谣辞·战荥阳》
云："战荥阳，汴水陂，戎士愤怒贯甲驰。"② 发生在汴水边的战役之频
繁，使得士兵厌战，民不聊生，而朝代更替，更是汴水之悲。唐薛能
《杂曲歌辞·杨柳枝》诗云："汴水高悬百万条，风清两岸一时摇。隋
家力尽虚栽得，无限春风属圣朝。"③ 隋炀帝杨广（589—618）曾在汴
水边修筑行宫，刘禹锡《杂曲歌辞·杨柳枝》诗云："炀帝行宫汴水
滨，数株残柳不胜春。昨来风起花如雪，飞入宫墙不见人。"④ 李益
《汴河曲》云："汴水东流无限春，隋家宫阙已成尘。行人莫上长堤望，
风起杨花愁杀人。"⑤ 南宋刘子翚《北风》诗云："淮山已隔胡尘断，汴
水犹穿故苑来。"⑥

　　北宋时期，每逢春季汛期，朝廷都要征集三十余县的民夫，疏浚汴
河口及淤浅的河道。据《宋史》记载，宋太宗淳化二年（991 年）六
月，汴水暴涨，宋太宗车驾出乾元门，亲自督促救险，还说："东京养
甲兵十万，居人百万家，天下转漕，仰给在此一渠水，朕安得不顾。"⑦
宋晁说之《夜来枕上得四绝句因视王性之谢其相访也未专为渠作》诗
云："三川皆震大灾异，汴水绝流上帝仁。不使六龙远巡幸，兴王旧地
福重新。"⑧ 到了南宋，高宗赵构为了阻止金兵南下，下诏断绝汴渠水
道，阻断了南北水运。胡仲弓《恭和皇帝宸翰四绝句》其一云："凭嵩

---

① 《全宋诗》（第 5 册）卷二四二，第 2802 页。
② 《先秦汉魏晋南北朝诗》卷十一，第 513 页。
③ 《全唐诗》卷二八，第 401 页。
④ 同上书，第 397 页。
⑤ 《全唐诗》卷二八三，第 321 页。
⑥ 《全宋诗》（第 34 册）卷一九一九，第 21419 页。
⑦ 《宋史》卷九十三，第 46 页。
⑧ 《全宋诗》（第 21 册）卷一二一二，第 13805 页。

望杀旧山川，万里云迷不尽天。汴水流经淮泗去，更无人买北归船。"①
宋末诗人艾性夫《钱塘闻子规》诗亦云："汴水凄凉已百年，长因啼鸟
一潸然。天津桥上无人听，尚喜钱塘有杜鹃。"② 可谓真实写照。

六 颍水

颍河，古称颍水，属淮河的支流，相传因纪念春秋时郑人颍考叔而
得名。颍河的主要支流为沙河，故也被称为"沙河"或"沙颍河"。颍
河发源于河南省登封县嵩山，流经周口市、安徽省阜阳市，在寿县正阳
关（颍上县沫河口）注入淮河，为淮河最大的支流。全长 620 公里。
在河南省境内，颍河流域面积大于 1000 平方公里的河流有 14 条，
100—1000 平方公里的河道则多达 104 条。

自汉代起，颍河两岸便土地肥沃，物产富饶。《颍川儿歌》云：
"颍水清，灌氏宁。颍水浊，灌氏族。"颍川，郡名，秦王嬴政十七年
（公元前 230 年）置，以颍水得名，治所在阳翟（今河南省许昌市禹州
市）。《汉书》记载："灌夫不好文学，喜任侠，已然诺。诸所与交通，
无非豪桀大猾，有累数千万，食客日数十百人。陂池田园，宗族宾客为
权利，横颍川。"由此可见，当时沿颍水而建的城镇规模已经不小。

中国古代诗文中提及"颍水"，多因许由曾在此水中洗耳。汉蔡邕
《琴操·河间杂歌·箕山操》记载："由以清节闻于尧。尧大其志，乃
遣使以符玺禅为天子。于是许由喟然叹曰：'匹夫结志，固如盘石。采
山饮河，所以养性，非以求禄位也；放发优游，所以安己不惧，非以贪
天下也。'使者还，以状报尧，尧知由不可动，亦已矣。于是许由以使
者言为不善，乃临河洗耳。樊坚见由方洗耳，问之：'耳有何垢乎？'
由曰：'无垢，闻恶语耳。'坚曰：'何等语者？'由；'尧聘吾为天
子。'坚曰：'尊位何为恶之？'由曰：'吾志在青云，何仍劣劣为九州
伍长乎？'于是樊坚方且饮牛，闻其言而去，耻饮于下流。"③ 这里提到
的"河"，就是颍河。自此，"颍水"也就成了贤人达士修身养性的最
佳之地。唐李颀《杂曲歌辞·缓歌行》诗云："男儿立身须自强，十五
闭户颍水阳。业就功成见明主，击钟鼎食坐华堂。"④ 卢照邻《释疾文

---

① 《全宋诗》（第 63 册）卷三三三二，第 39737 页。
② 《全宋诗》（第 70 册）卷三七〇一，第 44432 页。
③ 《谬操》，第 37 页。
④ 《全唐诗》卷二四，第 321 页。

三歌》其三云："茨山有薇兮颍水有漪，夷为柏兮秋有实。叔为柳兮春
向飞。倏尔而笑，泛沧浪兮不归。"① 宋之问《送许州宋司马赴任》诗
云："颍郡水东流，荀陈兄弟游。……河润在明德，人康非外求。"② 李
适《饯许州宋司马赴任》诗云："昔吾游箕山，褐来涉颍水。复有许由
庙，迢迢白云里。"③ 李邕《铜雀妓》诗云："颍水有许由，西山有伯
夷。"④ 李白《题元丹丘颍阳山居》诗云："仙游渡颍水，访隐同元君。
忽遗苍生望，独与洪崖群。卜地初晦迹，兴言且成文。却顾北山断，前
瞻南岭分。遥通汝海月，不隔嵩丘云。之子合逸趣，而我钦清芬。举迹
倚松石，谈笑迷朝曛。益愿狎青鸟，拂衣栖江濆。"⑤ 韩愈《将归赠孟
东野房蜀客（蜀客名次卿）》诗云："宦途竟寥落，鬓发坐差池。颍水
清且寂，箕山坦而夷。如今便当去，咄咄无自疑。"⑥ 宋晁说之《谋归
寄阳翟李九吕十四兄》诗云："门前颍水流，屋上嵩山色。"⑦ 宋韩维
《致仕后次韵答张念七》诗云："颍水箕山一老生，漠然心境两俱平。
倘不物外皆如寄，腰底悬金壁挂缨。"⑧

　　中国古代诗歌中也有不少篇章写到了颍水的清丽景色。唐崔曙《颍
阳东溪怀古》诗云："灵溪氛雾歇，皎镜清心颜。空色不映水，秋声多
在山。世人久疏旷，万物皆自闲。白鹭寒更浴，孤云晴未还。昔时让王
者，此地闭玄关。无以蹑高步，凄凉岑壑间。"⑨ 皇甫冉《上礼部杨侍
郎》诗云："十里嵩峰近，千秋颍水清。烟花迷戍谷，墟落接阳城。"⑩
宋韩维《送辛十七作尉盐城》诗云："家临颍水花催发，柳绕长堤絮扑
行。"⑪ 宋林季仲《次韵追和钱穆父内翰飐赵伯坚大卿令铄游颍湖呈正
字宝学即伯坚子也》诗云："颍水如闻得月多，黄金万顷漾微波。"⑫

---

① 《全唐诗》卷四一，第 524 页。
② 《全唐诗》卷五二，第 639 页。
③ 《全唐诗》卷七〇，第 775 页。
④ 《全唐诗》卷一一五，第 1169 页。
⑤ 《全唐诗》卷一八四，第 1879 页。
⑥ 《全唐诗》卷三四〇，第 3826 页。
⑦ 《全宋诗》（第 21 册）卷一二〇八，第 13707 页。
⑧ 《全宋诗》（第 8 册）卷四三〇，第 5287 页。
⑨ 《全唐诗》卷一五五，第 1603 页。
⑩ 《全唐诗》卷二四九，第 2801 页。
⑪ 《全宋诗》（第 8 册）卷四二六，第 5239 页。
⑫ 《全宋诗》（第 31 册）卷七九〇，第 19960 页。

七　睢水

睢水是古代鸿沟的支流，故道始自今河南开封陈留镇东，从鸿沟分出，东流经杞县、睢县北，宁陵县、商丘南，夏邑县、永城北，安徽濉溪县南，宿县、灵璧县、江苏睢宁县北，至宿迁南注入古代泗水。自隋朝开通济渠，开封附近一段即淤废无水；金元以后黄河南灌，故道日湮。至清代河南境内已悉成平陆，下游自灵璧以下渐次南移；乾隆中自今濉溪县以下疏为三股，自灵璧浍塘沟以下导向东南至今江苏泗洪县境由老汴河入洪泽湖，遂成今日濉河河道。《水经》曰："睢水，东迳睢阳县，又东过相县南，当萧县南，入于淮。"又曰："睢水，又东经睢阳县故城南，积而为蓬洪泽也。"①

古代诗文中提及"睢水"，多与战事有关。《汉书》记载："项羽与汉王战于灵璧东，汉军大败，睢水为之不流。"唐顾况《杂曲歌辞·行路难三首》其一云："君不见古来烧水银，变作北邙山上尘。藕丝挂身在虚空，欲落不落愁杀人。睢水英雄多血刃，建章宫阙成灰烬。"② 宋范成大《睢水》诗云："一战填河拥汉屯，拔山意气已鲸吞。直南即是阴陵路，兵果难将胜负论。"③ 刘子翚《有感三首》其二云："睢水千麾集，胡沙八骏腾。尺书传讳日，寰宇泪如渑。"④ 陆文圭《北入穆陵皆山石崩沙风尘起行人良苦因作》诗云："寒日无光天地晦，一似项刘睢水战。"⑤ 文天祥《滹沱河二首》其二云："风沙睢水终亡楚，草木公山竟蹙秦。"⑥ 《徐州道中》诗云："一时混战四十万，天昏地黑睢水湄。"⑦

还有一些诗文把"睢水"当作隐居之地。唐李颀《赠别高三十五》诗云："寄迹栖霞山，蓬头睢水湄。"⑧ 高适《答侯少府》诗云："常日好读书，晚年学垂纶。漆园多乔木，睢水清粼粼。"⑨ 宋魏了翁《朝字

---

① 《水经注校证》卷二十四，第 566 页。
② 《全唐诗》卷二五，第 344 页。
③ 《全宋诗》（第 41 册）卷二二五三，第 25847 页。
④ 《全宋诗》（第 34 册）卷一九二一，第 21443 页。
⑤ 《全宋诗》（第 71 册）卷三七一〇，第 44565 页。
⑥ 《全宋诗》（第 68 册）卷三五九八，第 43045 页。
⑦ 同上书，第 43039 页。
⑧ 《全唐诗》卷一三二，第 1343 页。
⑨ 《全唐诗》卷二一一，第 2197 页。

韵诗诸丈倡酬未已再次韵》诗云："炎精未振刚受畜，睢水昼遁成皋跳。"① 夏竦《奉祀礼毕还京》诗云："製畿睢水焕先谟，惠露汪洋敷润泽。"②

八 汝水

汝水，即汝河，发源于河南省泌阳县五峰山，流经遂平县、汝南县、平舆县、正阳县、新蔡县班台与小洪河汇流入大洪河。《诗·周南·汝坟》云："遵彼汝坟，伐其条枚；未见君子，惄如调饥。"③ 这里的"汝"即指汝河，汝坟，指汝河的堤岸。

古代诗文中常秉承《诗经》的写法，以"汝坟"、汝水为忧思之地、失意之所。如唐祖咏《汝坟别业》云："失路农为业，移家到汝坟。独愁常废卷，多病久离群。鸟雀垂窗柳，虹霓出涧云。山中无外事，樵唱有时闻。"④ 孟郊《汝坟蒙从弟楚材见赠时郊将入秦楚材适楚》诗云："朝为主人心，暮为行客吟。汝水忽凄咽，汝风流苦音。"⑤ 张乔《送郑谷先辈赴妆州辟命》诗云："嵩云将雨去，汝水背城流。应念依门客，蒿莱满径秋。"⑥ 罗隐《送汝州李中丞十二韵》诗云："群盗方为梗，分符奏未宁。黄巾攻郡邑，白梃掠生灵。尘土周畿暗，疮痍汝水腥。一凶虽剪灭，数县尚凋零。"⑦ 宋蔡襄《寄答汝州王仲仪待制》诗云："汝水闽山道路长，行邮时复寄新章。"⑧ 陈与义《汝州吴学士观我斋分韵得真字》诗云："伟哉道山杰，滞此汝水滨。"⑨ 韩维《答曼叔见谢颍桥相过之什》诗云："扁舟远放汝水岸，浊酒暮醉高阳阿。"⑩ 特别是梅尧臣的《和王仲仪咏瘿二十韵》记载了当时汝地居民饮用汝水之后长瘿的普遍现象："汝水出山险，汝民多病瘿。或如鸡精满，或若猿嗛并。女惭高掩襟，男大阔裁领。"⑪ 依今天看来，"瘿"应该就是"甲状

---

① 《全宋诗》（第 56 册）卷二九二八，第 24904 页。

② 《全宋诗》（第 3 册）卷一五五，第 1766 页。

③ 《诗经注析》，第 25 页。

④ 《全唐诗》卷一三一，第 1334 页。

⑤ 《全唐诗》卷三七八，第 4256 页。

⑥ 《全唐诗》卷六三八，第 7359 页。

⑦ 《全唐诗》卷六六五，第 7671 页。

⑧ 《全宋诗》（第 7 册）卷三八九，第 4795 页。

⑨ 《全宋诗》（第 31 册）卷一七三三，第 19477 页。

⑩ 《全宋诗》（第 8 册）卷四二三，第 5190 页。

⑪ 《全宋诗》（第 5 册）卷二四三，第 2808 页。

腺肿大",水中缺碘所致。秦观的《次韵太守向公登楼眺望二首》其一则描述了汝水的优美自然景色:"茫茫汝水抱城根,野色偷春入烧痕。千点湘妃枝上泪,一声杜宇水边魂。"①

九　洹水

洹水,又名安阳河,在河南省北部。源出林县,流经安阳市至内黄县,入卫河。战国时苏秦说赵肃侯,使韩、魏、齐、楚、燕、赵六国将相会于此,定盟合力抗秦。《左传·成公十七年》曰:"声伯梦涉洹,或与己琼瑰,食之,泣而为琼瑰,盈其怀。从而歌之曰:'济洹之水,赠我以琼瑰。归乎归乎,琼瑰盈吾怀乎。'惧不敢占也。还自郑。至于狸脤而占之。曰:余恐死。故不敢占也。今众繁而从余三年矣。无伤也。言之。之暮而卒。"《战国策·赵策二》:"令天下之将相,相与会于洹水之上。"

正因为洹水边多战争,与洹水有关的诗文也多带有悲观色彩。如唐王湾《哭补阙亡友綦毋学士》诗云:"忽遇乘轺客,云倾构厦材。泣为洹水化,叹作泰山颓。"② 宋晁补之《和关彦远雪》诗云:"公车贫笑跌,洹水梦忧歼。"③ 司马光《故侍读学士张公哀辞二首》其二:"凶梦歌洹水,妖巢集戴鹝。"④

十　济水

济河,又称济水,古水名,《诗·邶风·匏有苦叶》云:"匏有苦叶,济有深涉。深则厉,浅则揭。"⑤ 这里的"济",即济水,发源于今河南省济源市,流经河南、山东入渤海。杜甫《忆昔行》诗云:"忆昔北寻小有洞,洪河怒涛过轻舸。"⑥ 这里的"小洞",即王屋洞,济水的发源处。

关于古济水的流向,《禹贡》载:"导水东流为济,入于河,溢为荥,东出于陶邱(定陶)北,又东至于菏(菏泽),又东北会于汶,又北东入于海。"魏文帝曹丕《钓竿行》云:"东越河济水,遥望大海

① 《全宋诗》(第 8 册)卷一〇六〇,第 12105 页。

② 《全宋诗》卷一一五,第 1173 页。

③ 《全宋诗》(第 19 册)卷一一二五,第 12783 页。

④ 《全宋诗》(第 9 册)卷五一一,第 6218 页。

⑤ 《诗经注析》,第 86 页。

⑥ 《全唐诗》卷二二三,第 2375 页。

涯。"① 南朝梁吴均《酬别江主簿屯骑诗》云："济水有清源，桂树多芳根。"② 李颀《与诸公游济渎泛舟》诗描绘了济水风光："济水出王屋，其源来不穷。洑泉数眼沸，平地流清通。……晚景临泛美，亭皋轻霭红。晴山傍舟楫，白鹭惊丝桐。"③

在古代，济水地位非常显赫。《尔雅》中提到的四渎：江、河、淮、济，就是古代四条独流入海的河流，"济"指的就是济水。古皇帝祭祀名山大川，即指五岳和四渎。唐代以大淮为东渎，大江为南渎，大河为西渎，大济为北渎。唐白居易《郊陶潜体诗十六首》其十六云："济水澄而洁，河水浑而黄。交流列四渎，清浊不相伤。"④ 曹邺《寄贾驰先辈》诗亦云："济水一入河，便与清流乖。"⑤ 宋曾巩《华不注山》诗云："虎牙千仞立巉巉，峻拔遥临济水南。"⑥ 黄庭坚《寄晁元中十首》其八云："念君如济水，抱清伏泉壤。"⑦

今在济源市城北的济渎庙，就坐落于济水东源上，是为祭祀济渎神"清源王"而建筑的，占地 120 余亩，建设规模宏伟，它不仅是河南省现存规模最大的建筑群之一，而且是现今四渎中唯一保存较好的祭祀庙宇。正如唐李颀《与诸公游济渎泛舟》所说："皇帝崇祀典，诏书示三公。"⑧ 这对研究古代历史、文化、建筑等，都具有很高的价值。

十一 溱洧、瀱涧

《广韵》云："洧（wěi），水名。在郑。"郑即今河南省新郑市，古属郑国，境内另有一条河叫溱（zhēn），源出河南省密县东北，东南流，会洧水为双洎河，东流贾鲁河。春秋时郑国习俗，每年仲春，少男少女们便结伴到溱洧游春。《郑风·褰裳》云："子惠思我，褰裳涉溱。子不我思，岂无他人？狂童之狂也且！子惠思我，褰裳涉洧。子不我思，岂无他士？狂童之狂也且！"⑨ 《郑风·溱洧》云："溱与洧，方涣涣

---

① 《先秦汉魏晋南北朝诗》卷四，第 392 页。
② 《先秦汉魏晋南北朝诗》卷十，第 1734 页。
③ 《全唐诗》卷一三二，第 1341 页。
④ 《全唐诗》卷四二八，第 4735 页。
⑤ 《全唐诗》卷五九三，第 6931 页。
⑥ 《全宋诗》（第 8 册）卷四六，第 5589 页。
⑦ 《全宋诗》（第 17 册）卷九九四，第 11418 页。
⑧ 《全唐诗》卷一三二，第 1341 页。
⑨ 《诗经注析》，第 245 页。

兮。士与女，方秉蕑兮。女曰观乎？士曰既且，且往观乎？洧之外，洵
訏且乐。维士与女，伊其相谑，赠之以勺药。溱与洧，浏其清矣。士与
女，殷其盈兮。女曰观乎？士曰既且，且往观乎？洧之外，洵訏且乐。
维士与女，伊其将谑，赠之以勺药。"① 这些诗篇全都描写了春暖花开时，
郑国男女在溱洧河边相会的情景，他们互赠芍药以表心意。南朝陈后主
叔宝《春色禊辰尽当曲宴各赋十韵诗》诗云："余春尚芳菲，中园飞桃
李。是时乃季月，兹日叶上巳。既有游伊洛，可以被溱洧。得性足为娱，
高堂聊复拟。"② 隋乐府《杂曲歌辞·于阗采花》云："山川虽异所，草
木尚同春。亦如溱洧地，自有采花人。"③ 但到了唐代，这些风俗已经消
散殆尽了，白居易《经溱洧》诗云："落日驻行骑，沉吟怀古情。郑风变
已尽，溱洧至今清。不见士与女，亦无芍药名。"④

　　瀍水和涧水并称"瀍涧"。东周以来的古都洛阳（今河南省洛阳市
东），瀍水直穿城中，涧水环其西，故多以二水连称谓其地。宋代裴松
之在注《三国志》中说："《汉晋春秋》曰：'丁卯，葬高贵乡公于洛
阳西北三十里瀍涧之滨。'"清顾祖禹《读史方舆纪要》："高贵卿公陵：
在县西北三十里屈涧之滨。""屈涧"即涧河弯曲处，即今洛阳王城公
园以北对应的邙山上。北魏孝文帝元宏亦葬于孟津瀍涧之滨，《魏书·
高祖纪第七下》称颂他"迁都嵩极，定鼎河瀍，庶南荡瓯吴，复礼万
国，以仰光七庙，俯济苍生"。

　　古代诗文中提到"瀍涧"时多与"占卜"有关。唐孟浩然《题李十
四庄兼赠綦毋校书》诗云："闻君息阴地，东郭柳林间。左右瀍涧水，门
庭缑氏山。"⑤ 李咸用《煌煌京洛行》云："周公旧迹生红薜，瀍涧波光
春照晚。但听嵩山万岁声，将军旗鼓何时偃。"⑥ 宋晁公溯《杨周辅来考
试刑法同在别闱刚直士也喜为赋此》诗云："古来丰镐都，气压瀍涧
卜。"⑦ 吕公著《天津晚步》诗云："瀍涧岸已深，汉唐时既歇。"⑧ 杨时

①《诗经注析》，第 260 页。
②《先秦汉魏晋南北朝诗》卷四，第 2515 页。
③《先秦汉魏晋南北朝诗》卷八，第 2751 页。
④《全唐诗》卷四四四，第 4998 页。
⑤《全唐诗》卷一六〇，第 1638 页。
⑥《全唐诗》卷六四四，第 7433 页。
⑦《全宋诗》（第 35 册）卷一九九九，第 22384 页。
⑧《全宋诗》（第 8 册）卷四五二，第 5469 页。

《酬林志宁》诗云："君不见昔时卜年公，坏龟食墨瀍涧东。"①

十二 鸿隙陂、枋口渠

鸿隙陂是位于淮河干流与南汝河之间的今河南省正阳县和息县一带的古代大型蓄水灌溉工程。

据《水经注》记载，陂水自淮河分出，经鸿隙陂蓄积调节后，与淮河支流慎水上的各小陂塘汇合，再回归淮河。始建时间不详。《汉书》载："汝南旧有鸿隙大陂，郡以为饶。成帝时，关东数水，陂溢为害。翟方进为相，与御史大夫孔光共遣掾行视。以为决去陂水，其地肥美，省堤防费而无水忧，遂奏罢之。及翟氏灭，乡里归恶，言方进请陂下良田不得而奏罢陂云。王莽时，常枯旱，郡中追怨方进。时有童谣云：'坏陂谁？翟子威。饭我豆食羹芋魁。反乎覆，陂当复。谁云者？两黄鹄。'子威，方进字。"也就是说，西汉永始至元延年间（公元前16—前9年），丞相翟方进因这一带洪涝成灾，废毁了这一蓄水设施。西汉末年大旱，百姓要求恢复鸿隙陂。东汉建武十八年（42年），许扬为汝南都水掾主持，恢复了鸿隙陂，几年间修成堤塘四百多里，农田灌溉得以恢复和发展。北魏时鸿隙陂还存在，隋唐以后不见记载。诗歌中提到"鸿隙陂"的也不多，宋秦观《次韵太守向公登楼眺望二首》其一云："遥怜鸿隙陂穿路，尚想元和贼负恩。"② 张嵲《翟方进》诗云："谁云盖棺事则已，下流众怨何能止。芋魁饭豆亦云足，至今鸿隙歌鸿鹄。"③

枋口渠，位于济源五龙口镇，也被称为"枋口堰"、枋口或秦渠。据《济源县志》及新旧《唐书》记载，枋口渠初建于秦始皇二十六年（公元前221年），秦人以方木垒堰，抬高水位，引河水入渠道，用于灌溉田地。因为渠首"枋木为门，以备泄洪"。另据《沁河志》的记载，枋口渠是中国水利史上第一个采用"暗渠"达到"隔山取水"目的的水利工程，也是人类历史上首次利用"水流弯道"原理取水的水利工程的实践。

"枋口"之名，唐以前诗作中不见记载，唐代诗人孟郊的诗中多次

① 《全宋诗》（第 19 册）卷一一四四，第 12925 页。
② 《全宋诗》（第 18 册）卷一〇六〇，第 12105 页。
③ 《全宋诗》（第 3 册）卷一八三七，第 20453 页。

提到枋口，如《济源春》诗云："太行横偃脊，百里芳崔巍。济滨花异颜，枋口云如裁。"①《济源寒食》诗云："枋口花间掣手归，嵩阳为我留红晖。"《游枋口》诗云："一步复一步，出行千里幽。为取山水意，故作寂寞游。太行青巅高，枋口碧照浮。明明无底镜，泛泛忘机鸥。"②《与王二十一员外涯游枋口柳溪》诗云："万株古柳根，挐此磷磷溪。野榜多屈曲，仙浔无端倪。"③白居易（时为河南尹）亦有《游枋口悬泉偶题石上》诗云："济源山水好，老尹知之久。常日听人言，今秋入吾手。孔山刀剑立，沁水龙蛇走。危礴上悬泉，澄湾转枋口。虚明见深底，净绿无纤垢。仙棹浪悠扬，尘缨风斗薮。岩寒松柏短，石古莓苔厚。锦坐缨高低，翠屏张左右。"④宋代诗人姜正的《游枋口》诗云："山如削玉水涵秋，人在冰壶月底游。劫火半空尘世换，不知此处几登舟。"⑤

中国古典诗词中的水是多种多样的，中原之水的独特文化意义又使得诗人们赋予它们不同的思想内涵，从而承载着各异的情感寄托。但无论如何，诗人们的描绘无疑给我们留下了寻找中原古文化的线索，只要好好加以利用，一定能够使其焕发出无穷的文化魅力。

第二节　古代山水画中的中原水文化资源

山水画萌芽于魏晋南北朝，到隋唐五代体制渐备，到宋元时期更是蔚为大观。山川河流一直是历代画家钟爱的创作对象，作为自然景观的中原山水，以其独特的地貌特点，汇聚天地之灵气，从而形成了中国古代画家笔下极具个性神采的创作对象。

晋顾恺之的《洛神赋图》，取材于曹植的《洛神赋》，虽然是人物画，但它是以洛水为背景展开的，描绘了洛水优美的自然风光，可以说是以中原之"水"为表现对象的先驱之作。

---

① 《全宋诗》卷三七六，第 4231 页。
② 《全唐诗》卷三七六，第 4232 页。
③ 同上。
④ 《全唐诗》卷四四五，第 5016 页。
⑤ 《全宋诗》（第 72 册）卷三七七六，第 45569 页。

图 9 – 1　晋·顾恺之（宋摹）《洛神赋图》卷　绢本设色

纵 27.1 厘米，横 572.8 厘米　故宫旧藏

　　隋唐五代时期，中原地区虽然遭受了连年战乱的严重破坏，但文化根基雄厚，因此，山水画的创作依然取得了很大成就和新的进展。如关仝（907—960）的《山溪待渡图》和《关山行旅图》。

　　《山溪待渡图》风格豪放，画风硬朗，画中的景色具有鲜明的北方特点：山峰矗立，飞瀑直泻，烟林掩映下的冈阜、楼阁，迷蒙清幽。淙淙的溪流与奔腾的瀑布形成鲜明的对比，两种不同的水流形成强烈的视觉冲击。

图 9 – 2　五代·关仝《山溪待渡图》绢本设色

纵 156.6 厘米，横 99.6 厘米　台北故宫博物院藏

《关山行旅图》中河右边是起伏的山峦，河左岸有一座木桥横跨河上，桥上及岸边的旅人，或步行，或骑驴，缓步走来。画面下方的是一家小店，一个女人正在烧水，几个小孩子正在玩耍嬉戏，还有一只小船停泊河边。显然这幅图画表现的是关陇一带的山野景色。

北宋时期可以说是中国山水画创作的第一个高峰，当时的中原作为全国政治、经济、文化的核心区域，名家名作辈出。郭熙、王希孟、李唐等一批承前启后的山水画大家奠定了中原山水画雄厚的根基。郭熙（约1000—约1090），字淳夫，河阳温县（今河南孟县东）人。他于宋神宗熙宁元年（1068年）被召入画院，后任翰林待诏直长。存世作品有《早春图》《关山春雪图》《窠石平远图》《幽谷图》等。

图 9 – 3　五代·关仝《关山行旅图》绢本水墨

纵 144.4 厘米，横 56.8 厘米　台北故宫博物院藏

画幅左侧画家自题："早春。壬子（1072年）郭熙画。"这幅画描写的是北方早春的山间，瑞雪消融，云雾缭绕，山峦耸立，泉水淙淙，充满了勃勃生机。

画幅左下方山石上有"熙宁壬子二月奉王旨画关山春雪之图，臣熙进"的款识，可知此图与《早春图》为同年所绘。画面中雪山崔嵬峭拔，溪水潺潺，似有一股清冽之气迎面而来。

张择端，字正道，汉族，琅琊东武（今山东诸城）人，居住于东京（今河南开封）。宣和年间任翰林待诏，擅画楼观、屋宇、林木、人物。他的宏伟画作《清明上河图》《金明池争标图》等，描绘的都是北宋开封的城市面貌和人民的生活场景。

图 9-4　宋·郭熙《早春图》绢本设色

纵 158.3 厘米，横 108.1 厘米　台北故宫博物院藏

《清明上河图》中虹桥下水流和缓，桥上挤满了各色人等，有挑担的，有骑马的，也有赶脚的，河面上有来往的船只，汴河两岸繁忙而有序的景象如在眼前。

《金明池争标图》描绘了汴京（今河南开封）金明池水戏争标的场面。画面中金水池上熙熙攘攘，比赛正在激烈进行，一派热闹场面。

图9－5　宋·郭熙《关山春雪图》绢本淡设色

纵197.1厘米，横51.2厘米　台北故宫博物院藏

赵令穰，字大年，汴京（今河南开封市）人，生卒年不详，宋太祖赵匡胤五世孙。官至光州防御使、崇信军观察留后。因他是皇族之人，不能远游，他的笔下多为开封、洛阳郊外景色，从中可以窥见当时两京郊野的大致风貌。他的这幅《湖庄清夏图》，作于宋哲宗元符三年（1100年）。

这幅山水小景中池水弥弥，荷叶田田，烟树环绕，景色清幽，颇有平原特色。

随着宋室南迁，南方山水画派逐渐崛起，中原山水画派整体变得黯淡了许多，中原的高山大河、峻岭长溪也变成了江南的青山秀水、云烟氤氲，但中原山水画的传统精神却始终影响着中国绘画，画中的中原山水也将永存。

图 9 – 6　宋·张择端《清明上河图》绢本设色

纵 25.2 厘米，横 528.7 厘米　北京故宫博物院藏

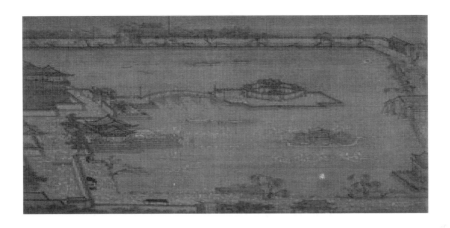

图9－7　宋·张择端《金明池争标图》绢本设色

纵28.5厘米，横28.6厘米　天津市博物馆藏

图9－8　宋·赵令穰《湖庄清夏图》绢本设色　纵19.1厘米，横161.3厘米 美国波士顿艺术博物馆藏

第三节　中原古代园林建筑中的水文化资源

　　作为承载中国传统文化的一种艺术形式，"园林"一直是备受中国人喜爱的游憩场所。虽然是游乐场所，却极富文化气息，受传统"礼乐"文化影响很深。中国古代园林建筑，多依地形水势，讲究风水人

情，可谓无水不成园，从而使得园林文化带有浓重的儒道释色彩。

一 淇园中的水文化资源

淇园，又称"淇奥"，是我国第一座王家园林，被誉为华夏第一园，位于河南省淇县古淇奥——淇河湾内。相传是西周晚期卫武公（公元前852—前758）所建。《诗·卫风·淇奥》：

> 瞻彼淇奥，绿竹猗猗。有匪君子，如切如磋，如琢如磨，
> 瑟兮僩兮，赫兮咺兮。有匪君子，终不可谖兮。
> 瞻彼淇奥，绿竹青青。有匪君子，充耳琇莹，会弁如星。
> 瑟兮僩兮，赫兮咺兮。有匪君子，终不可谖兮。
> 瞻彼淇奥，绿竹如箦。有匪君子，如金如锡，如圭如璧。
> 宽兮绰兮，猗重较兮。善戏谑兮，不为虐兮。①

"淇奥"的意思是淇水弯曲处。这是《卫风》的首篇，每章均以"绿竹"起兴，借绿竹的挺拔、青翠、茂密来赞颂君子的高风亮节，开创了以竹喻人的先河。淇园为何人所建姑且不论，但它为后世园林创下了"引碧水以幽境""植修竹以示高雅"的范式是毋庸置疑的。因此，历代文人墨客对淇园的描绘也是如诗如画，如宋仇远《题仲宾竹石》诗云："淇园绿猗猗，昌谷黑离离。"② 黄庭坚《次前韵谢与迪惠所作竹五幅》诗云："猗猗淇园姿，此君有威仪。"因此，"淇园"成了隐逸休憩的胜地。如宋晁冲之《复至新乡廨寄张稦》诗云："明济十里黄，猗猗见淇园。"③

淇园还为人们治理黄河做出过贡献。《汉书·武帝纪》曰："元封二年四月，作瓠子歌。"《汉书·沟洫志》曰："上既封禅，乃使汲仁、郭昌发卒数万人，塞瓠子决河。于是上以用事万里沙，则还自临决河。湛白马玉璧，令群臣从官自将军以下皆负薪实决河。是时东郡烧草，以故薪柴少，而下淇园之竹以为楗。上既临河决。悼功之不成。乃作歌曰。"汉武帝刘彻所作的《瓠子歌》共两首，第一首写黄河于瓠子河决

---

① 《诗经注析》，第 154 页。
② 《全宋诗》（第 70 册）卷三六七八，第 44163 页。
③ 《全宋诗》（第 21 册）卷一二二〇，第 13874 页。

口以后的情形与可怕后果："瓠子决兮将奈何，浩浩洋洋兮虑殚为河。殚为河兮地不得宁，功无已时兮吾山平。吾山平兮钜野溢，鱼弗忧兮柏冬日。"汉元光三年（公元前 132 年）春，黄河于顿丘决口。入夏，又冲决了濮阳瓠子河堤，洪水注入钜鹿泽，流入淮河、泗水，梁、楚十六郡国均被水淹。汉武帝调拨十万人筑堤治水。不料，水患猖獗，塞而复坏，以致前功尽弃。"正道驰兮离常流，蛟龙骋兮放远游。归旧川兮神哉沛，不封禅兮安知外。"洪水不走正道而离开以往的河床，像蛟龙一样肆虐为害。汉武帝怨天，认为是上天的意志，人力无可奈何。"为我谓河伯兮何不仁，泛滥不止兮愁吾人。齿桑浮兮淮泗满，久不返兮水维缓。"把水患原因归咎于水神河伯，说他没有半点仁慈，洪水已经如此危害，却还不退去。《瓠子歌》第二首写民众堵塞决口的场面。元封二年（公元前 109 年），汉武帝到泰山封禅，调拨四万人筑堤堵水。"河汤汤兮激潺湲，北渡回兮汛流难。"写水流很急，堵塞不易。"搴长筊兮湛美玉，河伯许兮薪不属。薪不属兮卫人罪，烧萧条兮噫乎何以御水。"河伯不再作恶，可却缺少柴草来堵塞河流，这都是卫人的罪过，因为他们把柴草烧没了。于是汉武帝下令砍伐淇园的竹子，做成"楗"和"石菑"，沉入河底，填土筑坝，"颓林竹兮楗石菑"。这次终于成功了，"宣防塞兮万福来"。由此可见淇园之大，竹子数量之多。

到了宋代，随着人们对黄河的治理工作逐步完善，已经不需要再砍伐淇园之竹来应急了。宋代石介《河决》云："斫尽淇园竹，安救瓠子役。"① 苏轼《河复》亦云："君不见西汉元光、元封间，河决瓠子二十年。……吾君盛德如唐尧，百神受职河神骄。帝遣风师下约束，北流夜起滹州桥。东风吹冻收微渌，神功不用淇园竹。楚人种麦满河淤，仰看浮槎栖古木。"②

到了清代，淇园更具规模，景色也更加优美。《淇园八景》是清代淇县知县赵之屏创作的组诗作品，共八首，每首吟咏淇园一景，均以景点名为题。诗前小序云：

　　盖闻登高能赋，人号通方遇物留题，诗称风雅。然而山川

---

① 《全宋诗》（第 5 册）卷二六九，第 3405 页。
② 《苏轼论集》卷十五，清王文浩辑注，孔凡礼点校，中华书局 1982 年版，第 765 页。

钟秀，自寓芳规，花木争妍，复多盛事，故作新之化。善被青岩有斐之风，美传绿竹，偶然独往，仗倚秋林，率尔成吟。调惭春雪，随兴会之所至，挥毫一任短长，如天籁之自鸣，得句安知工拙，不惜断须聊以引玉云尔。

兹录赵之屏诗如下：

洪园竹翠

何地无修竹，唯斯君子名。

绿猗传盛德，仰止有余情。

斐亭莲芳

斐亭云涌藕花洲，依槛搴芳俯碧流。

逸兴飘然成独立，虚怀若谷裕清修。

群峰敛碧

千嶂浮晴霭，飘飘蔽远空。

登高时寓目，身入碧云中。

列柿流丹

离离琼实，林列润滑。

气严青女，点绛聿新。

载言载笑，红肥遇春。

寸心若此，奚愧臣邻。

半岩风雨

玉洞灵源涌，时闻风雨声。

帘垂尘不到，魄濯玉壶冰。

为霖崇朝遍，润泽被苍生。

曲径烟霞

蹑磴如螺迤复遐，盘桓绝巘正飞花。

赤城标建堪凝望，处处新林蔚晚霞。

一壶映月

月印方塘水，如珠走玉壶。

潺湲盈科进，一带浴蟾蜍。

双剑横秋

不是延津渡，何来剑气横？

层冈积鲜翠，高时两龙精。

清郭玥《淇园》诗亦云：为访淇园试古筇，平桥才渡即闻钟。由此可知淇园景色之优美。

二 梁园中的水文化资源

梁园，又名梁苑、兔园、睢园、修竹园，俗名竹园，是一处始建于汉代的古典园林。西汉初期，梁国都城是睢阳（今河南省商丘市睢阳区），梁孝王刘武在城内营造了一座规模宏大、富丽堂皇的皇家园林。它西起睢阳城东北（今商丘古城东南），东至今商丘古城东北7.5公里的平台集（今商丘经济开发区平台街道）。据《史记》记载："筑东苑，方三百里，广睢阳城七十里，大治宫室，为复道，自宫连属平台三十里。"《水经注疏》也说："筑城三十里。"

晋葛洪《西京杂记·卷三》云："梁孝王好营宫室苑囿之乐，作曜华之宫，筑兔园。"园内建造有许多亭榭水台，有百灵山、落猿岩、栖龙岫、雁池、鹤洲、凫渚等山水景观，松柏、翠竹、花树林立，还有各种珍禽异兽，真可谓佳山秀水，尽在其中。因此，众多文人官员以能前来梁园一游为荣。枚乘《梁王菟园赋》云："于是晚春早夏，邯郸、襄国，易、涿容丽人及燕汾之游子，相予杂还而往焉。"枚乘、邹阳、严忌、司马相如、公孙诡、羊胜等人均曾是梁王的座上客，也因此形成了一个文学流派——梁园文学。鲁迅《汉文学史纲要》说："天下文学之盛，当时盖未有如梁者也。"

后世文人亦对梁园无限神往，如谢惠连、李白、杜甫、高适、王昌龄、岑参、李商隐、王勃、李贺、秦观等，全都对梁园文人云集的盛况艳羡不已。但唐时李白看到的梁园已经风光不再，当他面对颓圮荒园，写下了著名的《梁园吟》："我浮黄河去京阙，挂席欲进波连山。天长水阔厌远涉，访古始及平台间。平台为客忧思多，对酒遂作梁园歌。……荒城虚照碧山月，古木尽入苍梧云。梁王宫阙今安在，枚马先归不相待。舞影歌声散绿池，空余汴水东流海。沉吟此事泪满衣，黄金买醉未能归。"[1] 当时豪奢的梁园早已不复存在，风流倜傥的枚乘、司马相如也已消失在历史长河之中，舞影歌声消散在池中绿水里，只有汴

---

[1] 《全唐诗》卷一六六，第1720页。

水依旧滔滔东流。岑参《山房春事二首》其二诗亦云："梁园日暮乱飞鸦，极目萧条三两家。"① 王昌龄《梁苑》诗亦云："梁园秋竹古时烟，城外风悲欲暮天。万乘旌旗何处在，平台宾客有谁怜。"②

无论如何，"三百里梁园"都曾经为文人们提供了理想的游赏园林，它的亭台楼阁、绿水花鸟，会永远散发无穷魅力。正如南北朝时梁元帝萧绎《屋名诗》③ 所写的那样："梁园气色和，斗酒共相过。玉柱调新曲，画扇掩余歌。深潭影菱菜，绝壁挂轻萝。木莲恨花晚，蔷薇嫌刺多。含情戏芳节，徐步待金波。"

三　金谷园中的水文化资源

金谷园，又名梓泽，是西晋石崇（249—300）的别墅，遗址在今洛阳老城东北七里处的金谷洞内。《晋书·石苞传》载："崇有别馆在河阳之金谷，一名梓泽，送者倾都，帐饮于此焉。"石崇豪奢，与王恺争富，修筑了金谷别墅，即"金谷园"。金谷园随地势高低筑台凿池，挖湖开塘。园内清溪萦回，水声潺潺。周围几十里内，楼榭亭阁，高低错落，金谷水萦绕穿流其间，鸟鸣幽村，鱼跃荷塘。石崇又派人去南海购回珍珠、玛瑙、琥珀、犀角、象牙等贵重物品，把园内的屋宇装饰得金碧辉煌、极其奢华。北魏郦道元《水经注》谓其"清泉茂树，众果竹柏，药草蔽翳"。④ 阳春三月，风和日暖的时候，桃花灼灼、柳丝袅袅，楼阁亭树交辉掩映，蝴蝶蹁跹飞舞于花间；小鸟啁啾，对语枝头。金谷园的景色一直被人们传诵，"金谷春晴"为洛阳八大景之一。西晋曹摅的《赠石崇诗》描绘了金谷园的美景："涓涓谷中泉，郁郁岩下林。泄泄群翟飞，咬咬春鸟吟。"⑤

石崇和当时的名士左思、潘岳等二十四人曾结成诗社，号称"金谷二十四友"。石崇宠姬绿珠善吹笛，又善舞，后为石崇坠楼而亡，更为金谷园增添了一抹凄美的色彩。唐代韦应物《金谷园歌》诗云：

　　　石氏灭，金谷园中水流绝。当时豪右争骄侈，锦为步障四

---

① 《全唐诗》卷二○一，第 2108 页。
② 《全唐诗》卷一四三，第 1448 页。
③ 《先秦汉魏晋南北朝诗》卷二十五，第 2042 页。
④ 《水经注校证》卷十六，际格骅校证，中华书局 2007 年版，第 393 页。
⑤ 《先秦汉魏晋南北朝诗》卷八，第 756 页。

十里。东风吹花雪满川，紫气凝阁朝景妍。洛阳陌上人回首，丝竹飘飘入青天。晋武平吴恣欢燕，余风靡靡朝廷变。嗣世衰微谁肯忧，二十四友日日空追游。追游讵可足，共惜年华促。祸端一发埋恨长，百草无情春自绿。①

陈通方《金谷园怀古》亦云："缓步洛城下，轸怀金谷园。昔人随水逝，旧树逐春繁。冉冉摇风弱，菲菲裛露翻。歌台岂易见，舞袖乍如存。戏蝶香中起，流莺暗处喧。徒闻施锦帐，此地拥行轩。"② 历代文人墨客吟颂金谷园，对绿珠的不幸遭遇表示同情的诗篇数不胜数，对石崇的穷奢极欲进行批判的诗篇也有很多。如《全唐诗》中就有不少以《金谷园》为题的诗歌，诗人们游览金谷园，凭吊绿珠，感叹世事无常。如白居易的《和友人洛中春感》诗云："莫悲金谷园中月，莫叹天津桥上春。若学多情寻往事，人间何处不伤神。"③ 杜牧的《金谷园》诗云："繁华事散逐香尘，流水无情草自春。日暮东风怨啼鸟，落花犹似堕楼人。"④ 曹松《金谷园》诗云："当年歌舞时，不说草离离。今日歌舞尽，满园秋露垂。"⑤ 宋杨万里《送安成罗茂忠》诗云："向来家住金谷园，珊瑚四尺蜡作薪。"⑥

四 天津桥中的水文化资源

天津桥为隋唐洛阳城中轴建筑群中的"七大建筑"之一，始建于隋，废于元代。初为浮桥，后为石桥。隋唐时，天津桥横跨于穿城而过的洛河上，为连接洛河两岸的交通要道，正西是东都苑，苑东洛河北岸有上阳宫。桥正北是皇城和宫城，殿阁巍峨，桥南为里坊区，十分繁华。天津桥上有四角亭，桥头有酒楼。唐代曾将天津桥地段的洛河分作三股，分设三桥，天津桥居中，其北是黄道桥，其南为星津桥。著名的"天津晓月"为洛阳古"八大景"之一。该遗址已经考古发现，在今洛阳桥附近。天津桥畔，万国舟帆，南北两市胡人商旅充肆，非常繁华。

---

① 《全唐诗》卷一九四，第 2005 页。
② 《全唐诗》卷三六八，第 4156 页。
③ 《全唐诗》卷四三六，第 4840 页。
④ 《全唐诗》卷五二五，第 6063 页。
⑤ 《全唐诗》卷七一七，第 8320 页。
⑥ 《全唐诗》（第 42 册）卷三三一五，第 26626 页。

刘希夷《公子行》云："天津桥下阳春水，天津桥上繁华子。马声回合青云外，人影动摇绿波里。绿波荡漾玉为砂，青云离披锦作霞。"① 李白有"忆昔洛阳董糟丘，为余天津桥南造酒楼"② 的诗句，说明他曾在桥南董家酒楼饮酒。白居易则有"津桥东北斗亭西，到此令人诗思迷"③ 的诗句，李益更有"何堪好风景，独上洛阳桥"④ 的咏赞。

唐时洛阳为东都，天津桥亦是风景名胜，通过翻检《全唐诗》就可发现，人们对其赞颂有加。如苏颋《杂曲歌辞·长相思》就记载了于桥上看到的景色：

> 君不见天津桥下东流水，东望龙门北朝市。杨柳青青宛地垂，桃红李白花参差。花参差，柳堪结，此时忆君心断绝。⑤

皇甫冉《送包佶赋得天津桥》诗云："晴烟霁景满天津，凤阁龙楼映水滨。"⑥ 姚合《过天津桥晴望》诗云："闲立津桥上，寒光动远林。皇宫对嵩顶，清洛贯城心。雪路初晴出，人家向晚深。自从王在镐，天宝至如今。"⑦ 顾非熊《天津桥晚望》诗云："晴登洛桥望，寒色古槐稀。流水东不息，翠华西未归。云收中岳近，钟出后宫微。回首禁门路，群鸦度落晖。"⑧ 雍陶《天津桥望春》诗云："津桥春水浸红霞，烟柳风丝拂岸斜。翠辇不来金殿闭，宫莺衔出上阳花。"⑨ 阎德隐《三月歌》诗云："洛阳城路九春衢，洛阳城外柳千株。能得来时作眼觅，天津桥侧锦屠苏。"⑩ 对天津桥从早到晚、一年四季的景色全都赞不绝口。

文人雅客于天津桥联诗赏景，如李益、韦执中、诸葛觉、贾岛《天津桥南山中各题一句》："野坐分苔席，山行绕菊丛。云衣惹不破，秋

① 《全唐诗》卷八二，第 883 页。
② 《忆旧游寄谯郡元参军》，《全唐诗》卷一七二，第 1774 页。
③ 《全唐诗》卷四五一，第 5123 页。
④ 《上洛桥》，《全唐诗》卷二八三，第 3218 页。
⑤ 《全唐诗》卷二五，第 340 页。
⑥ 《全唐诗》卷二四九，第 280 页。
⑦ 《全唐诗》卷五〇〇，第 5727 页。
⑧ 《全唐诗》卷五〇九，第 5825 页。
⑨ 《全唐诗》卷五一八，第 5969 页。
⑩ 《全唐诗》卷七七三，第 8852 页。

色望来空。"① 传说黄巢起义失败后曾来过天津桥，并作诗一首——《自题像》："记得当年草上飞，铁衣著尽著僧衣。天津桥上无人识，独倚栏干看落晖。"②

天津桥的全盛时期是唐代，到宋代，虽然桥仍在，却成为抚今追昔的载体。邵雍《天津感事二十六首》云："隋唐而下贵公卿，近世风波走利名。借问天津桥下水，当时湍急作何声""前朝无限贵公卿，后世徒能记姓名。唯此天津桥下水，古今都作一般声。"③ 蔡襄《过天津桥》诗云：

> 日暖溪平冰渐销，水声才下内前桥。
> 山川满眼闲宫殿，草树迷人旧市朝。
> 每向寻春偏有意，却成怀古更无聊。
> 洛阳平昔多豪俊，惆怅埋魂不可招。④

再如，梁栋《四禽言四首》其一云："不如归去，锦官宫殿迷烟树。天津桥上一两声，叫破中原无住处。不如归去。"从这些诗中可以看出天津桥所代表的历史文化意蕴十分厚重。

五　华林园中的水文化资源

华林园，原名芳林园，建于东汉，三国魏避齐王芳讳，改名华林园。故址在今河南故洛阳城中。《文选·张衡》："濯龙芳林，九谷八溪。"李善注："芳林，苑名。"《三国志·魏志·文帝纪》："（黄初四年）九月甲辰，行幸许昌宫。"裴松之注引晋王沈《魏书》："是冬，甘露降芳林园。"华林园中有瑶华宫、景阳山、天渊池等。天渊池，也称天泉，在今河南洛阳县东。《三国·魏志·文帝纪》云："黄初五年，穿天渊池。"魏明帝太和元年（227 年），王朗上疏称："华林天渊足以展游宴。"东魏天平二年（535 年）毁。晋潘尼《上巳日帝会天渊池诗》云："青春暮月，六气和理。律应姑洗，日惟元巳。谷风散凝，微阳戒始。春服既成，明灵降祉。"⑤ 宋周文璞《出白下》诗云："南朝禁籞夕阳明，犹与游人作

① 《全唐诗》卷七八九，第 8981 页。
② 《全唐诗》卷七三三，第 8467 页。
③ 《全宋诗》（第七册）卷三六四，第 4487 页。
④ 《全宋诗》（第 69 册）卷三六四〇，第 43630 页。
⑤ 《先秦汉魏南北朝诗》卷八，第 765 页。

队行。烟满天渊池上路，菜花黄尽绿阴成。"①

六 魏文帝百尺楼中的水文化资源

北魏杨炫之《洛阳伽蓝记》"瑶光寺"有"城东北角有魏文帝百尺楼，……又作重楼飞阁，遍城上下，从地望之，有如云也"②的记载。南朝梁江淹《魏文帝曹丕游宴》诗云："置酒坐飞阁，逍遥临华池。神飙自远至，左右芙蓉披。绿竹夹清水，秋兰被幽崖。月出照园中，冠佩相追随。客从南楚来，为我吹参差。渊鱼犹伏浦，听者未云疲。高文一何绮，小儒安足为！肃肃广殿阴，雀声愁北林。众宾还城邑，何以慰我心。"③从中足见华池高阁的游宴在魏晋南北朝时期是是很盛行的。

七 汴水虹桥中的水文化资源

图 9 - 9 北宋·张择端《清明上河图》虹桥

虹桥于宋仁宗庆历年间（1041—1048），由陈希亮（1014—1077）仿照山东青州飞桥形状，建造而成。据《宋史》记载，陈希亮发明了"飞桥"，仁宗下诏褒奖，并令"自畿邑至于泗州皆为飞桥"。桥梁为单孔木拱桥，桥长16.8米，宽4米，没有榫头，也不用钉子，堪称杰作。桥的两旁有木拱，拱梁的两端，雕刻有狮子、虎头像。由于远远望去，飞桥好似一道凌空而起的彩虹，因而被又称为"虹桥"。

---

① 《全宋诗》（第 54 册）卷二八三二，第 33718 页。
② 《洛阳伽蓝记校注》卷一，范祥雍校注，上海古籍出版社 1958 年版，第 46 页。
③ 《先秦汉魏晋南北朝诗》卷四，第 1571 页。

第十章 中原水文化资源之"水俗文化"的开发利用

水是生命的源泉、依靠,中原大地上的民风民俗生动地阐释了这一点。中原地处中国腹地,地跨长江、黄河、海河、淮河四条大河。几千年来人们生于斯,长于斯,依靠不同的水源展开属于自己的喜怒哀乐。生活的过程中,面对自然、自我的思考和积累逐渐形成不同的愿景和禁忌。这些愿景和禁忌积淀和固定下来,就变成了民俗。

第一节 中原水俗的文脉表现

中原民俗历史形成时间最早可以追溯到春秋战国时期。其内容延伸到了可知又不可知的人类前文明时期。仔细梳理起来,这些民俗基本上都与水文化或多或少地关联。前文明时期的故事主要来源于神话传说和《山海经》的记载。这些传说大多与人类诞生、洪水治理有解不开的渊源。有历史记载以来,由于水对生命和农耕文明的特殊重要性,民俗更是有很多关于水的内容。可以说中原民俗因水而成。中原民俗包括民众赖以生存的物质文化,例如,衣、食、住、行、贸易、生产方面的习俗,也形成了社会生活文化,例如家族传统、血缘结构、婚丧嫁娶习俗。同时在心理结构方面,民间信仰、节日习俗等也有了反复出现、代代相传的固定符号。水俗文化的文脉主要表现在水崇拜、水祭祀和水禁忌的结合。

农耕文明中,人口比较少,人们生活在自然力量的种种威胁之下。对于大自然,是既感谢又敬畏。由于生产力相对低下,生存与自然万物密切联系,衣食住行都离不开水。在先民的心目中,万物有灵,水养育了人类。人类对水、水族生物、水的力量等都非常崇拜。西方哲学家泰勒斯认为，水是万物始基，也就是说万物始于它，又复归于它。在中国的哲学家里面，老子、庄子、孔子、管子对水都做过充分的论述。其中管子提出了水是万物本源的说法。《庄子·水地篇》里面提出，人，水也。也就是说，人就是一个水体。人的生命的孕育是男女精气的结合，由水的流布而成了胎儿的形状。水与大地的关系与人体与血液的关系一样。水在大地上流动，血液在身体里循环。水的形状也是多种多样的。聚集在一起就变成了江、河、湖、海。从天上降落大地后就变成了雨、雪、冰、霜。草木有了水之后才会繁茂，鸟儿有了水之后才会肥美。管子对水的认知和表述非常全面。美国著名哲学家、汉学家艾兰在《水之道与德之端——中国早期哲学思想的本喻》中讲道："从这种最常见与最多变的自然现象的沉思冥想中，中国人找到了对生命基本原则的理解，这一原则不仅体现于物质世界，也适用于人类社会。所以水成了抽象概念底部的一个本喻，它构成了社会与伦理价值体系的基石。"① 基于人们对水的人格化的认知，再加上毕竟是异己力量的陌生化，水崇拜中水神化、圣化和为了取悦水神的禁忌就非常普遍了，中原水俗文化就集中体现在水神的来源、敬奉的原因、祭祀和禁忌之中。

水神的来源有四个方面：一是不同水体的神；二是人化的司水神；三是与水相关的神；四是水中生物的神。

水的特性是随物赋形，动水和静水分成江、河、湖、海、池、沼、渊、潭、溪、涧、瀑布、井等不同形状的水体。这些水体中江、河、湖、海、井与人们的日常生活息息相关。先人根据万物有灵论，认为不同的水体会有不同的神。海有海神，河有河神，井有井神。南海之神我们称为祝融，东海之神称为苟芒，北海之神称为玄暝，西海之神称为蓐收。四海之神还有另外一种说法，就是四海龙王，东海广德王敖广，南海广利王敖饮，西海广顺王敖闰，北海广泽王敖顺。女神有女娲娘娘，瑶池的西王母，洛河的洛神宓妃，泸沽女神格姆、青海湖女神西王母、玄武湖水神毛老人等。

在人化的司水神中，黄河水神河伯、长江水神奇相和淮河水神庚辰比较著名。中原人民依靠黄河生存，九曲黄河经常泛滥，水患严重，威

---

① 艾兰：《水之道与德之端——中国早期哲学思想的本喻》，上海人民出版社 2002 年版，第 34 页。

力巨大。人们从敬畏到希图借助于黄河本身的力量来保障生存，改变自己的无奈环境，就创造出黄河水神河伯。在很多传说中，河伯的前身是一个人，名冯夷。据说，冯夷因为生活的缘故，经常要过黄河，有一次他不慎落入水中，活活被淹死。同时，当时黄河因为土质松散的原因，河床经常变动，人们不知所措，死于水患者不计其数。冯夷悲愤于自己和同乡的命运，到天帝那里控诉黄河。天帝听了实情之后，也觉得黄河必须要治理，就命令河伯为黄河水神，治理和控制黄河。从这些故事可以看出，人们希望通过不可知的力量来彻底治理黄河水患。为了让河伯努力治河，在各地设立了庙宇，供奉河伯。河伯慢慢兼具自然神和庇佑凡人的人格神的双重身份。在先秦诸子的著作中，我们见到了不同的河伯形象。《韩非子·内储说上》提到的河伯是一条大鱼。庄子笔下的河伯是一个善于反思的温和谦恭智者形象。《庄子·秋水篇》记载："秋水时至，百川灌河，径流之大，两涘渚崖之间，不辩牛马。于是焉河伯欣然自喜，以天下之美为尽在己。顺流而东行，至于北海，东面而视，不见水端。于是焉河伯始旋其面目，望洋向若而叹曰：野语有之曰，'闻道百，以为莫己若'者，我之谓也。且夫我尝闻少仲尼之闻，而轻伯夷之义者，始吾弗信；今我睹子之难穷也，吾非至于子之门，则殆矣，吾长见笑于大方之家。"① 中国文学史上，有很多名篇提到河伯，例如谢灵运《山居赋》有"河灵怀惭于海若"句，这里的河灵，就是河伯。《庄子·大宗师》记载到冯夷，以游大川。成玄英解释说，冯夷，姓冯名夷，是弘农华阴潼乡堤首里人。大川，就是黄河。天地命冯夷当河伯，所以河伯会悠游于黄河之中。类似的说法还有《洛神赋》，曹植提到冯夷鸣鼓，女娲清歌，想象了不同水神相互应和的场景。也有个别书籍把冯夷说成河伯之妻，这就更加牵强附会了。河伯在传说中也不尽是正面的形象。我们在古书里，也看到了河伯娶妻的恶俗，老百姓为了取悦河伯，不仅用牛羊祭祀，还每年送一名年轻的女子沉入河中。因为人们对黄河河伯认知的普遍存在，人们还认为不同的河流都有自己的河伯。这些河伯有好有坏，性格也具有不同的官僚特点。《洛神赋》里的河伯形象就非常不堪，伏羲美丽的女儿宓妃在洛河欣赏美丽风光，弹奏动听的七弦琴的时候，被河伯卷入洛河中，过了一段非常痛苦忧伤

---

① 陈鼓应：《庄子今注今译》，中华书局 1983 年版，第 462 页。

的日子。后来被英武的后羿救出，并打败了河伯，才过上了幸福的日子。与黄河不同，长江水神区域崇拜比较明显，上流水神是李冰，李冰因建造都江堰治理蜀江的功勋而著称于世，被人们供奉。长江中游水神是奇相，也是由人化成。下游水神则是天吴。因为中原地带主要与长江中游地带交叠，所以我们这里主要谈到奇相水神。《史记》记载非常简短："奇相，帝女也，卒为江神。"民间故事中，奇相水神的由来却非常曲折。传说黄帝到昆仑山获得绝世宝珠，准备回去带给妻子嫘祖。但经过赤水时，侍女素女不慎将宝珠掉落。黄帝派出四路天神寻找，才找回，找回后交给了最后找到宝珠的象罔保管。象罔粗心大意，竟随意把宝珠放在袖子里。震蒙氏的女儿奇相非常爱美，知道这件事后，就施巧计从象罔处盗取。黄帝勃然大怒，派人追捕奇相，奇相吞食宝珠，纵身跳江，变成马头龙身的怪物，成为一方水神。当然，人们对她的水神地位的认定还在于她拥有奇才，在黄帝追杀震蒙氏时，在江上布满大雾，保护震蒙氏保存了有生力量。奇相水神地位更加牢固。淮河庚辰是一位纯英雄形象的化身。庚辰本是瑶池西王母女儿云华夫人的侍从，是大禹治水阵营中的大将，他本领高强，忠诚勇猛，手中利器是"避水剑"，降服了很多妖怪，特别是在淮河的桐柏山一带打败了"天下第一奇妖"巫支祁，水患平息后，庚辰被称为淮河水神。可见，生存的强者力量还是深入人心的，人们需要强者保护，屈从强者。这些水神从人到神，基本上都是人们根据历代人的生存痕迹中，能帮助人走向安稳生活的人或事，杜撰或想象出的人格神。

与水相关的神有盘古开天辟地中的盘古，河边抟泥造人的女娲娘娘，立下彪炳千古治水业绩的大禹，南海的观音神，闹海的少年英雄哪吒，以一己之力日复一日年复一年填海的精卫。精卫神的来历与河伯冯夷有些相像，被称为冤禽和志鸟。其故事主要记载于《山海经》。《山海经》里说，精卫是炎帝之女，游于东海，溺水身亡。化而为鸟，其名精卫。衔枝填海，永不停歇。这里说的是人们反抗水患的努力和治理水患的决心。精卫虽小，其心之坚，其志之高，可敬可叹。另外还有一些人物后被神化，例如我们前面提到的蜀地治水英雄李冰，天后妈祖。能与海神自由交谈的渡海神徐福等。水中生物神比较少，因为在中国神谱体系中，从一般生物到妖、从妖到仙，再由仙到神，晋升途径极为艰难。我们这里提到的生物神具体指水族生命的神化。如《庄子·逍遥游》中的北冥之鱼，不同水体的乌龟、鲸鱼、蛟龙等修炼后的神，著名戏剧《追鱼》中的鲤鱼精等。

　　文中提到一些水神，尽管有些不发生在中原地带，但由于其经典型和普及型，以不同程度嵌入了中原水民俗文化的文脉之中，深深地影响了人们的心理结构和日常生活。这些水神来源于人们之中，是人的力量的神化，为了让水神保佑人们，人们往往自觉或不自觉地遵循奉养和保护的交换原则，为水神建庙，定期祭祀，并建立了复杂的祭祀仪式和祭祀禁忌与制度。祭祀对象、祭祀时间、祭祀的要求都有严格规定，如果参与祭祀者内心不虔诚，或违反祭祀的礼仪要求，往往被认为不祥。祭祀者会不安，神灵不仅不会庇佑，而且会责罚。祭祀时间有明确限制，普通庙宇供奉的神灵是初一十五，一些重要的祭祀神灵放在神诞生或成神的日子。祭祀的形式，有的用巫术、乐舞，有的用牛、羊、鸡、鱼、猪等牺牲供奉。祭祀的环境也要相对开阔，利于人群往来和疏散，讲究的祭祀还会专门设坛。这些仪式、要求、内容都在民俗文化中有多样性的呈现。

　　人类生活在天地之间，大自然的馈赠给予使人类能满足生存的基本需要，然而大自然的威力又可以让人类个体顷刻处于困境和灭亡。人类对大自然充满敬畏，在原始思维的引导下，我们先人以自度物，认为大自然中充满了各种与人相似，有感情、有烦恼，拥有超能力，可以掌握人类生活的神灵。如创世神话、女娲神话、昆仑神话、蓬莱神话等。在历史长河中，英雄人物辈出，这些人物也被赋予了神话色彩，例如黄帝、后羿、洛水女神。不仅如此，在与自然界其他物种的长期共处中，动物、植物也被赋予神秘色彩，如四灵（龙、凤、麒麟、龟）崇拜，灵石崇拜，花神膜拜等。在中原水俗中，水崇拜、水祭祀和水禁忌共同构成了水俗文化中节庆、禁忌、游艺的各个组成部分。这些民俗的表现，对应人们对水的态度，一是顺从依附，二是反抗镇压。从而达到风调雨顺，水利万代的目的。

第二节　中原传统水节庆

一　龙崇拜与二月二民俗

　　中国人被称为龙的传人，并被世人广泛接受。早期神话关于龙的记载并不多，且多与动物联系紧密。《尚书·孔安国传》曰："伏羲氏亡天下，龙马出河。"①《山海经·大荒东经》中又有"旱为应龙之状，乃得大雨"②。同时，也有观点指出，随着佛教的传入，中国龙信仰与佛教龙王传说结合在一起，逐渐生成现在的龙崇拜。中国神话中一直有关于龙的故事。龙能呼风唤雨，是雨神的化身。除了龙，中国还有龙王的概念，龙王分别掌管东、西、南、北四海，俗称四海龙王。不过人们对龙和龙王的感情不太一致。龙，是一种圣物，是动物最强有力的集合体。人们对于龙是非常崇拜和认可的。认为龙可在天上飞、可在水中游、可在地上爬。龙还是动物界水平最高的，可以有多种变化，可显可隐，可大可小，可以变身。正因为龙的强大和神秘，一般人很难看到，即使看到，也只是见到一鳞半爪。人们对龙异常敬畏，与龙有关的基本上都是高贵的象征。所以古代皇帝被称为真龙天子，龙纹龙饰也只有皇族才用。不过，在我们的文化系统中，想成为这种神奇的灵物，除了天生龙种外，其他的动物也可以通过自己的努力成为飞龙。古代奇书《述异记》里曾记载，虺修行五百年化为蛟，蛟修行千年才为龙，龙修行五百年为角龙，角龙修行千年后成为应龙。所以人们对于龙的想象是极为丰富的。在长期发展中，龙和凤成为一对相互对应的灵物，龙被指称为男性，凤被指称为女性。例如人中龙凤，龙凤呈祥等都有此类含义。但是龙王就不一样了，基本上是无能、懦弱、昏庸、专横跋扈的象征。我们在《西游记》里，看到龙王很容易就屈服于孙悟空，《柳毅传》里的龙王知道自己女儿受苦也不敢声张、《追鱼》中的龙王嫉恨人间幸福等。龙王在人们的心目中，有兴云布雨的善，也有自私丑陋的恶。这也反映出人们对雨神代表的龙的双重认知感情。一方面认同水利万物而不争的上善，另一方面也对水灾难有怨怼和反抗之心。龙王是兼具人性和神性的。所以在民俗方面，关于龙和龙王的崇拜有相似之处，又明显不同。

农历二月二是社日，也是传说中飞龙升天的日子，从这个时候开始，传说中的龙就上天开始施法布雨，所以有"二月二龙抬头"的说法。据《郑州市志·风俗民情》记载，龙抬头节，就是龙王要下雨的

---

① （汉）孔安国传、唐孔颖达疏：《尚书正义》，北京大学出版社2016年版，第503页。
② 袁珂译注：《山海经全译》，贵州人民出版社1990年版，第271页。

季节。在这一天，郑州人早早起床，挑着灯笼去河里挑水，意图感动龙王，按时按需降临甘霖。在有些地方，还有吃炒米炒豆的风俗，好像是感谢一位爱护世间老百姓的玉龙。因为老百姓得罪了玉帝，玉帝命令龙王三年内不许降雨，结果人世间大旱，老百姓流离失所，很多人被渴死。玉龙不忍心看这人间惨剧，就偷偷下凡降雨，老百姓获救，玉龙却受到持久严厉的惩罚。除非豆子成金玉龙才会被终止处罚。为了解救玉龙，老百姓用炒豆的方式，告诉玉帝人间的诚意。后来玉帝原谅了玉龙和人间百姓。这些风俗是雨神与老百姓同甘共苦的例子。不知从何时起，二月二这天又成为理发的日子，男性都需要理发。或许是因为龙为男性的代表，寓意像龙一样，能够丢掉束缚，实现新的飞升。

据我国大量文献记载，任何朝代，祈雨都是一项大的祭祀活动，经常用专门的法师伴随着起舞作乐作法。根据不同龙司不同水域的传说，不同地点干旱要跳不同的舞蹈。关于这一风俗，《神农求雨书》有比较详尽的描述。具体规定内容基本依据我国传统方位、季节、色彩的对应关系。"春夏"干旱，甲乙不下雨，有用东方小童舞青龙；丙丁不下雨，南方壮年人舞赤龙；戊己不下雨，用壮年人舞黄龙；庚辛不下雨，用西方老者舞白龙；壬癸不下雨，用北方老者舞黑龙。除了舞龙求雨，《史记》《列子》也曾记载有乐画祈雨的习俗。《列子·汤问》中指出，分别在春天叩商弦召南吕，夏之际叩羽毛弦召黄钟，秋天叩角弦以激夹钟，冬天叩徵弦以激蕤宾，可以影响天地的变化。春天可以让草木发芽，夏天可以让草木繁盛，秋天可以让雨水充沛，冬天可以让冰雪消散。《史记·乐书》记录过著名乐师师旷弹奏清角时风雨变幻的故事。在古人的生活经验中，艺术领域中音乐可以求雨，画画也有类似功能。传说画神通广大的罗汉也可以求雨。这种说法应该是神话人物能呼风唤雨的一种泛化，不足为信。

二　传统节日里的水民俗

中原地带四季分明，是农耕文明的重地，长期以来在我国处于文化中心地位，特别是民风民俗方面，辐射性和影响性都比较强。以农历为基础的二十四节气其实就是中原文化中的节气。中原的传统节日也就是我国普遍认同的节日。在传统节日里面与水相关的有元宵、端午、七夕，而且这几个节日，水民俗会相互交叉，例如放河灯，人们会在元宵节放河灯祈福众生，也会在七夕放河灯，以图照亮牛郎和织女相会的路。中元节的时候放河灯是为了超度亡灵，追思亲人。

元宵节是每年的正月十五，过去称上元节。元宵节是新年第一个月圆之夜，是民间众生狂欢的日子，从十四到十六三天都非常热闹。重要标志性活动是吃元宵、跑旱船、闹花灯。人们会提前做各种各样的河灯，送到离家较近的河、湖、溪、井台等水域旁祈福。

端午节也是传统的一个重要节日，我们熟知的端午的习俗是吃粽子、赛龙舟、祭奠屈原。赛龙舟是端午节庆中的重要活动，江上、河中、湖里都可以成为举办活动的场所。水里停泊装饰齐全的龙船，船上坐着水手，每当这个时候，各种喊叫声、鼓声、哨声起伏不断，节日气氛浓郁。在中原地带，这个时候还可以插艾叶，一早跑到河里洗脸、洗脚，让水带去身上的污秽和灾难，这个风俗一直延续至今，因为河流污染而停止。

乞巧节，又名七夕节，建立在"水"和"桥"的双重意象上。"水"在人们心目中的意象和意蕴丰富多样。水利万物又可吞噬万物。因为水与生活的紧密关联，水的随物赋形，水的圭臬标准，水的审美功能深入人心。水也造成了天人相隔，交融不便。"桥"于是成了沟通人们生理和心理的纽带。"乞巧"，最早是"乞桥"，祈求人神之间能搭建桥梁，宗教色彩浓郁，祈祷天人沟通，人神相会。乞巧也就是希望神赐生活智慧和生存技巧。到了汉以后，牛郎织女七夕神话故事成为七夕的主要内容。牛郎和织女因为王母的阻隔，一年只能见一次面。见面的方式，是通过喜鹊所搭建的鹊桥。这种方式，既是跨过阻碍牛郎和织女的天河之桥，也是跨越了人神沟通之桥。天河阻隔不了智慧的传承。在七夕节，在月下穿针引线以显示技巧，女性还会把蜘蛛放在梳妆盒里，看蜘蛛结的丝多少来占卜是否有好的姻缘。这些民俗活动都是七夕固定的做法。

第三节　中原的水祭祀、水禁忌

前文我们指出，水祭祀和水禁忌都是弱者对于强者的顺从、依附和示好，期望能依靠这些水的神化力量获得安好美满。中原的水祭祀和水禁忌都比较多，梳理起来主要有以下几种：

一　水神话和上巳节

神话中家喻户晓的有关水的传说、文学想象也深远影响了水习俗。在传说中，盘古开天辟地的神话最早见于《三五历纪》，这本书是三国时期国太常卿徐整所著。第一句就是天地混沌如鸡子，盘古生其中。后来盘古醒来，用斧子开天辟地，为了使天地彻底分离垂死化身，死后化育万物。关于盘古的来历，有些歌谣给出了答案，盘古就是昆仑之水和海洋之水的结合。也就是说，盘古就是水精灵，在如鸡子的空间内生长。神话传说不断变化，后来演绎为原始部落的一些图腾信仰，认为吞食鸟卵可以生子。例如玄鸟生商的传说。《史记·殷本纪》则将其具体化："殷契，母曰简狄，有娀氏女，为帝喾次妃。三人行浴，见玄鸟堕其卵，简狄取吞之，因孕生契。"① 这些传说基本反映了从母系社会到父系社会的过渡中人们知父不知母的状态。上巳节的风俗与这些神话密切相关。

上巳节风俗中有一个特别有趣的现象，就是把鸡鸭等禽蛋煮熟了，放在河里，顺流而下，下游的人等着，取熟蛋而食之。在中原很多农村，还有生孩子后送红蛋或彩蛋的习俗。这种风俗明显是与简狄行浴吞食玄鸟之卵的典故有关。在上巳节有祓禊仪式。"祓"是祛除的意思，"禊"是洁身、修身的意思。"祓禊"意思就是用水洗涤自身，对水的力量寄予期盼，认为水有神奇的功能。而且水是男女情爱的象征，有孕育生命，化育生命之效。现在上巳节的风俗只能见于古籍之中，宋代以前，却是人人参与的习俗。上巳节风俗最早见于郑国《宋书·礼志二》引《韩诗》云："郑国之俗，三月上巳之溱洧两水之上，招魂续魄，秉兰草，祓不祥。"② 《太平御览》卷五十九引《韩诗外传》亦云："溱与洧，三月桃花水下之时，众士女执兰祓除。郑国之俗，三月上巳之日，此两水上招魂，祓除不祥也。"③ 上巳节刚开始主要是民间活动，到了汉朝从皇家贵族到一般百姓都参与了这一习俗，例如《汉书·元后传》载：平帝时，太后王政君率皇后列侯夫人"遵霸水而祓除"。④ 一代名医李时珍在他的《本草纲目》中提及流水时说到，流水又名千里水、

---

① 司马迁：《史记》，中华书局1982年版，第96页。
② （宋）范晔：《后汉书·礼仪志》，中华书局1973年版，第3110页。
③ （宋）李昉：《太平御览》卷五十九，中华书局1960年版，第284页。
④ （汉）班固：《汉书》卷九十八，中华书局1975年版，第4030页。

东流水、甘澜水，可以荡涤邪秽。新汲的井水，可以疗病利人。春天的桃花水不仅可以洗涤妇女身上的不洁，还可以帮助妇女为生育创造条件。上巳节的"祓禊"，在古医学上，其实就是一种水疗法。因而，人们进行这项活动的时候非常虔诚，希望通过"祓禊"仪式免除灾难。

二 卧冰求鲤和寿礼民俗

二十四孝里面有一则故事是卧冰求鲤。说的是孝子王祥自幼丧母，他的父亲娶了后母，刚开始的时候父亲对他还比较好，后来由于后母的一再挑唆，对王祥比较冷淡。但是王祥还是非常孝敬，他的后母冬天有病想吃鱼。王祥解开衣服躺在冰上，后来感动上苍，冰自动融化，两条鲤鱼跳了上来。他的后母也被感动，最后是大团圆结局。水族动物是海水、河水、溪水、湖水的馈赠，在各种水中生物中，鲤鱼被称为水中祥物，并被人格化和神化。王祥后母病中对鲤鱼的期盼就是美好生活愿景的期盼。所以在为中原老人做寿时，有鲤鱼祝寿的风俗。民间有七十三、八十四的说法。对于老人来说，这两个年份比较危险。在过这两个生日时，儿女一定要买活的鲤鱼。人们认为鲤鱼可以帮老人逢凶化吉。吃鲤鱼就可以免于灾难。在有些地方，炖寿鱼时，不能翻动，让鱼肉化在汤水里。老人喝鱼汤，鱼骨架放入河中，老人的灾难和疾病就会顺水而去。

三 水的生活、语言和行为禁忌

在中原地带，井神的地位比较高，因为在古代，绝大多数居民吃水，都需要井。五祀之一就是井，日常生活和节日中都不能冲撞了水神。除夕的时候，要把大缸小缸都灌满，初一到初三都不能挑井水，要让井神休息休息，还要向井神作揖跪拜。水还寓意为财，大年初一不能洗头洗澡，也不能洒水，唯恐财气被洗走，流掉。二月二的时候不能到河边或井里打水，怕影响到龙升天。也禁止盖房打夯，防止伤害到龙头或龙身。在一些地方，还有不动剪刀，不做针线活的禁忌，怕伤了龙体。

在中原地带，婴儿还有"洗三"的习俗。孩子刚出生时，并不用水洗澡，代之以用麻油擦洗身体，新生儿第三天才洗澡。洗澡的时候放桂花芯、柑橘叶、龙眼叶（象征富贵、吉祥、儿孙满堂）、三颗石子（象征脑袋坚硬）和十二文铜钱（象征财运亨通）。

在有些地方，水祭祀民俗还包括广泛运用镇水神物，镇水兽有铁牛，镇水的物品有塔、宝剑、庙宇等。这些镇水思想深入人心，以至于在城市规划中，也沿袭了镇水的习俗。例如河南开封城的形状就是"卧龙"，表达消除黄河泛滥的愿望。

第四节　中原传统水游艺

水游艺是水节庆、水禁忌、水祭祀的一种日常生活化表达，把节庆和祭祀中的仪式、程序、理念简单化、程序化、生活化、日程化，把对水的感情、期待、愿景融在一些符号中间。在中原，比较突出的游艺有花朝节和跑旱船等。

一　花崇拜与"花朝"民俗

国人爱花，赏花，以花为友，与花为伴，以花拟人，借助花抒发感情。花的生长离不开水的滋润。因为对花的喜爱，我们还有了花神信仰。关于花神的诞辰，向来说法不一，《淮南子·天文训》和《庶物异名疏》都记载，女夷，是魏夫人的弟子，善养花，即花神也。民间信仰中，也有熟悉的十二花神之说。据清代吴有如《十二花神图》：一月是梅花神柳梦梅，二月是杏花神杨玉环，三月是桃花神杨延昭，四月是蔷薇花神张丽华，五月是石榴花神钟馗，六月是荷花神西施，七月是凤仙花神石崇，八月是桂花神绿珠，九月是菊花神陶渊明，十月是芙蓉花神谢素秋，十一月是山茶花神白乐天，十二月是腊花神老令婆。[1] 在佛教故事里，禅宗鼻祖迦叶被封为花神。花神不管是男神还是女神，因为其掌握花的生长，庇护着农作物的繁盛，所以在人们的心中，其地位是举足轻重的。所以各地都建立花神庙，庆祝花神的诞生，到花神庙祈福，并举办了"花朝节"。

《诗经·郑风·溱洧》就有在水边赏花聚会的民俗记载。春秋时期郑州是在今天河南省郑州市南部新密、新郑一带。溱水、洧水是人们栖息的主要河流。两河交汇处是人们相聚的地方。《东京梦华录》也详细记录了宋代花朝节的风俗：赏花扑蝶，剪纸挂木、饮百花酒、吃百花糕、喝百花粥。

---

① 乔继堂：《细说中国节》，九州出版社 2006 年版，第 63 页。

二　大禹治水与跑旱船

大禹是人间的英明帝王，也是治水英雄。其治水方法和故事传唱千年，在《尚书》《山海经》《淮南子》《史记》等古代典籍中都有描述。《山海经》基本上是神话，其他典籍类似先古历史记载。传说远古时期，中华大地水患严重，庄稼、牲畜都被淹死，成千上万的人死于非命。尧帝召集大家商议对策，最后推举鲧治理水患。鲧用传统的修坝方法，虽然通过9年的努力，但是这里修好坝，那里又决堤，也没有把洪水制服。鲧听说天上有息壤可以自己长成堤坝，在神龟的帮助下，盗取了息壤，接着就受到了惩罚。鲧去世后，他的儿子大禹继续治水。大禹竭尽全力治理水患，与父亲不同，他采取顺势而为的态度，以"疏导"为主，使得洪水按着不同的河道疏导到江海中，最终取得成功。史书记载他一心为公，疏导了九条主要河道，八年长期在外，三过家门而不入。大禹治水有功，挽救老百姓于危难之中，备受人们的爱戴和推崇。传说大禹是在治水的时候，边治水边指导制造船只救助老百姓。后来洪水退后，这些船就留在当地，成为人们玩耍的东西。这种习俗沿袭下来，就成了跑旱船，或"花船"。在庙会等传统民俗集中的地方，我们经常会看到跑旱船或旱船舞。船用竹篾或庄稼秆扎成船架，周边边缘装饰以纸花、彩绸。表演时有坐船人和艄公。坐船人一般为女子。坐船女子以各种步伐模仿水中行舟的形态，如平稳前进、颠簸、旋转等各种形态和动作。艄公则要表演起锚、撑篙、摇桨等动作。所有动作以模仿为主，以动作模仿的相似性、复杂性和丰富性来评判演员的水平。有些跑旱船的舞蹈类表演还会加上其他鱼、虾、鳖、蟹等水族的外形。船只也从单船变为多船，演出的故事也以传统戏剧为主。

三　其他水游艺

在中原有舞龙和扎龙灯的传统，是民间游艺的主要形式。长龙由竹篾制作而成，每当有节庆之时，舞龙渲染气氛。在显示龙的威武崇高的同时，也纳入了古人舞龙求雨的习俗。端午节庆遗留下龙舟竞渡的风俗，《东京梦华录》记载了宋代皇帝在临水殿看金明池水赛龙舟的情形。金明池是东京汴梁皇家胜地。比赛的时候有各种船只，彩船、乐船、小船、画舫、小龙船等。人们为赛龙舟作了各项准备，百舸争流，盛况空前。江立中在《龙舟运动发展的三种基本形态》中指出："龙舟竞赛作为一种水上运动，经历了功利型、纪念型、竞技型三种基本形态。"龙舟竞渡于 1984 年成为我国正式水上项目。

目前在水游艺中，还有上巳节派生的一个文雅的习俗——曲水流觞。这种风俗流传于文人士大夫中间。众人围绕在弯曲的流水，诸如溪涧、小的河流旁，把一杯盛着酒的酒杯放在水流里，酒杯流到谁那里停下，谁就要把酒杯里的酒喝下，并且吟诗一首。这种习俗因为参与人的文学艺术修养的高妙，在王羲之和他的朋友那里达到登峰造极的地步。大家饮酒作诗，令人好生羡慕，王羲之还把大家的诗作记录下来，集成了天下第一行书，也就是广为后人赞誉的《兰亭集序》。不仅如此，曲水流觞还成为园林水景的经典模式之一，成为精神世界追求的至美境界。体会中国传统文化人与自然和谐统一，天人合一的至善追求。

第五节 中原水民俗的开发

中原的水民俗涉及生活的各个方面，很多还是中国其他水民俗的母体和源点。这些诞生于农耕文明，承载着人们美好愿景的民俗文化是中国优秀传统文化的重要组成部分，在人们心目中占据着重要的地位，是宝贵的文化资源。在这些民俗文化中，有些在当前还被人们知晓，例如赛龙舟，有些融合在其他文化中，例如曲水流觞在园林水景观的实现。有些就比较陌生，例如上巳节。目前，我国正处于实现中华民族伟大复兴的征程中，我国"一带一路"的文化融合的要求使我们传统文化的传承和创新面临着巨大的挑战。如何在新的时期，紧扣时代主题传承开发水民俗，成为一个极为重要的命题。

一 中原水民俗开发的策略

"一带一路"的文化交流与传承是当前最宏大的文化关系的重构，中国从被动接受走向了主动融入。文化经济战略从海陆两个层面开展。新的丝绸之路和海上丝绸之路联结了很多文化体系。中国从西域开始，重新出发，构建中华文化、突厥文化、俄罗斯文化、印度文化、伊斯兰文化多元文化带，在这样的背景下，中原水民俗开发的最根本的依据就是保持水民俗的文化多样性存在和文化共生。合理合适的开发途径的追寻还是应从中原水民俗的"生态因子位"和"文化因子"入手。在我国，已经有了一些具有民族风情的文化创新和传承的成功案例，我们可以吸纳借鉴。例如可以用 AVC 资源评价等有关理论，对中原水风俗进行分类。构建水风俗、水文化资源评价体系，并对中原水风俗的种类和资源程度进行评价分析，用定性定量的分析方法与模糊数学评价方法结合得出研究的初步结论，并论证分析；也可以利用地理信息系统软件（ArcGIS）对水民俗文化所在的生态因子进行定量分析。分析水民俗的空间布局规律，寻找影响水民俗文化传承和开发的空间布局因子；采取整体开发策略、分化优化开发策略、革新创新开发策略。

在具体整体保护策略上，可以采取"现状保护"模式和"拟态保护"模式。"现状保护"模式，就是申请某一水民俗文化遗产保护，建立水民俗文化遗产保护区。选择一个或多个具有现实保护意义的"水民俗文化生态圈"，使水民俗文化在相对完整的生态位依循规律发展。历史是不可复原的，通过这种模式可以最大程度地保护现状的整体性。这种保护模式具有示范效应，并明确水民俗的存在生态。"拟态保护"模式是一种"仿生学"式的保护理念，主要依靠水民俗文化的传承主体、生态位维度、生态位因子三部分组成一个动态的系统来实现。其关键是保证水民俗中的自然之维演变中，人文之维微观结构的整体优化。在拟态保护中，水民俗文化的生态特征和传统文化核心价值得以确立。这样我们在水民俗开发中就可以兼顾历史、现状和未来的关系。

要根据中原水民俗的文化内涵先进程度，遴选出符合社会主义核心价值观的水民俗文化，确定开发水俗文化的内容、区域，发挥水民族文化自身的融合功能和创新能力，抢先了解并捕捉到水民俗中人文维度的优势生态因子，并善于总结发现水民俗中先进文化的形成规律。根据规律，对能够传承中国传统优秀文化的水民俗进行优化开发。适时对地域的文化产业、文化旅游、文化发展、文化投资环境等内容进行优化，从而提高民俗文化的竞争能力。

中原水民俗作为传统文化的重要组成部分，我们一定要尽全力保护和开发。进行水民俗保护和开发，就是保护我们自身。传统文化是我们存在的根基，也是文化认同的基础。不过，水民俗文化的变更也是规律使然。正如斯宾格勒指出："每一种文化都各有自身的精神消亡的方式，此方式乃是出自其作为一个整体的生命之必然。"①

中原水民俗文化的开发不仅要保证多样性存在，而且要在文化建设中促进当地发展，传承文脉，塑造独具文化魅力的地域特色。适度保护策略是一种建设性的保护策略。中原水民俗的保护立足现在，面向未来。传承文化的同时，我们要创造新的文化，达到文化自觉和文化自信。通过中原水民俗的开发传承更好地推动中华文化"走出去"，把我国传统文化中"和合文化""仁爱精神""生态智慧"等汇入到人类文明的主渠道中。在水民俗的生态和文化因子中，输入生态、环保、科技、创新等词汇。青山绿水，人与自然和谐相处，是人类灵魂深处的声音。

二　中原水民俗开发的原则和方法

中原水民俗开发需要遵循的原则和方法基本可以归纳为以下几个方面。

（一）　自然景观和水风俗的融合

从以上的分析来看，中原水俗文化主要特征是原发性强，综合性突出，辐射面广。从地域来看，其文脉展现了楚文化、齐鲁文化、燕赵文化的交融。从历史分期来看，因中原历来是兵家必争之地，其文脉经历了中国文化最鼎盛的汉、唐、宋的变迁。水风俗盛行的主要城市包括开封、洛阳、新郑、郑州、信阳等地。根据中原水风俗的现状、影响和在新时期的接受程度，我们可以把丰厚的精神资源与美丽的自然环境相统一。例如，新郑的溱洧水文化，就可以实现人文与自然的很好结合。溱洧二水所经过的始祖山山清水秀，是中岳嵩山余脉，是古代有熊氏的发祥地，是黄帝活动的主要地域，有独特的地理景观和人文景观。传说黄帝在此地拜访了广成子，在广成子的指引下，前往东海之滨和北楚云梦寻得天下奇才风后和力牧。在这二人的辅佐下，打败了炎帝，使有熊国的老百姓过上了平安祥和的日子。溱洧水文化是民众安详生活的最生动阐释。综合了上巳节的祭祖，春天男女交往的原始风俗等因素。现在的开放利用，就可以建设溱洧水民俗体验园，着力追求自然与人文的契合。让清新的空气、清澈的溪流走进人们心中，通过体验古人对水的热

---

① ［德］奥斯瓦尔德·斯宾格勒：《西方的没落》（第一卷），上海三联书店2006年版，第340页。

爱来更进一步体会水的重要意义，通过水民俗中的精神内涵，感恩水的馈赠，用最真诚的心去平复奔波在匆匆洪流中的浮躁的心，回归自然，回归生活，回归本真的自我。

（二）水民俗和其他民俗结合的方式

中原水民俗内蕴深厚，很多不仅是汉民族生活的反映，也影响了其他少数民俗的生活模式和生产方式。由于中原文化的兼收并蓄，在民俗的具体内容中，我们也看到不同文化之间共存共生的痕迹。中国传统文化是儒释道三家并存的文化，文化之间相通相融，水民俗文化也是这样。同样，中原水民俗与其他民俗文化密不可分。我们在开发的时候，可以根据民众求同寻祖的心理，解决水民俗文化丰富问题。在处理具体问题时，可以采取突出水民情主题，与其他相辅相成的方式。例如，花朝节的开发。我们可以借用上巳节的水边风俗，结合中原地带洛阳牡丹、郑州月季、开封菊花的主题，开展各种各样的水民俗、水游艺活动。北宋张择端的《清明上河图》就是古代水民俗和其他民俗结合的很好例证。在那幅长画中，汴河边的清明上河是当时的民俗集会。在集会中，又加上了民间嫁娶风俗，有一个细节是花轿后面一轿夫挑着一担鱼肉，意思是娘家祝愿女儿以后的生活年年有余。在水民俗和水生活的物质载体里，我们甚至可以借鉴西方的一些水民俗，满足人们求新猎奇的心理，把水民俗资源转化为影响广泛的旅游资源，成为多样性民俗的集大成者。

（三）生态文化园的开发模式

除了综合性开发，还有选择性和单项性开发，突出水民俗主题和水文化特征，突出地域文化底蕴。在这一部分水民俗中，例如，彰显孝道的水民俗，传递"和合文化"的水民俗，拥有深厚"生态智慧"的水民俗，我们都可以建成主题生态园。在主题园以水文化为主的开发，要处理好古今关系，不能厚古薄今，也不能一味复古。应该把当前水利事业、水文化精神中的核心部分提炼出来。选择文化内涵深远，兼具趣味性、知识性、教育性的部分重点集中地展示。水民俗文化与其他的文化现象一样，其产生和发展是特定环境的产物，包含了物质层面、社会层面、精神层面三个维度，是时间和空间的共融体。在生态文化园这种开发模式中，重点是场所精神的营造，可以把有形的物质文化和无形的精神文化很好地结合起来，解决好对水民俗的全面认知问题。例如，曲水流觞、水精灵崇拜、水禁忌等。通过行为水民俗、语言水民俗、舞蹈水民俗、戏剧水民俗等各种各样的载体让民众参与、了解和认同水民俗的先进文化理念。

　　水不仅是生命起源，而且是精神的家园。中原水民俗的开发利用要运用科学的生态思维，重启自然和人文之间的紧密沟通的重要形式。我们在进行现状开发、拟态开发、优化开发、革新开发的同时可以修复自然与人文之间的裂痕，重塑中原水民俗的文化属性。中原水民俗的开发利用可以让水文化在中原地带各地市建设中发挥其最大功能，可以在水民俗中进一步了解水的生命意义和文化价值，从而增强民众的生态意识，形成保护自然、敬畏生命、关注内心、重视多元、和谐共生的新的生态观念。使中原水民俗文化所在的大系统——中华文化更加开放、丰富、充盈和富有力量。

第十一章 中原水文化资源之"风水文化"的开发利用

　　何谓风水文化？当代文化学者王玉德的定义是："风水文化是古代沿袭至今的一种文化现象，是人与自然的吉凶关系和择吉避凶的术数；是一种广泛流传的民俗，一种人与环境与建筑的学问。"[①] 这个定义在文化学、地理学等领域有一定影响，曾被著名杂志《中国国家地理》多次引用。王玉德认为，对风水文化，我们要取其精华、弃其糟粕。风水文化中"天人合一、万物一体、人地不二"的思想，是中华民族对世界文化的有益贡献。重视风水文化，在深层次上讲就是要重视人与自然的关系，人与自然要和谐相处，在浅层次上讲就是要达到"一团旺气"。从某种程度上说，风水文化与建设和谐社会的道理是相通的。他曾以武汉为例来说明这一观点。他认为武汉的风水特点是"居中、藏风、得水、多元、当时"。在他看来，武汉风水文化最具包容性，吴楚文化的东西融合，中原文化的南北影响，造就了武汉风水"居中"的特色。他特别举了武汉大学的古建筑为例，当年领导建设武大建筑的是著名地质学家李四光，李四光是科学家，但是他的建筑思想却暗合了风水方面的原理：因地制宜、坐北朝南，并且建筑富于自然美、曲线美、对称美，充分体现了风水文化的精髓。

　　在风水文化研究中，一个不容回避的问题，就是风水到底是不是迷信。在1988年出版的《辞海》当中，对风水定义为："旧中国的一种迷信，认为住宅基地或坟地周围的风向、水流等形势，能招致住者或丧者一家的福祸，也指相宅、相墓之法。"[②] 目前，《辞海》仍在修编进行

[①] 王玉德：《试论中华风水文化》，《华中师范大学学报》（哲学社会科学版）1993年第2期。

[②] 夏征农主编：《辞海》，上海辞书出版社1988年版，第240页。

中，相信修编后会有新的解释。风水在几千年的发展过程中的确掺杂了许多神秘的成分，加上风水包含不少用现代科学不能解释的未知成分，导致为数不少的人并不真正懂得风水知识，甚或形成"风水就是迷信"的错误观念。

好在随着风水学研究的深入，人们开始认识到风水是中国传统文化的重要组成部分。风水是先民对于自然界存在的联系进行了超自然主义的"深加工"，所以其中既有合理的成分也有荒谬的内容。因此，我们既不能有意无意地夸大风水的功能和作用，对风水盲目崇拜，也不能对风水简单粗暴地一概否定，将其彻底打入冷宫。

值得一提的是，现代风水学已经成了一门涵盖多门学科的综合学科，其研究广度扩展到了科学层面、技术层面、文化层面、民俗层面等多维层面，其研究深度也推进到了天文、地理、建筑、气象、环境学、哲学等多个学科。所以，我们不需要臆猜，现代风水学研究肯定还会有新的发现、新的突破，相信还会有更多的成果一一呈现于当今社会。

作为中华文明的发源地，中原地区拥有悠久的人类发展历史以及丰富多彩的文化，风水文化是其中的重要组成部分，其中蕴含了丰富的人水和谐共处的思想。所谓"智者乐水，仁者乐山"（《论语·雍也篇》），"上善若水，水利万物而不争"（《道德经·八章》）。人们历来追寻与水相伴的美好时光。水，滋润万物，孕育生机。从风水的角度来说，"背山面水"的地方是建城和选住宅的风水宝地；从安全的角度来说，有护城河的存在，总是会让居民倍感安全。因此，古人在建设城镇、修造住宅、选择陵寝的时候，都倾向于河流清澈、山环水抱的地方，也就是风水中常说的"得水为上"。

中原风水文化和水联系密切，使得它也蕴含着丰富而多样的水文化内容。风水文化，说到底就是有关人与水资源等自然环境相互关系的文化。随着时代的进步，人与环境的关系日益受到广泛的关注。研究风水文化，强化中原风水文化资源的整理、保护与利用，对于弘扬传统文化，保护生态环境，移风易俗，具有十分紧迫的意义。

第一节　中原风水文化资源的渊源与积淀

谈到风水文化不得不提到风水的定义。

关于"风水"的定义，上文提到《辞海》中曾给过解释。但是现在对于风水的说法不一。何晓昕认为：风水是指"一种术数和技巧"，是用来"指导人们如何确定阳宅和阴宅的位置、朝向、布局、营建等一系列的主张与方法，唯此方能获得好运"①。作为专有名词，"风水"这两个字合称最早见于晋代郭璞的《葬书》中。书中解释到"葬者，乘生气也。经曰：气乘风则散，界水则止。古人聚之使不散，行之使有止，故谓之风水"。不过这句话中的"风水"，是专指为死者选择埋葬场所时使用的技术。

对于中原地区来说，这里的风水文化则更早可以追溯到远古时代。

在1987年，考古人员在距今6500多年前的黄帝时期的濮阳西水坡考古遗址当中发现了四组用蚌壳摆贴而成的龙虎图案。其中一组摆放在墓主人身边。墓主人为一名壮年男性，身体呈南北向仰卧，在其身旁两侧，各被人以蚌壳堆砌成"青龙"与"白虎"图案，分别在东西两边摆设着，东边为青龙，西边为白虎。青龙身长1.78米，白虎身长1.39米。这和传统风水理论中"左青龙，右白虎，前朱雀，后玄武"的地理布局已经非常接近。这是到目前为止中国境内发现最早的"青龙白虎风水"。说明中原风水文化很可能在这个时候已经具有一定的雏形。

河图、洛书是风水文化的理论基础，同样也是河洛文化的滥觞。关于龙马负《图》出于河、玄龟背《书》出于洛的神话传说最早出现在春秋时期的文献当中。管仲称："昔人之受命者，龙鬼假，河出图，洛出书，地出乘黄。"（《管子·小匡》）《易传·系辞》称："河出图，洛出书，圣人则之。"不管这一传说有多少种说法，这一传说的起源是在中原地区无疑。水润万物，上善若水，水利万物而不争，有山水的地方，总是人杰地灵，而河图洛书相传便是自水中而得，自诞生之日便与水结下情缘。

---

① 何晓昕：《风水探源》，东南大学出版社1990年版，第6页。

风水文化的另一个理论基础——《周易》也和中原地区有着密切的联系。相传，周文王被商纣王囚禁在羑里（位于安阳汤阴县北 2 公里）作《周易》。《周易》中的乾、坤、震、巽、坎、离、艮、兑八卦，乾为天，坤为地，震为雷，巽为风，坎为木，离为火，艮为山，兑为泽。这里以兵势象风、坎升象水，风和水均是指自然界的风与水而言。

到了东汉时期，长居京城洛阳的班固在《白虎通义》中提到"左青龙（木）、右白虎（金）、前朱雀（火）、后玄武（水）、中央后土（土）"①。三国时期，魏国人管辂被奉为风水宗师。管辂的《管氏地理指蒙》不失为一本权威性的风水经典。该书的内容包罗万象，可以说是一部风水理论的综合性书籍。书中对山水的审理和考察十分重要，称之为寻龙。

到了宋代，中原风水文化达到鼎盛时期。上至帝王，下及百姓都对风水坚信不疑。例如艮岳是东京城内东北部的万岁山。据说在哲宗元符三年（1100 年），茅山道士刘混康向哲宗进言："东京东北隅也，叶堪舆，倘形势加以少高，当有多男之祥。"后来即位的宋徽宗更是相信道士之言。据《艮岳记》记载："徽宗登极之初，皇嗣未广，有方士言：'京城东北隅，地协堪舆，但形势稍下，倘少增高之，则皇嗣繁衍矣。'"②宋徽宗很快便修建了艮岳。因为它在宫城的东北面，属于八卦的艮方，所以得名叫艮岳。艮岳非常具有风水意象。万岁山为玄武，万松岭以及向南延伸的山地形成了白虎，萧森亭一直到极目亭的地势构成青龙，南部的寿山为案山，大方沼和雁池为朱雀。在风水思想指导下，使得艮岳增添了水的韵味。

宋代皇帝笃信风水的另一个体现便是建于巩义的北宋皇陵了。墓葬全部是按五音姓利风水说而建，采用了贯鱼葬的昭穆葬制。因为当时国姓"赵"属角音，按照推算，其吉方当在东南，凶方在西北。风水理论中有"吉方要山高水来"的说法，因此北宋皇陵是"东南地穹，西北地重"，选择在东南高西北低平的地方。都城汴梁附近没有这样的地势，只得在距离都城 200 公里外的巩义南部设陵。选择巩义也是因为这

----

① （汉）班固撰、王云五主编：《万有文库第二集七百种白虎通义》，商务印书馆 1937 年版，第 123 页。

② （宋）张淏撰、（明）文震亨编：《艮岳记》，中华书局 1985 年版，第 1 页。

里位于嵩山之北、黄河之南，山之北、水之南为阴，此地乃山川交融、自然天成的阴宅，且南有"嵩山如卧"，似一条清瘦卧龙踞于朝案，北有黄河天险，可谓"头枕黄河，足蹬嵩岳"，山水秀丽、土质优良、水位低，是"山高水来"的吉祥之地。

《葬经》曰："风水之法，得水为上，藏风次之。"[①] 风水理论中对于水有独特的解释，即水飞走即生气散，水融注则内齐聚，水深处民多富，水浅出民多贫，水聚处民多稠，水散处民多离。

水在古代风水学中亦占有重要地位。在《易经》中的六十四卦中直接与水有关的有 15 个卦象，占了很大比例。而阴阳五行理论的产生和水就有密不可分的关系。《尚书·洪范》："我闻在昔，鲧堙洪水，汩陈其五行。帝乃震怒，不畀其洪范玖畴，彝伦攸斁。鲧则殛死，禹乃嗣兴。"[②] 就是用鲧和禹正反两方面例子来总结五行规律。在五行学说当中，水元素代表北方，代表冬季，具有滋润向下的特性。因为古人认为黄河中游、关中一带为地中，地中以北，气候寒冷，黑土肥沃，因而以水配冬季、北方、黑色。

归纳来看，古代风水理论是把水分成了真水和虚水，把江河湖海等物质存在的水作为真水，把以建筑标的物为参照，连续带有方向性的路径作为虚水。阴阳五行中，水又分为阴水和阳水。江河湖海的水是阳水，土壤、树木、血液等被动植物储藏起来的水是阴水。阳水可克火，扑灭火焰；阴水却能滋润万物。相生相克理论中，金生水，是因为金气温润流泽，金靠水生。水生木，是因为水温润使树木生长。水克火，是因为水可以把火熄灭。土克水，是因为土能防水。

风水学认为，龙为气脉，砂为肢脉，穴为心脉，水为血脉，水起着输送、界定生气的作用。"气随水而比，故送脉必有水"，"气行则水随，而水止则气止"（《发微论》），水与气完全是一种表里关系。山水相伴而行，两山之中必有水，两水之中必有山，观水是确定龙脉中是否有生气止聚的重要方法，特别是在地形复杂的丘陵和无山岭可寻的平原地区，水的重要性甚至超过了山，吉地不可无水，"未看山，先看水，有山无水休寻地，有水无山亦可裁"。观水首先要究其源，"龙控其祖，

---

① （清）吴元音注、（晋）郭璞：《葬经·笺注》，中华书局 1991 年版，第 14 页。
② 姜建设注说：《尚书》，河南大学出版社 2008 年版，第 186 页。

水溯其源",要求水流源远流长,四季不竭,风水以水流出口归类各水宗系:"北以河汾为宗,东以江海为宗,西以川洛为宗,南以闽浙为宗。"①水的源头越远,宗系越正,则生气越纯、越贵。山泉为上,井水次之,最后为地面水。若井水与远处山泉相通,则更加为妙。最妙的是地下泉脉使江河与来龙祖山顶上的大湖深潭(风水称天池水)一气贯通,正所谓八卦所称的"山泽通气",这样的水源,从用水角度看,当然是上佳之选。风水理想的山泉为嘉泉、酸泉,嘉泉,"其味甘,其色莹,其气香,四时莹沏,阳宅有此嘉泉,居民饮之富贵长寿,一方多庆";酸泉,"味甘如酸,饮之令人寿"。而味淡、色浑、气腥的冷浆水(又名泥水泉)、黄泉、涌泉,因泥沙杂质或泡沫含混较多,而为凶,特别是冷浆水,"阳宅饮之,非但此方无有富贵,仍主瘟疫,久而绝灭"。(《人子须知》)有向地下渗漏的没泉、漏泉因不能聚水,主凶;而温度过冷或过热的山泉,如冷泉、龙揪泉和汤泉(温泉)也主不吉。大旱之年,亦有活水从远方来。其次要观其势。水势是对一个较大的范围而言,从水体类型分:海水以潮高水白为吉;江水,其势浩荡,弯抱屈曲为吉;湖水,万顷平镜,广阔深聚为吉;溪水,屈曲环绕,聚注深缓为吉;池塘,天然为贵,人工次之;泉水,味甘、色莹、气香、四时不涸为佳。从来水的格局上分:以朝水局最吉,聚水局、枕水局次之,横水局又次,顺水局最次。最后要察其形。

风水对水形要求十分严格,因为"溢于地外而有迹者为水,行于地中而无形者为气","水气相逐犹影之随行也",外在水的形态反映了内在气的运行状况,所以"欲知地气之趋东趋西,观水之或来或去可以得其概也,故观气机之运必观之水"②。水形以弯曲环抱穴场,盘桓欲留,恋恋不舍为吉,忌反跳、倾泻、直去无收。《地理正宗》认为,水有四喜:一喜环弯,二喜归聚,三喜明净,四喜平和。还要观水量。穴场与水量相宜为美,水量的大小与穴场生气容量关系密切,一般以水深、水宽、量大为吉。这里面也能找到很多科学解释,像风水中认为:弯曲的河流是以河曲之内为吉地,河曲外侧为凶地。这是古人通过长期实践所得出的经验总结,与现代河流地貌关于河曲的变化规律一致,证

---

① (三国)管辂撰:《管氏地理指蒙》,齐鲁书社 2015 年版,第 180 页。
② 石午编:《术数全书》(下册),中州古籍出版社 1994 年版,第 11 页。

明了其中的合理性。

除了观水，古代风水家甚至认为，地脉之善恶可以通过品尝水味来作出判断。要从水的色、香、味、声、温度等多个方面加以判别。尝水之前，要选择口感最敏感的时候，凝神静气，闭目尝之。通常平川品尝井水，山地品尝涧水。水味以香为贵，酸苦则不吉。例如《博山篇》中提到："寻龙认气，认气尝水其色碧，其味甘，其气香主上贵。其色白，其味清，其气温，主中贵。其色淡、其味辛、其气烈，冷主下贵。若苦涩，若发馒，不足论。"从水的色、温来看，风水一般喜清忌浊，冬宜温夏宜冷。对水声的评价，风水以水声细微，发出叮叮咚咚有韵律的水声为美，以奔流激射的惊响之声为凶，切忌呜呜咽咽的悲泣之声。风水认为，水声响，则水流急，会激散生气，所以为凶。

实际上，风水文化中蕴含着很大成分的人与水和谐相处的内容。例如风水理论中认为"吉地不可无水"，"未看山，先看水，有山无水休寻地"，将水比作龙，称为"水龙"。风水理论中经常提到的"流水屈曲，环抱有情"指的便是城市、民居的选址标准。这些人居住地区多要选择在河流弯曲内侧，这种聚居处称之为金城。同时横向水流要有环抱之势，流去之水要盘桓欲留，汇聚之水要清净悠扬为吉。以现代科学来解释，这种地方三面环水，同时河床稳定，生活便利，还不容易发生水患。相反，如果水有直冲斜撇，峻急急湍，反跳轻跳之势为不吉。

风水理论中还有一个相地的重要内容——水口。水口其实就是某地水流进或流出的地方。"入山寻水口，登穴看明堂"，风水家在进山寻地时，要先看水从何处来，又到何处去。一般讲，水来之处谓之天门，若水来而看不见源流谓之天门开，天门开则财源茂盛。水去之处谓之地户，不见水去谓之地户闭，户闭则财用之不竭。按照风水的说法，人不可贸然填塞池塘湖泊，因为这样会伤到地脉，影响风水。这也算是一种保护生态环境的内容。

第二节　中原城镇风水文化资源的挖掘与整理

风水对传统建筑产生了深厚的影响，不论是乡村还是城镇，均有风水的烙印。

对于城镇来说，风水在城镇的建设中起着重要的指导作用，由此形成了丰富的城镇风水文化。古代的城镇选址、规划布局受风水思想影响很大，《管子·乘马》中提到"凡立国都，非于大山之下，必于广川之上，高毋近阜而水用足，下毋近水而沟防省"①。可见对城市选址而言，水是一个前提条件，而且是一个非常重要的要素，甚至超过了山。风水学中认为水是山的血脉，代表着财富，所谓"山之血脉乃为水，山之骨肉皮毛即石土草木，皆血脉贯通也"。因此，择水在风水学中占有重要地位。充足的水源是城镇选址最重要的必备条件之一，城镇发展一刻也离不开水，城市的历史文化也与水息息相关。

河、湖、泉等构成了城市的主要水源，城市从来就与水共枯荣。从城市发展规模来看，人口的多少是判定城市规模和繁荣程度的重要指标，某个地方能否形成城市，能形成多大规模的城市，关键在于这个地方的人口承载能力，而水资源的拥有量则是其人口承载能力的决定性因素。

一般来说，沿江河而建的城市的发展速度快，繁荣程度高。纵观世界发展史，不难发现，城市的兴衰与水资源的变化有着极为密切的关系，世界上几乎没有一座城市和文明的发源地不是依靠附近的水资源发展起来的。四大文明古国均是依靠各自的"母亲河"才创造出如此辉煌的文化。长安、洛阳、汴梁等古都的繁荣正是得益于大运河的开通。相反，曾经活跃在历史上的楼兰古城在繁盛时期城市面积达 10 万平方米，人口"万四千一百"，但就是因为塔里木河改道，高山冰雪退缩和罗布泊的变迁，水资源的枯竭而消亡。

城镇之水既是自然的，也是人工的；既是物质的，也是精神的。水对于城镇生态系统至关重要，制约着城镇经济、社会的发展规模和发展速度，水体的污染直接影响城镇的水质和水量，人类是生活在为水所支配着的自然体系中，并由此生存下来，同时得到了心灵慰藉。对于此，中原地区尤其如此。

在远古时代，中原地区处在洪水滔天状态中，那个时候先民们筑城的一个主要原因便是为了防洪。据《通鉴纲目》记载："帝尧六十有一

---

① （唐）房玄龄注、（明）刘绩补注、刘晓艺校点：《管子》，上海古籍出版社 2015 年版，第 22 页。

载，洪水。""帝尧求能平治洪水者，四岳举鲧，帝乃封鲧为崇伯，使治之。鲧乃大兴徒役，作九仞之称，九年迄无成功。"

关于这一点，从一些遗址当中便可以看出。例如淮阳县城东南的平粮台古城遗址，距今 4500 年以前，与传说的尧舜时代相近。淮阳一带本身就是处在豫东平原地势较高的冈地上，现今平粮台古城址整体高出附近地面 3—5 米。现存的城墙上宽 8—10 米，下宽 13 米，残高 3 米多，并修建在坚硬的褐色土基上，能起到防渗作用。在城外还有宽敞的护城河。在古城内东南部还发现了一座高台建筑，这种高台建筑具有多种功用，其中之一便是防洪避水。此外，在南城门的路土下发现有一条长约 5 米多的陶制排水管道，而且是北端稍高于南端，宜于向城外排水。可以看出，平粮台古城是很好的城市防洪工程，即便是在 1938 年花园口决口之时也没有殃及平粮台。

稍晚的偃师商西亳城遗址也是建在洛河北岸稍稍隆起的高地上，城中的商代宫殿更是高出平地约 0.8 厘米。除了沿洛河的城墙较厚，以满足抵御洪水之需外，还在东二城门的路土下，发现了构思巧妙的石木结构排水沟，沟宽 2 米，全长 800 米，底用石板铺砌，自西向东呈鱼鳞状，与水流方向一致。由西而东横贯商城的尸乡沟，宽 30—60 米，深 5.5 米以上，向东与城南的大水池相连。尸乡沟与大水池以及城内排水沟构成偃师商城的城市水系。

随着风水理论以及古人技术的发展，中原地区城市与水的关系发生了重大转变，从原先的以避水、防水为主变为了依水、傍水，增加了更多人水和谐的理念。

洛阳向称十三朝古都，作为都城的历史长达 1500 多年，它被称为"神都"。这里备受青睐的原因之一便是环绕洛阳城外的伊洛诸水。在周代，周公旦正是为了营建洛邑，才造就了"风水"文化的滥觞。《尚书》记载周公摄政的第五年，以占卜的形式相洛邑。"予惟乙卯朝至于洛师，我卜朔黎水，我乃卜涧水东、瀍水西，惟洛食，我又卜瀍水东，亦惟洛食。"

在汉代，人们认为，洛阳为"龙兴之地"，"举九州之势"，集王者之气，因而古人语出惊人："得中原者得天下。"所以从西周一直到五代，历经千年，有十三朝皇帝将其作为都城首选，主要是其风水形胜所决定的。对于洛阳风水之妙，古人认为："前直伊胭，后据邙山，左渎右涧，洛水贯其中，以象河汉，此紫微垣局也。"①

其中，汉魏洛阳城建在邙山以南、洛水以北，正处在伊洛盆地内，面水环山，地势险要。借助水陆交通便利，这座城得以繁荣一时，历经东汉、曹魏、西晋北魏四朝333年作为都城。为了抵御洪水威胁，汉魏洛阳城在建造过程中有意与洛水相隔一段距离，例如北魏时，城南面的宣阳门距离洛水还有4里距离。在城外又修建了外郭城以抵御洪水。在城以西数里处修建了千金堨以调节从谷水引来的水供应城内所需，千金堨所形成的水库南面有瀍水故道并连通洛水，被用作水库溢洪道的尾渠，以备洪水的宣泄，使洛阳城免受洪水之灾。千金渠到城西北角与金谷水汇流后进入护城河，绕城四面后在城东的建春门汇合为阳渠东流而去。护城河又分三条渠道自西向东流入城内，形成了一个水系网络，而城内的天渊池、九龙池、翟泉等湖池与城外鸿池陂将相呼应，使得汉魏洛阳城的水系通畅，可蓄可泄。时人还在湖池附近进行溉田灌圃、水产养殖，造园绿化以及水上娱乐活动，既改善了城市环境也进一步提高了人水和谐生活水平。

相比而言，隋唐洛阳城有所不同。它在修建中采用了洛水贯城的选址和布局，因而有了"洛水贯都有河汉之象"的说法。同时把谷水、伊水也引入城内，并在沿岸修建了黄道、天津、垦津等桥梁，从洛水中分出瀍、通济、南运等水道，加强了人水和谐的程度。也是由于当时由自然水系与人工水系组成整套洛阳水系，带来了极大优势，使当时洛阳城是"北通涿郡之渔商，南达江都之转运"。但也是由于采用了洛水贯城规划，加大了城内水系的排洪难度，导致其洪涝不断。安史之乱之后，由于被切断了以洛阳为中心的大运河，运河淤塞，使其丧失了水运中心的地位，原先得天独厚的风水条件也被毁了大半。

曹魏时期的邺城也是颇具风水区位。邺城，今位于河北临漳县漳水之滨，属古之中原地区范围之内。这里分布着清河、滏水、洹水、漳水与淇水，均发源于太行山，自西向东、从南向北流经整个平原，使该地区河网密布，环绕邺城而过，汇入漳水，经滹沱河流入渤海。邺城西为太行山滏口陉，自北向南绵延千里，其东为平原地区，地势较低，黄河自南而东流过，南有黄河黎阳津、淇水，北临漳河、溢阳河，中有洹

---

① （明）徐善继、徐善述著：《地理人子须知》，华龄出版社2006年版，第22页。

水,《战国策·魏策》称其为"左孟门而右漳滏,前带河而后被山","山雄险,原隰平旷"。先后有曹魏、后赵、冉魏、前燕、东魏、北齐等朝代在此建都。据《水经注·洹水注》记载,曹魏时的邺城是南、东、北三面环水,西倚太行之"金城垣局"。

从微观上看邺城位于北部漳水弓内的吉地,玄武、青龙、白虎的组合构成了弓的形状,其他三面平原上的河流则构成了朱雀。从宏观上看,北部的漳水为玄武,西面的太行山为白虎,东面的利漕渠到白沟为青龙,南面的洹水、淇水、清水为朱雀。邺城北城是"东西七里,南北五里"。五、七是仅次于九的阳数,这也表明了当时曹操的野心。邺城一共有七座城门。北属水,为玄武,因而北城有厩门和广德门,取阴数。南面属火,为朱雀,因而建凤阳、永阳、广阳三门,取阳数之意。东面属木,主生发,代表春天,因而建有建春门。西面属金,色尚白,因而建有金明门,也称白门。位于邺城西北部的铜雀、金虎、冰井三台处在乾中之乾,是邺城的标志性建筑。其中,冰井台在北部,属水。金虎台后来改名叫金凤台,因其在南部取南朱雀之意。铜雀台在曹魏时期是引漳水入邺城的必经之路,这条引水渠被称为长明沟,比拟为银河,寓意水从天门来。据《彰德府志》引《邺中记》载,东魏远相"高欢以北城窄隘,令璞射高隆之更筑此城,掘得神龟大蹄方丈,具堵谍之状,城以龟象焉,因漳水近城,起长堤为防,又凿渠引漳水周流城郭"。取象于龟行或龟形,都使城具有了龟能浮于水的能力,有利于城市的稳固。

北宋东京城是在后周都城基础上扩建而成的。早在隋代由于开凿了通济渠,城又坐落在通济渠上游,水陆所凑,因而到了唐代就已经发展成为一座繁华的商业都市。到了宋代,东京城更是水运交通枢纽,有多条运河流经这里,使之成为当时全国运河网的中心。城内水系由三重城壕、四条穿城河道、各街巷沟渠以及城内外湖池组成。其中,穿城河道有汴、蔡、五丈、金水四河。这四条河以汴河最为重要,担负着最主要的运输任务,同时也是最重要的排洪河道。汴河在城内外的河道两边均筑有堤防,堤防上常年种树,既加固堤防又增加了绿化面积。濠池加上四条河道使得东京城的河道密度达到了 1.55 公里/平方公里。城内外另有凝祥、金明、琼林、玉津四个大池沼。在城内四条御路两旁都修了水沟,在"宣和间尽植莲荷,近岸植桃,李,梨,杏,杂花相间,春夏之间，望之如绣"。既起到了排水功效，又起到了绿化效果。

从风水上讲，北宋定都开封是基于"择天下之中而立国"的传统。在选址上，东京城的风水外局一反长安、洛阳的背山面水、左右围护的仿星学垣局，而是利用平洋风水理论，开挖、疏浚河道，营造围合态势。从大的地貌单元看，东京城北以黄河为玄武，其他三面是汴河、五丈河、蔡河、金水河围绕并流经城内，增加了城内的生气。东京城内的三重护城河，金水河又叫天源河，象征着天上银河。汴河和蔡河的出水口都处在八卦的巽位，是吉位排水的方向。巽为风，巽为入，水口在巽位象征了宋王朝文化昌盛。为了弥补水道围护的不足，宋人还在东京城修建了皇城、内城和外城三重城墙。这些河道和城墙构成了东京城坚固的垣局。周邦彦在《汴都赋》中称东京城是"天河群神之阙，紫微太一之宫，拟法象于穹昊"。张知甫把皇城称为"斗城"。东京城外城的性状近似菱形，"状如卧牛"，外城北偏东大约 8 度，保利门是牛头，宣化门是牛脖子。风水上叫眠牛形，因黄河常常泛滥，故将城形筑为状如卧牛。从五行相克角度看，牛属土，土克水，起到了克制水患、确保城市平安的心理作用。

当然，除了这些城市之外，中原地区的其他城市也与水结下了不解之缘，并长期保持着良好的人水和谐关系，在水的孕育中得以繁荣发展。例如郑州位于中原腹地。黄河从邙山冲出，进入平原地区，从而形成一个冲积扇平原，郑州便建立在这片巨大的冲积扇上。黄河从上游带下的肥沃泥土沉积在这里，为这里原始文明的发展提供了良好的自然环境，经过长期发展，终于孕育了我国灿烂的古代文化。郑州西邻荥阳，在唐代开元年间，王维途经荥阳，写下了"泛舟入荥泽，兹邑乃雄藩。河曲间闾阖，川中烟火繁。因人见风俗，入境闻方言。秋野田畴盛，朝光市井喧。渔商波上客，鸡犬岸旁村。前路白云外，孤帆安可论"的诗句[1]，充分反映出河湖两岸的繁荣景象。

另一座因水而生的城市——周口，又名周家口，拥有沙颍河、涡河、西肥河、汝河四大扇形水系。在早年这里仅是一个小集市。明永乐年间，由于开发了淮河、颍河、贾鲁河的漕运，沙河南岸子午街出现了原始的贸易市场。但由于永宁集与子午集为沙颍河所阻隔，商旅不通，

---

[1] 林静编著：《古代怀乡诗词三百首》，中国国际广播出版社 2014 年版，第 158 页。

物资交流不便，始有一周姓船户冲子午街北口辟一渡口，始称周家口。到了明万历年间，随着贾鲁河疏通，周家口成为连接南北的商品集散地，到清顺治年间，由于市场扩大，又先后开辟多处渡口。于是，沙河两岸形成了东西长达 3 余华里的繁荣景象。在乾隆年间，周家口镇的发展达到顶峰，共有渡口 16 个，常住居民数万人，流动人口更是多达数十万人。但到了 1843 年，黄河在中牟决口，使贾鲁河淤积，周家口由此开始走向萧条。

第三节 中原民间风水文化资源的挖掘与整理

风水是中国自古遗留至现今的独特产物，自产生之后便逐步在百姓的日常生产、生活中渗透，成为民俗文化中的组成部分。而这种乡土文化又反过来丰富了风水的迷信和神秘色彩。民间有一种说法叫"念书不中，不是地理就是郎中"。这些在考场上失意的文人利用风水之术来摄取民心，控制社会。但风水文化之所以在民间兴盛，其中一个重要原因也是人们对于美好自然环境的一种向往，一种回归本初的情愫。单单从文化的角度看，中华民族能屹立于世界优秀文化之林，是仰赖于其辉煌灿烂的民族传统文化。而保持这种传统文化不衰的奥秘之一，无疑与风水有极其密切的关系。民间的风水文化中所体现的水的载体，包含了庄园、村落、园林、庙宇、宅院等方面。

康百万庄园位于河南巩义，始建于明末清初，由于它背依邙山，面临洛水，因而有"金龟探水"之美称。康百万庄园采用了"天人合一，师法自然"的选址原则。它北依邙山，南临洛水，取金龟探水之势，居高临下，独占鳌头，与自然相融合。庄园内的院落是按理气飞吉星于各宅，绌凶星恶气于闲空之所，把风水之妙运用得淋漓尽致。

项城王明口镇的袁寨是袁世凯的出生地。这里西北靠项城，北临沙颍河，是块风水宝地。袁寨平面布局规整方正，依据阴阳八卦而建，整体按中、东、西三轴线布局。更具独特性的是袁寨四周建有寨墙和三道护城河。在寨内西北方位有一座占地 20 亩的花园，花园里有鱼池、拱桥、竹林等景观，更有一条人工小河绕园而过，充分体现了主人对自然山水的向往。

对于乡村来说，风水理论从以下几个方面奠定了乡村的基本格局和形貌。一是村落均是采用"背山环水"或"三山一水绕"的格局。二是大多数村落皆有一个貌似"入口"的水口序列。同时，村中建筑又常与"水口"结合布置，类似于村落的门户。三是村周形成独特的绿化带。

尤其是"水口"，古代村落环境尤为重视水口的形势。"凡一乡一村，必有一源水，水去处若有高峰大山，交牙关锁，重叠周密，不见水去……其中必有大贵之地"（《地学简明》）。总之"水口之山，欲高而大，拱而塞，此皆言形势之妙也"（《地学简明》）。

在风水学说中，平原或少山之地的村落则以水为龙脉。"山地属阴，平洋属阳；高起为阴，平坦为阳。……山地贵坐实朝空，平洋要坐空朝满；山地以山为主，穴后宜高；平洋以水作主，穴后宜低"（《地理五诀》）。所以，平洋之地，只要四面水绕归流一处，形成龙脉，导致生气凝聚。正如《水龙经》所言："水积如山脉之住，水流如山脉之动。水流动则气脉分，水环流则气脉凝聚。大河类干龙之形，小河乃支龙之体。后有河兜，荣华之宅；前逢池沼，富贵之家。左右环抱有情，堆金积玉。"[1] 这里显然是把水当作龙脉来看待的。任何以水为环带的村落，只要水绕归流一处，即是该村的龙脉所在，也是该村生气的来源。

这种风水理论中所提倡的人水和谐思想在寺庙中也有体现。所谓"天下名山僧占多"，寺庙所在之处，多伴有鬼斧神工的自然景观。而其中更多的是一种寺庙建筑与山水相依的关系，以此达到与自然环境相协调的效果。如登封少林寺就是位于登封县城西北13公里的少室山阴、五乳峰下。其东为太室山的西麓，其北有古今交通要道辕辕关。寺南之少室峭壁宛如一座壮丽的翠屏，展现在古刹面前。因为此寺建于少室山麓的丛林茂密之处，故名"少林"。在少林寺山门前有一条少溪河（又称少室溪）。河谷布满了嶙峋巨石，奇形怪状，各具风采。

风水在古代园林的构建中也起到十分重要的作用，讲求的是山水相配，其外在表现就是山环水抱。在中原地区有一处园林景观独具代表性，这就是辉县的百泉。

---

① （晋）郭景纯著、李峰注解：《水龙经》，海南出版社2003年版，第58页。

　　百泉是目前中原地区规模最为庞大的古园林，它位于河南省辉县西北方约 2 公里，它背靠太行山支脉苏门山南麓，西北面均毗邻太行山，东南面属于华北平原，所处地位为山地地形和平原地形的过渡地带，从而使其地形具有了一种富有自身特点的状态。这种独特的状态就体现在其地理位置地形完美，山水相映、地阔坦途、泉灵草旺，是一块风水宝地。整个园林主体规模格局主要由百泉湖和苏门山两个主要景观区域构成，目前的总面积为 70.5 万平方米，其中湖体面积为 6.3 万平方米。从西周至民国时期，一共营造有 93 处名胜古迹，其中也包括了 200 多间古建筑，并且遗留下 350 余通各个历史时期所镌刻的碑碣石刻。湖中碧水清波、鱼虾荇藻充盈，沿湖经历代沿修的亭台楼阁环绕四周，园区绿树环抱，青草依依。园林山水相依，如一幅画卷，所以被大众亲切地誉为"北国小西湖""中州颐和园"。

　　此外，民宅在选址建设中亦很重视风水中水的重要性。相阳宅，民间也称"看风水"。看风水时要请"风水先生"，以"阴阳""八卦"确定宅基的方位、地势、坐向、院型、地气、靠山。以有"地气""靠山"和近水倚路、靠坡向阳者为吉；以面对山丘、豁口、河沟、道路等"向口"者为凶。百姓认为这种"向口"是正对"山剑""水剑""路剑"，这是不吉利的。如不得已，一定要在房宅建好后千方百计加以"破"之。如面对路剑（道路）或山剑（豁口）者，要在宅院门的适当位置，埋设"泰山石敢当"的石牌或木桩。据说这样便可破除路剑、水剑等向口不好而形成的"灾邪"。

　　对于一些房屋构建也有风水上的讲究。如三门峡一带还要行浇梁礼，即主家和亲友用水依次浇在大梁上，据说"水能克火"，这样便可以免火避灾。

　　房顶也是各有特色，洛阳一带常把大瓦覆盖在房檐处以避雨水，称作"二缩水房"。汝南县一带除房顶缘边盖瓦外，还要将草房的山墙上部也附以瓦，称作"瓦瓮"。此房因其前后出格，墙体又不高，故亦称"罗汉房"。房顶缘边是民家为减轻雨水冲刷、延长草房寿命的举措。

　　水道是民间宅院排水的通道。一般在院门下一侧挖一暗道，俗称"水道眼"。在安阳林州市一带，从院内流出的水要求必须流过大门的前面，民间认为"圈门水可以护财发家"。

　　影壁是河南民宅常见的设置，多位于宅院大门之内。位于大门外者，一般是富商官宦之家的大型宅院。从风水上讲，影壁为阴阳五行的产物。旧时院落讲究坐向，以坐北朝南或坐南朝北的正向为佳。但南为火方，北为水方，水火不容，故树以木屏风为障。这样水能生木，木能生火，五行相生，宅院自然也就吉祥如意了。久而久之，便以墙代之。

　　民间对于阴宅风水也很重视。中原地区的墓穴非常讲究"向口"，即墓坑、墓室的方向。向口有"正向""子午向"和"倒向"之分。顺地势、水流方向而设者为"正向"；正南、正北而设者为"子午向"，反之则为"倒向"。头枕高山、脚蹬流水之"向口"最让人满意，认为其"地脉畅通，福气聚拢"。坟墓场地的选择设置，古代就很讲究，民间有"唐代岗，宋代岭，明代是在洼地滚"的传说。到了近代，墓地选择，山区、丘陵地带以山脚向阳、避风防潮为佳；平原地区则多设于平稳干燥之高地，但都讲究"临水靠山"者好。例如在宋代，民间墓葬也受北宋皇陵影响。据对河南禹县白沙镇宋墓的考古发掘，亦可见其概貌。白沙镇宋墓位于白沙镇北的一片谷地之中，其父母山为嵩山，源自秦岭山脉向东延长最远的一支熊耳山，东面是逍遥岭，南面则是矗立在黑龙潭北的悬崖，颍水自西北蜿蜒注入白沙谷地，遇逍遥岭折而东行，于悬崖前再转向东南，流出谷口。这完全符合宋时王洙等所撰之《地理新书》对地形吉地的要求："后有走马岗，前有饮马塘，冈阜形势，小顿大起，延连百里不断，为上吉。"①

第四节　中原民间风水文化资源的评价与开发建议

　　"水者何也，万物之本质也，诸生之宗室也，美恶、贤不肖、愚俊之所产也"②。水作为生命之源，本性柔弱，能方能圆，顺乎自然，而不强求，正所谓"上善若水"。

　　中原地区历史悠久，厚重的文化积淀，自然生成了丰富多彩的历史

---

　　① （北宋）王洙等编撰：《地理新书校理》，湘潭大学出版社2012年版，第65页。
　　② （唐）房玄龄注、（明）刘绩补注、刘晓艺校点：《管子》，上海古籍出版社2015年版，第258页。

文化，这其中，风水文化也是重要组成部分。在这中间，由于人类对待水的态度天生有着"水的精神"，这种精神演变成一种对水的爱，人们追求与水相傍、相依的生活，并在逐渐发展的风水文化中得到充分展现。由上文分析可以看出，在风水文化中，水对于城镇、村落、园林、寺庙、民居的作用是全方位的。对于城市来说，多数城市依水而生、因水而兴，从城市的选址，到城市的形成发展，再到城市的繁荣衰败，这些都和水有着密切的联系，随着在历史长河中的积淀，风水文化已经成为城市文化的一部分，更影响着现今城市的发展。对于村落，受风水文化的影响，其在选址、布局中必须要有好水相依。园林、寺庙、民居同样是因为人的亲水感而在选址、布局以及相关风俗中充分体现出来。这些由亲水感而形成的风水文化，是当今我们为了追求人水和谐环境而需要去挖掘和继承的。但是，风水作为一种自古代形成并发展的传统文化，其中所包含的一些成分也是我们需要抛弃的，诸如阴宅风水等充满迷信色彩的内容，我们需要用客观的眼光给予公正评价。

现如今，我们依然需要保存天然的水面与河流，并让其流经城市、乡村，让水系把其像网一样罩起来。水边活动是城市、乡村生活的重要组成部分，人对水表现出的亲水感是人的一种天性，需要通过加强与水的亲和方式来提升人们的精神生活水平。在这方面，风水文化也起着不可低估的作用。但就目前形势看，对于"风水文化"资源中追求人水和谐相处内容的开发利用力度仍然严重不足。为此，本书提出一些建议：第一，在深入挖掘这些优秀内容之前，要对现有的优秀"风水文化"资源进行保护，尤其是对不可再生的文化遗产的保护力度要加强；第二，要建立起一支多学科交叉研究队伍，从地理学、气象学、社会学、民俗学、历史学、哲学、建筑学、美学等多维层面对"风水文化"资源进行充分的发掘分析，用批判的态度来解释相关问题；第三，要将这些优秀文化与城市、乡村、民居的规划、建设充分结合，创造出满足人水和谐的宜居环境，真正使人的亲水感得以释放。

第十二章　中原水文化资源数据库建设路径

中原地区有着丰富的水文化资源，为了合理开发和利用中原水文化资源，必须运用现代的科技手段对其进行整合处理，其中建设中原水文化资源数据库就是一项切实可行的工作。为此，我们必须对中原水文化资源数据库建设的指导思想、基本要求、主要特色以及它应包含的重要数据进行探讨。

第一节　中原水文化资源数据库建设的指导思想

建设中原水文化资源数据库不能盲目进行，必须根据我们的实际需要，弄清楚建设这一数据库的指导思想和基本目标，并围绕这一目标，努力使得该数据库建设一直保持明确的方向。

一　聚焦人水和谐

水是生命之源，没有水就没有人类的一切。人生活在世界上，无时无刻离不开水，可以说水是人类赖以生存的保障。以此为出发点，无论是立足于人类的生存发展，还是立足于自然的生态完善，人与作为自然生态最核心因素的水都应该是和谐相融的。马克思早就指出："人靠自然界生活。这就是说，自然界是人为了不致死亡而必须与之不断交往的、人的身体。所谓人的肉体生活和精神生活与自然界相联系，也就等于说自然界同自身相联系，因为人是自然界的一部分。"①

人水和谐是中原传统水文化的核心追求与永恒主题，前面多次提到的大禹治水就是一例。在大禹之前的治黄实践中，由于没有真正处理好

---

① 《马克思恩格斯全集》第 42 卷，人民出版社 1986 年版，第 95 页。

人与水的和谐关系，只是盲目地与洪水闹对立，因而导致治水活动的失败。大禹不同，他是在顺应黄河自然规律的前提下，充分尊重自然水势，因势利导，借势而作，真正达到了人与水的和睦共处。也就是说，大禹在治理黄河洪水的过程中，不是一味地采取与洪水硬性对抗的方法，而是在顺应自然的前提下，以疏导为主。如《孟子·离娄下》里曾说："禹之行水也，行其所无事也。"他没有一意孤行地用"堵"的方法与大自然进行对抗，而是审时度势，以"疏"和"导"为主，使得洪水有路可走。所谓"行其所无事"，就是说没有耗费太多的人力与自然争雄，而是借势而走，顺势而为。《孟子·滕文公》中称大禹"疏九河，瀹济，漯而注诸海，决汝、汉，排淮、泗而注之江"，把看似波涛汹涌的洪水合情合理地导入大江大海之中。大禹治水中所表现出的这种对待大自然的人水和谐态度，是与中原治水实践中广大治水人的苦苦求索分不开的，可以说是广大中原治水人在长期的生存实践中思索、凝练而出的。大禹正是总结了前人的经验教训，改堵、湮、障为疏、导、引，顺势而为，为而不争，才取得了治水的巨大成功。事实证明，人水和谐是中原水文化历史传统中最为核心的理念，是贯穿中原水文化理论和实践的一根红线，建设中原水文化资源数据库必须彰显这一理念，突出这一红线。

二 突出民生主题

建设中原水文化资源数据库最终是为研究、开发和利用中原水文化资源服务的，而开发和利用中原水文化资源又是为惠及民生服务的。所以，我们必须紧紧围绕省委省政府重大决策部署、经济社会发展重大需求、人民群众重大关切来制定和实施建设中原水文化资源数据库基本方案。近年来，本着为人民服务的宗旨，我国各级政府持续加大水利工程建设力度，在政策制定和决策部署上给予高度重视。例如地处中原腹地的河南省采取切实有效措施持续恢复和改善有效灌溉面积，在各类水利工程建设上不断加大投入，特别是重点抓好关系民生的各种水利枢纽工程，防洪、防涝、防旱工程，广大农村地区的饮水安全工程等，并进一步完善和提升政府决策部门的水利支持系统。

三 丰富文化资源

建设中原水文化资源数据库不仅具有惠及民生的现实意义，还有非常重要的科学意义，既能丰富中原文化数据，也能丰富水文化数据。中原水文化资源是整个中原文化甚至是中华文化的核心构成部分。中原文明发端和发展于黄河中下游地区，在漫长的历史行程中，人们通过敬水、亲水、治水、利水等一系列活动，不断表达着自己的文化诉求，并由此而形成了各种各样错综复杂的文化观念。近年来，人们对中原水文化的研究不断得到加强，但就文化而文化的理论性研究较多，而对中原水文化资源的梳理摸底和开发利用还远远不够，建设中原水文化资源数据库更是没有引起人们足够的关注，这在一定程度上制约了中原文化研究的发展。因此，无论从中原文化资源研究与应用，抑或从中华水文化的资源研究与应用的角度来讲，建设中原水文化资源数据库都具有重要的科学意义和社会意义。

四　服务文化产业

文化产业在我国方兴未艾，水文化产业的建设也是刚刚起步，而水文化产业的健康发展不仅需要理论上的论证和引导，更需要准确、严谨和丰富的水文化数据支撑，这些数据不仅包括政策层面的行业规范和要求方面的数据以及各种技术数据，还应包括有关水文化的原生态资源，以及对这些原生态资源进行收集、归类和整理的数字资源等。建设完整的中原水文化资源数据库，可以为水文化研发、水文化的应用推广和产业化开发提供数据资料等。

第二节　中原水文化资源数据库建设的
基本要求

中原水文化资源异常丰富，我们到底如何来整合？如何在中原水文化资源数据库中最大限度地挖掘出其丰富的内涵，并让其在开发利用时发挥其积极作用？为此，我们应提出建设该数据库的基本要求。

一　真实性和丰富性相统一

任何数据的收集整理，都应首先辨其真伪，保证得到的数据真实可信，可以说真实性是数据库建设的核心标准，中原水文化资源数据库建设也不例外。所谓数据的真实性，包括数据本身的真实性与数据获取途径和获取手段的可靠性两个方面。数据本身的真实性是指数据库中所罗列数据的事实性和原生性，包括数据是"确有其事"的，而不是虚拟、主观想象的，而且是准确的，不模棱两可等。数据获取途径和获取手段的可靠性是指数据获取过程要科学、合理、严谨、合乎逻辑，而不能是随意的、没有科学依据的。由于自古以来的水文化资源相当丰富，包含着各种不同的层面、种类和表现形式，所以建设中原水文化资源数据库，在保证数据真实的同时，还要兼顾中原水文化资源丰富多彩的内容，尽量容纳不同层面、不同种类、不同形式的中原水文化资源。

二 历史性与当代性相统一

中原水文化资源不仅丰富多彩，而且源远流长，有着悠久的历史积淀。因此，中原水文化资源数据库建设必须直面历史悠久的中原水文化传统。众所周知，中原文化是以大河文明和河洛文明为核心和基点的区域文化，从这种文化的孕育和发展上看，带有明显的水域文明和水域文化特色。因此，我们建设中原水文化资源数据库必须最大限度地吸收历史上丰富的中原水文化资源，彰显中原水文化资源的厚重历史与深厚内涵。与此同时，我们所建立的中原水文化资源数据库毕竟是直面当下、服务当下的，为此，我们更应该吸收当下中原水文化资源的各种实践成果和理论成果，把历史的丰厚积淀与当下的最新成果融会贯通，也就是做到历史性与当代性相统一，借古为今，推陈出新。

三 资料性与应用性相统一

建设一个完备且科学实用的水文化资源数据库，必须使该数据库有很强的实证性，也就是要用事实说话，用真实可靠的数据说话，避免重框架轻事实、重论证轻数据的倾向。冯友兰先生在《再论关于中国哲学史研究的几个问题》一文中指出："我们知道的历史真正面目是以充分的史料为根据。在建筑工程方面，任何大的建筑，都必须把它的基础建设在原始的岩石上。在历史科学方面，原始的岩石就是原始的史料。历史中的论断，都必须以原始史料为根据。"[①] 他还说："历史科学的调查研究工作，就是搜集资料、掌握资料和分析资料。"[②] 冯先生的这些话对我们建设中原水文化资源数据库是很有启发意义的。注重历史资料的收集和分析，也是保证数据库建设客观性的必要手段。然而，中原水文化资源数据库建设毕竟是为当下服务的，因此历史资料的收集和分析

---

① 《三松堂全集》第十二卷，河南人民出版社 1992 年版，第 289 页。
② 同上书，第 290 页。

也必须以服务当前的科学研究和各项建设事业为目的，为此，我们还应突出中原水文化资源数据库建设的应用性，在选取和分析历史资料时应直面当下的切实需要，突出重点，有所倚重。譬如当前的大型水利工程建设需要大量的数据资料，我们必须围绕这种需要去开发建设，直接服务于当前的水利建设事业。

第三节　中原水文化资源数据库建设的主要特色

中原水文化资源数据库必须以中原地区的地域性水文化为出发点，并围绕中原地区的社会经济需要来进行。为此，我们必须凸显出中原水文化资源自身的特色来，并把这种特色融入数据库建设之中。

一　彰显地域水文化资源优势

中原水文化是一种区域水文化，它以总体上的中原文化为依托，具有中原文化的一般属性和特点。毫无疑问，中原文化作为中华民族的母体文化或根性文化，具有久远性、根源性、核心性、丰富性、普世性、终极性、人文性、活态性、传承性等特点，中原文化的这些特点大都充分地体现在中原水文化资源中。因此，中原水文化资源在我国整个传统水文化资源中，其地位不仅举足轻重，而且对整个中国传统水文化都有导引和凝聚作用。由于中原地区在很长一个历史时期内都占据着中华文明的核心，所以这一地区较之其他地区有较为明显的区位优势。而整个中原文化及其所蕴含的中原文明精神，作为整个华夏文明乃至中华民族精神的核心，都与黄河流域的自然生态有着千丝万缕的联系。同时，中原文化的许多核心命题都是典型的水文化命题，如老子的"上善若水"、孔子的"智者乐水"、庄子的"望洋兴叹"、孟子的"观水有术，必观其澜"，等等。

二　以黄河文化资源为依托

黑格尔在其《历史哲学》一书中认为，巨川大江灌溉的平原流域往往"是文明的中心"，主要指"被长江大河所灌溉的流域；形成这些流域的河流，又造成了他们土地的肥沃。……这里的居民生活有所依靠的农业，获得了四季有序的帮助，农业也按着四季进行"①。中原水文化虽然有丰富多彩的内容，但黄河文化资源是其核心内容，所以建设中原水文化资源数据库，应以黄河文化资源为依托，由此展开中原水文化资源的构成框架。黄河流域是炎黄子孙最早栖息生存的地区之一，这一地区特殊的地理环境孕育了华夏大地最早的农业文明，这种农业文明催生了黄河流域灿烂的农业类水文化，这种农业类水文化所蕴含的温和持重、艰苦奋斗、勤俭节约、重德轻利、乐于助人、团结协作等精神，后来直接导引着中华民族精神的发展，引领着中华民族精神个性的发展方向。因此，黄河文化完全可以看作是中原水文化资源的核心和支柱。

三 立足中原社会经济和文化建设

建设中原水文化资源数据库是为了开发和利用这些资源，所以必须突出其应用性、针对性和时代性，必须以服务中原社会经济和文化建设为宗旨。任何一个地区的社会经济和文化建设都必须把水利事业放到重要位置上，而水利事业不仅包括水利工程的实施，同时也包括识水、治水、用水过程中的文化追求和文化蕴含，即便是水利工程本身也包含有丰富的水文化课题。中原水文化资源数据库建设在一定意义上，就是挖掘和整理中原地区各种各样的水文化资源，把它们融会贯通，形成一个相对完整的体系，并将其数字化以后，形成一个对中原社会经济和文化建设有实际利用价值和参考价值的专业数据库。

第四节　中原水文化资源数据库建设的重要数据

中原水文化资源丰富多彩，中原水文化资源数据库建设到底应该搜集哪些数据？这些丰厚的资源数据大致可分为哪些类型？下面就一些重要的数据加以说明。

一 中原水思想数据

中原水思想文化是指中原地区有关水的思想成果。中原水思想文化主要是一种精神形态的文化，它是黄河流域的先贤圣哲甚至人民大众针

---

① 黑格尔：《历史哲学》，生活·读书·新知三联书店 1956 年版，第 133 页。

对水这一自然形态而生发出的人生观、生存观、价值观和方法论的文化成果，处在中原水文化的较高层次，具有哲学色彩和人文色彩的文化层面。在漫长的中国历史中，中原地区是中国传统人文精神的萌发和荟萃之地，譬如春秋战国时期的诸子百家，如儒家、道家、法家、墨家、名家、兵家、纵横家等大都活跃于黄河中下游的河南、山东、山西、陕西等地区，这些诸子百家的代表人物往往以水为媒介提出了许多具有哲学色彩的文化命题。如孔子的"智者乐水"、老子的"上善若水"等。

二　中原水科学数据

中原地区长时期以农业为核心，在与农业文明密切相关的各个领域都弥漫着广博而创新不已的科学探索活动，并围绕社会生产与日常生活对水的切实需要而孕育了连绵不断的科技发明和创造，有很多创造发明让现代人也叹为观止。如与人们的日常生存和生活直接相关的水利科学探测活动，如大禹治水时对水位的测量和排洪方法的科学探索等。

三　中原水工程数据

中原地区自古至今有很多着眼民生的水利工程实践，包括用水工程、引水工程、治水工程等，其中古代的大禹治水工程、郑国渠工程，现代的红旗渠水利工程等，都积累了丰富的文化成果。

四　中原水文艺数据

中原地区有关水的艺术文化也可称得上光辉灿烂。古往今来，在广袤的黄土地上培育出难以尽数的著名艺术家，这些艺术家为我们奉献出形态各异的与水有关的艺术作品。青海出土的大批精美绝伦的鱼纹与蛙纹彩陶，古代黄河流域大量描写水的诗歌与散文，以及与水有关的绘画、书法、音乐、舞蹈，古代黄河中下游地区的酒文化与茶文化等，都是中原地区艺术文化的杰出代表。典型的如《诗经》中的《关雎》、白居易的诗歌《玩止水》、古代名曲《高山流水》、北宋张择端的《清明上河图》等。

五　中原水民俗数据

中原地区可以看作是中华民俗的摇篮。可以说，在很早的时候，该地区就充斥着丰富多彩的民俗活动，而这些民俗活动大多与水或黄河有关，这一点我们可以从黄河流域出土的大量民间器物如彩陶、饰品、工具等上面看得很清楚。民俗文化是以民间风俗为载体而反映出来的文化活动，是特定区域内如一个国家或一个民族中广大民众所共同创造、共同享用并被代代传承的具有普适性的大众生活文化。民俗活动起源于人类社会初始阶段群体生活的需要，最初与某一族类的生产、生活密切相关，但在民族融合的过程中，会随着民族、时代和地域的变迁而不断发展和演变，以便能够找到一种为更多民众所接受的表达形式。黄河流域与水有关的民俗包含的具体内容十分丰富，涵盖了生产劳动民俗、日常生活民俗、节日民俗、人生仪礼、游艺民俗、民间观念、民间文学等。

六　中原水文化遗产数据

中原地区人文厚重，在中原水文化的历史发展中，留下了大量的文化遗产。中原水文化遗产既包括治水、引水、用水等水利工程遗产，以及与水有关的关联性工程遗产，也包括与水有关的各种非工程遗产。而不管是工程遗产还是非工程遗产，在收集中原水文化遗产数据的同时还应建立中原水文化遗产的评价体系。

七　中原水文化载体数据

水文化载体是指承载水文化资源的各种媒介和手段。中原水文化的载体也是丰富多彩的，但总体上看，可以分为物质载体和非物质载体两大类，物质载体包括各种水文化物质遗产所承载的内容，如水运工具、治水工具、用水工具等，非物质载体包括各种非物质遗产所承载的内容，如与水有关的民间技艺、民间艺术、水事庙会、茶道工艺等。

八　中原水文化研究数据

中原水文化的专门化研究虽然刚刚起步，但历史上却积累了丰富的研究成果，特别是有关中原水文化成果的整理和研究，也取得了不少成就，我们建立中原水文化资源数据库，也必须尽可能全面地把这些成果收集起来，包括研究中原水文化的各种专著、论文、资料汇编以及电子产品等。

第十三章　智库一：中原水利工程文化资源数字图形信息大数据系统与虚拟仿真模型

第一节　以创新精神推进中原水文化开发利用与数据库建设

中原水文化开发利用与数据库建设需要创新理念、创新方法、创新技术和创新实践。

一　水文化数字图形信息大数据系统是理念上的创新

世界万物最基本、最古老、最可靠的表现手法就是图形，从象形文字开始到现在五彩缤纷的计算机图形世界，图形是最直接的反映与表达。据了解，华北水利水电大学有关研究团队在数十年的图形研究中，创造了"数字图形介质的理论方法与实践"，为自然界空间的物体和计算机空间的图形，构建了互相映象的标准，构建方法和评价体系，是工程结构领域处于"世界领先"水平的科研成果。但是将水文化的内容嵌入到数字图形信息系统形成大数据，作为文化属性并入这一理论的研究尚属首次。这个概念的流程与实现在框图中可以清楚表达。这个研究集计算机科学、计算机图形学、计算机图形库、图形拓扑学、数值计算方法、优化运筹学和虚拟仿真学的优势于一体，将工程学中的方法扩展到水文化的研究领域，必将产生重大的科技进步。

二　构建一套定量与定性相得益彰的标准、构建方法和评价体系，是水文化研究方法的创新

构建一套定量与定性相得益彰的标准、构建方法和评价体系，不仅仅适应文化属性大数据的需要，还将是水文化研究的水平向定性和定量的水平发展，数据格式归一、内容规范统一、检索分析高效，真正让水文化属性实现"数据依附图形、图形蕴藏着数据"。

三 应用虚拟现实仿真技术表现水文化属性随空间、时间、自然环境、外部条件多因素变化而产生的动态效果与逼真的场景，是水文化研究在表现手段上的创新

由于将水文化属性嵌入数字图形信息系统，使数字图形信息大数据系统增加了新的内涵。虚拟现实仿真内容上，增加了文化属性的控制因素，使得逼真的虚拟仿真世界在原有的包含的 f（x y z t v）五维空间，扩展为具有文化属性和指标因素"C""Culture"的六维空间体系 f（x y z t v c）。随着历史长轴 t 的变化，f（x y z t v c）控制的虚拟仿真世界即可再现历史场景，预见推演未来，展示出多文化元素的关联作用，各单一因素的权重影响，将风、雨、雷、电、地震、洪水、火灾、星光日月、春夏秋冬各类因素任意组合模拟，使水文化研究给予人们更多思想上的思考、心灵上的震撼、艺术上的享受。

四 可以选择"大运河的辉煌历史""黄河之水的古往今来"、脍炙人口的"大禹治水"等水文化研究成果，进行数字建模、信息融合、文化属性控制和再现这些工程的虚拟仿真模型。这将是水文化研究实践上的创新，将起到引领和示范作用，也可认为是水文化研究的示范创新样板工程

不言而喻，实现水文化及文化属性上的四个创新，具有重要意义与实际价值。这不仅在于它填补了数字图形信息中文化属性的空白，更重要的是，它有利于切实提高全社会的水生态文明建设水平以及水文化的高度自觉和自信，引导社会建立人水和谐的生产生活方式，为建设资源节约型和环境友好型社会贡献力量。结合数字图形介质理论的发展，更好地将数字图形介质理论、方法应用到中原乃至全国的水文化建设当中，一则可以填补国内外利用现代化技术手段深层表现水文化内涵在该领域的技术空白；二则能够不断丰富完善可持续发展治水思路和民生水利的文化内涵；三则有助于提升水工程与水环境的文化内涵和品位，积极引导全社会建立人水和谐的生产生活方式；四则有助于加强水利遗产的数字建设和保护；五则有助于加强水文化的教育、传播。总之，将数字图形信息技术更好地服务于我国水文化的建设发展需要，意义特殊而多样。

第二节 中原水利工程文化资源数字图形信息大数据系统与虚拟仿真模型的主要研究内容

水利工程尤其是大型复杂水利工程项目作为国家经济建设的支柱性产业越来越受到重视和发展。水利工程结构耦合了地质岩体和水工建筑物两大部分，呈现日益复杂和庞大的局面，结构基础理论研究聚集在宏观细观微观、多层次和变尺度的研究，分析方法上着眼于非线性、大变形、多因素的耦合，结构分析中的力学参数和本构模型已从静态转化为随结构状态、时间状态而变异的动态模式，新的数值方法向连续介质、离散介质或兼而有之的方向发展，随之而来的各种程序软件开发也呈现雨后春笋的态势。

一 水利工程文化数字图形信息大数据体系的成套构建技术研究

在引入和发展 GML、CIS/2 和 IFC 三个 ISO 国际标准的基础上，提出了"数据附着于图形，图形蕴含数据"的方法及图形五维空间的概念和方法，将复杂机构工程中的各个构件和部位实体图形的可视特征与非图形属性融为一体，置于图形之中，使图形本身包括了空间坐标（x y z）、时间坐标（t）、非几何信息（v）的五维 7 空间信息，使工程图成为反映工程结构实时动态和关联信息的载体，具有唯一标识的各个图形元素也与庞大的工程数据库双向动态关联，这种新型的数字图形信息工程体系原创性地提出了 AutoCAD 图形独特的数据存储关联技术和数据交换格式，为当前日益发展的三维设计平台提供了具有重要意义的关键技术。

GML、CIS/2 和 IFC 是 ISO 体系下的钢结构数据标准和工业基础分类标准，在发达国家得到了广泛应用，本团队将这两个标准引入移植于我国，并发展了相应的标准叙述格式，通过 360 个 Schema 的定义，对工程中涉及的计算模型、分析模型、制作模型都进行了统一的描述，对多模型的定义、属性、分类、延续、遗传、关联等内容都做了严格规定与表述，不仅使同一工程的不同部门、不同专业、在不同时段内的工程信息具有统一的表达方式，也为不同工程之间的信息交换与比较提供了有章可循的共享平台，这种完善、科学的逻辑模式和 CAD 研究成果（Cis2CAD）填补了国内空白，处于国际领先水平。

二　利用数字图形介质的概念和方法进行水利工程文化信息的构造创建

将水文化作为模型的属性信息附着在工程信息模型内，在计算机空间构建了自然界块体的 BIM 模型，并以数字信息图形作为载体，利用图形的几何信息和关联链构建块体的数值线框网络或流形覆盖；在此基础上引入数值线框网络奇异点消冗除噪技术，形成数字模型和数值模型的完全耦合体；将工程可视化仿真中常用的各种形式的表面模型进行重构，形成基于图形介质的多种数值模型网格的统一生成方法。在数字图形介质方法提供的强有力的数据存储和分析能力基础上，扩展了数值模型和数字模型的耦合，依据数字模型自动生成数值模型，避开了第三方软件的介入，减少了数据导入导出造成的信息损失。

（1）在三维模型的创建中，采用复杂结构图形的截面关键点模型、关键点连线的图形骨骼网架模型的概念和存储方法，骨骼网架将图形结构简单化，用直线包络线控制结构的形状与延伸的位置，将复杂的拓扑计算变为直线与平面的交点计算，通过图形实现块体之间的拓扑运算以及块体的检索与分类。并且用数字化、参数化方式进行语言描述，物体的其他属性也一并存入图形元素之间，将数字图形作为一种具有几何属性和物理属性的载体，同时以自然界的物理方程来控制图形体的动作和相应的变化。它具备完善的定义、构造和表达方式、数据存储方法，因而是行之有效的模拟真实自然状态的全新方法手段。

（2）提出的水文化数字图形信息体系构建大数据库，开拓了水文化领域的应用创新。开发开放式通用水文化图形数据库，为水文化建设提供了通用的图形数据库等。将风、雨（雪）、雷、电等自然影响因素纳入模型库中，其中风、雨（雪）的方向、大小、持续时间等都可以进行人为的调整和控制，通过变换这些因素来观察对工程的影响。

第十四章　智库二：河南高校建设黄河水文化数据库的构想

　　水文化是指人们通过与水密不可分的生产、生活活动所创造的以水为载体的各种物质、精神、制度与行为的总和。不仅包括人类在逐步认识自然水的过程中形成的知识总结、借水为喻的种种哲理、与水接触所遗存的历史轨迹、与水接触所传播的生活习俗与信仰、与水相关的美学表现，而且还包括人类在控制、调节、治导、开发、管理和保护水的过程中，创造出来的具有水利特点的水利文化①。"地域文化"是指在一定空间范围内特定人群的行为模式和思维模式的总和。不同地域内人们的行为模式和思维模式的不同，导致了地域文化的差异性②。从地域上讲，黄河区域形成的水文化即为"黄河水文化"。

　　黄河水文化，其实质就是人与黄河关系的文化，主要包括两方面：一是物质形态的黄河水文化，指在黄河治理开发与管理中一切经过人们的加工、体现人们思想的东西；二是非物质形态的黄河水文化，指黄河治理开发与管理中形成的思想意识、价值观念、精神成果等③。从大禹治水疏浚九河，到明朝潘季驯束水攻沙，再到近代李仪祉提出的黄河上中下游全面治理的方略，作为中华文明的黄河水文化，从古至今得到了不断的丰富和发展。位于黄河之滨的华北水利水电大学图书馆，具有地域、资源和高校平台的优势，应主动承担起将黄河水文化发扬光大的重任，积极进行黄河水文化数据库的建设研究。

---

　　① 毛春梅：《新时期水文化的内涵及其与水利文化的关系》，《水利经济》2011 年第 4 期。

　　② 张凤琦：《"地域文化"概念及其研究路径探析》，《浙江社会科学》2008 年第 4 期。

　　③ 李国英：《大力传承发展和弘扬黄河水文化，为推动黄河治理开发与管理事业提供先进文化支撑——在首届黄河水文化论坛上的讲话》，《治黄科技信息》2010 年第 6 期。

第一节　高校图书馆构建黄河
水文化数据库的意义

黄河水文化数据库在高校图书馆数据库集群中属于特色数据库。特色数据库是指充分反映一个图书馆在同行中具有文献和数据资源特色的信息总汇，是一种具有本馆特色的可供共享的文献信息资源库。高校图书馆在构建黄河水文化特色数据库时应强调特色意识，充分发挥自身优势，促进学科建设、创新服务体系、实现资源共享。其建库的意义在于：

（一）开发和优化馆藏信息资源，促进学科建设与发展

高校图书馆通过特色数据库的建设可以使馆藏中分散零乱的文献资源得以系统化、有序化的整理和深层次加工，将传统文献资源转变为数字化资源，再通过网络进行传播和使用。以华北水利水电大学为例，为了更好地整合和研究水文化，提升办学特色，2010年学校成立了水文化研究中心，2014年该中心获批河南省高校社科重点研究基地和培育基地。水文化研究中心整合了校内的黄河文化研究所、中原科技文化研究中心、水法与水行政研究所等研究机构，聘请校外哲学、经济学、政治学、法学、文学等人文社会学科的专家，使中心学缘结构合理，研究方向设置科学，初步形成了以教授、中青年博士为主体的学术梯队。构建黄河水文化特色数据库有助于全校师生关注黄河、认识黄河、研究黄河、治理开发黄河，让黄河生命更加健康，更好地为中华民族造福，也为学生毕业后投身于黄河的治理与建设事业起到激励效应。因此，借助学校对黄河水文化研究的纵深发展，图书馆构建黄河水文化特色数据库，为教学和科研提供丰富、系统、可观的参考资料，乃是当务之急。

（二）服务地方经济建设，创新服务体系

高校图书馆除了为教学和科研服务之外，还承担着保存特定区域的历史传统文化，为地方经济、科技、文化等领域的发展和建设提供准确快捷服务的社会职能。目前，高校与地方的联系与合作越来越密切，并在学科建设与科研项目上呈现出鲜明的地域特色，为地方的经济建设与发展提供了理论依据。华北水利水电大学图书馆黄河水文化数据库的建

设不仅是黄河区域文化发展轨迹的见证，更能揭示生于斯长于斯的人们科技进步的智慧结晶。通过建设黄河水文化特色数据库，能吸引更多有需求的读者来利用图书馆的信息资源，拓展图书馆的服务空间；进一步理解读者的信息需求，提高服务水平；为读者提供黄河水文化方面的专业情报检索技术，增加检索点，提高检索效率和查全查准率，使传统意义上的读者服务更加深化和全面。

（三）实现资源共享，促进对外交流与合作

高校图书馆通过搜集、整理、传播地方特色文化，建立和完善具有自身学科专业特色的数据库来参与共建共享体系，能极大地促进图书馆的对外交流与合作。从学校办学定位、优势学科特色以及地方经济文化特点等方面着手，华北水利水电大学黄河水文化数据库的建设，丰富了地方文献馆藏体系，促进了图书馆内外的学术交流和文献资源共享，提升了图书馆的形象，增强了高校图书馆作为地方信息资源交流中心的核心作用。

第二节　河南高校图书馆建设黄河水文化数据库的优势

一　地域优势

黄河流经河南省的三门峡、济源、洛阳、焦作、郑州、新乡、开封、濮阳 8 市、28 个县（市），河道长 711 公里，流域面积 3.62 万平方公里，占全省总面积的 21.7%。黄河与河南经济社会的发展息息相关，是黄河成就了历史上河南长期作为全国政治、经济、文化中心的地位。但"兴也黄河，败也黄河"，黄河因其"善淤、善决、善徙"，尤为复杂和难治。历朝历代都将黄河的治理视为安邦治国的大事，我国历史上著名的水利专家，也绝大多数都与黄河的治理开发有关。据统计，自公元前 602 年到 1938 年的 2540 年中，黄河下游决口 1593 次，其中河南占 2/3，大改道 26 次，有 20 次在河南。开封这座历史文化名城的兴盛衰败以及"城摞城"的独特现象，就最直接地反映了黄河与河南的密切关系。

华北水利水电大学位于河南省会郑州市，作为地方高校，深受黄河地域文化的熏陶和浸染，同时也吸收了黄河地域所赋予的独特文化内涵。在黄河地域进行的黄河水文化特色数据库的建设不仅能反映黄河水文化的历史与现状，更能探寻黄河水文化的发展规律，体现其特色和个性。华北水利水电大学水文化研究中心的成立就充分利用了高校自身的地域优势和发展空间，旨在保护水文化遗产，弘扬先进水文化。

二　资源优势

水是生命之源，河流孕育了人类文明。中原文明的孕育成长和繁荣发展，更是离不开黄河。黄河哺育下的先民，不断从泱泱大河中获取灵感，演绎文化神奇。以"河图洛书"为起源的河洛文化不仅是中原文化的核心，也是黄河传统文化的精华和主流。黄河流域的广大人民在数千年治理黄河的历史中，以自己的聪明才智和辛勤劳动创造出了辉煌的传统黄河水文化。而黄河水文化作为中华文化的重要组成部分，是民族精神的象征，更是推进黄河治理开发与管理事业的智力源泉和精神动力。经过数千年累积下来了大量的黄河传统水文化遗产以及有关黄河治理开发与管理的人水关系、治河理念、制度建设等思想意识和精神成果，这些物质和非物质形态的黄河水文化资源是我们建设黄河水文化数据库的基础，也是优势所在。

人民治理黄河 60 多年以来，伴随着经济的快速发展和社会的不断进步，黄河水文化建设也取得了重大进展和显著成效。华北水利水电大学图书馆黄河水文化特色数据库的建设旨在系统收集、整理、加工、传播有关黄河水文化的特色文献资源，依靠学校的科研力量和人才优势，逐渐将学校图书馆建设成为黄河水文化的特色资源保障中心。在重点为学校水文化研究中心服务的同时，也为从事相关研究的专家们提供有效的特色文献信息服务，从而也为学校图书馆的生存和发展奠定稳固的基石。

三　高校平台优势

高校图书馆在充分利用资源优势、专业优势和人才优势的基础上，可以积极与各院系合作，深入了解师生们在黄河水文化方面的科研需求，主动为他们提供前沿发展动态、有价值的学术论文及成果报告。特别是可以通过对各院系课题立项及进展情况的调研，以建设黄河水文化特色数据库为契机，嵌入教学和科研中开展知识服务。通过华北水利水电大学图书馆所建立的学科馆员制度，可以深入校内有关黄河水文化方面的教学和科研活动，有针对性地向师生们提供系统化、个性化、动态化的服务。

第三节　黄河水文化数据库的建设构想

一　黄河水文化数据库的采集原则

特色数据库建设的基础工作就是对特色数据资源的采集，以及对采集到的多类型、多载体的原始信息资源进行分析和筛选处理。特色数据资源在采集过程中不仅要保证数据质量，尽量做到专业、全面、有特色，而且要确保数据的系统性、完整性和权威性。因此，在采集时需要确定合理的数据来源、数据类型、数据采集标准和采集时间。

黄河水文化数据库在采集数据时应遵循以下几个原则：数据来源要广，除了充分利用本馆资源之外，还可以通过共建共享等方式从其他渠道获得相关资源；数据类型要全，可涵盖图书、期刊、会议论文、学位论文、专利、图像、音频、视频、网络信息等多种类型的文献；数据采集标准要专，收录的数据与黄河水文化数据库的选题定位一致，避免因追求数量而造成冗余和繁杂信息；数据采集时间要宽，文献信息的收录时间越早越好，收录范围越全越好，时效性也是衡量特色数据库水平的一个重要指标①。

二　黄河水文化数据库的数据来源

根据采集原则，黄河水文化特色数据库的数据可来源于以下几点：第一，最大限度地挖掘本馆馆藏以及院系资料室中与黄河水文化相关的文献资源，尤其是学术及研究价值高、有权威性、特色性强的历史文献和古籍等，并将其数字化。这些文献现存数量较少，具有数据准确可靠、无知识产权问题等优点，因此可以作为建库的主要数据来源之一被充分挖掘利用。第二，筛选本馆已购买的电子资源，将其中的相关内容进行下载、加工、分类、重组，并充实到黄河水文化特色数据库中。第三，进行必要的外部调查，采用共建共享的方式从其他单位获取资源，即从黄河流域内各高校图书馆、档案馆、博物馆、科研院所乃至行业协

---

① 胡守敏：《高校图书馆特色数据库建设研究与实现》，华中师范大学，2012年。

会等部门收集和整理与黄河水文化有关的信息资源，保证文献信息的收全率。第四，全面收录本校师生与黄河水文化相关的教学和科研成果。广大师生既是信息资源的利用者，同时也是信息资源的生产者和提供者，我们可以将他们在教学和科研中产生的研究成果作为黄河水文化特色数据库建设的重要内容之一进行收录。第五，重视黄河水文化非正式出版物的收集，如学位论文、专家学者的课堂演讲、学术报告录像以及来源于网络的信息资源等，凡是有重要参考价值的信息都应重点收录，以保证黄河水文化数据库建设的完整性和独特性。

三 黄河水文化数据库的分类结构

数据采集完成之后就需要对这些原始信息资源进行整理和分类，使各种信息从隐性到显性、从重复到精练、从分散到集中，以满足读者对信息资源的直接利用。在数据的加工分类过程中，尤其需要注意的是标准化问题，存储媒体、格式、转换程序、文档等均应遵循统一的标准。黄河水文化数据库的结构可按内容、形式、用途的不同来分类，在总库下还可以设若干子库来细分。例如按内容可分为：黄河治水文化、黄河祭水文化、黄河水景观、黄河水政水法、黄河风水民俗、黄河文化遗产、黄河文学艺术等；按形式可分为：黄河水文化全文数据库、黄河水文化音频数据库、黄河水文化视频数据库、黄河水文化图片数据库等；按用途可分为：黄河水文化教育、黄河水文化研究、黄河水文化传播等。此外，数据库还可按题名、历史年代、学科、主题、关键词等进行细分，以便读者能快速便捷地找到自己所需的数据。

四 黄河水文化数据库的建设平台及建库形式

可靠的建设平台是黄河水文化特色资源可持续发展的根本保证。为了便于用户的统一检索，节省检索时间，提高检索效率，平台建设需要不断更新与完善，以增强数字资源开发与建设的系统性、规范性和实用性。黄河水文化数据库的建设可以采用华北水利水电大学图书馆已有的自建数据库平台，天宇分布式全文信息检索系统，以实现远程联机全文检索和信息报送。天宇全文信息检索系统能自动地按照预先设定的条件从 CGRS 全文数据库中提取新闻和所需的信息，并使用户可以通过浏览器浏览这些信息；用户也可以在选中的某一个数据库中上传数据。天宇信息管理系统操作界面比较友好，功能全面，查询速度快，系统运行稳定，管理简单方便，基本能够满足建设黄河水文化特色数据库的需要。

　　黄河水文化数据库的建库形式可以多种多样，主要有导航型数据库，包括书目数据库、题录数据库、文摘数据库等；全文型数据库，包括全文文字数据库、图片数据库、多媒体数据库等。书目数据库可以根据文献时代分为古籍文献书目数据库和现代文献书目数据库；题录数据库主要收录期刊、报纸等的题录信息；文摘数据库是以单篇文献为单位，著录一次文献的题名、作者、来源及摘要；全文数据库多是采用扫描技术对一些有价值的且又不涉及版权问题的重要文献进行全文录入，对于涉及版权的特色文献资料，在争取作者授权的基础上采用扫描技术全文录入；图片数据库、多媒体数据库是运用翻拍、扫描等技术手段将一些珍贵的图片和照片制成数字资源，以及收集黄河水文化相关视频和学术报告录像等建立起来的数据库[①]。

　　黄河水文化数据库的建设是一个长期系统的工程，除了以上所提到的，我们还需要考虑数据库的标准化和规范化、系统的可扩展性和易升级性、可靠性和稳定性、数据库的运行维护管理以及人才的配备等因素。总之，黄河水文化数据库的建设应遵循传统与现代手段并用，文献资源与数字化、网络化同步进行，纸质文献与数字资源齐抓共管，突出文献的地域性、文化的多样性、研究的定向性、形式的灵活性、标准的规范性、资源的系统性等特点，以治黄实践为载体，弘扬黄河水文化传统，创造出无愧于时代的先进黄河水文化，为黄河水文化研究、特色学科建设和振兴地方经济提供全方位高效能的信息服务。

---

① 陈曼：《我国省级公共图书馆地方特色资源数据库建设及发展研究》，云南大学，2013年。

第十五章　智库三：河南高校建设南水北调工程水文化数据库的构想

水文化的实质是一个国家或区域人民的优良传统和品德在水事活动中的体现，根本理念是创造以人为本和人与自然和谐相处的境界。历史上著名的水利工程往往成为了水文化的重要载体。作为世界上迄今为止最大的调水工程，南水北调工程横穿长江、淮河、黄河、海河四大流域，涉及十余个（省、市、区），是旨在缓解中国华北和西北地区水资源短缺的国家战略性工程。南水北调水文化具有独特的水文化优势。南水北调工程建设不仅为经济文化建设提供水资源支撑，而且为水文化的丰富和发展，提供了历史机遇和舞台。

为保护和发展水文化，2011 年底我国出台了《水文化建设规划纲要（2011—2020 年）》，提出了水文化建设的指导思想、基本原则、发展目标、建设任务和保障措施，对中国水文化进行了顶层设计，成为了当前和今后一个时期指导我国水文化建设的纲领性文件。在全面建成小康社会和全面深化改革开放的今天，中国水利人要以更强烈的文化自觉和文化自信，加快推进中国水文化建设。随着南水北调一期工程的建成通水，借助南水北调文化进一步创新发展中国水文化，具有重要的现实意义和历史价值[1]。

在中国水利发展史上，许多优秀的文化随着一项工程的结束而逐渐消亡，没能长久发展，原因就在于缺少常态化、长效化的工作机制及文化推广传播的工作力度。建设每一项水利工程和每一处水环境，既要考虑到兴利除害功能，同时也要重视文化内涵和人文色彩，要把当地人文风情、河流历史、传统文化等元素融合到水利工程设计中，提升水利工

---

① 王英：《浅析南水北调对中国水文化的创新与发展》，《科技视界》2014 年第 31 期。

程的文化内涵①。因此，南水北调东中线一期工程完工后，有必要打造具有南水北调特色的"文化地标"，建成具有丰富文化内涵的水文化载体。南水北调工程的水文化数据库就是在此基础上构想建立的，数据库内容以收集不同类型资源为主。

第一节　南水北调工程水文化数据库建设的可行性

一　南水北调工程沿线丰富的水文化资源，为水文化数据库的建设提供了资源保障

南水北调东线工程是在江苏江水北调工程的基础上扩大规模、向北延伸，从长江干流扬州江都三江营段取水，以京杭运河为输水干线，开辟运西支线，逐级提水北上。京杭大运河始凿于春秋时期，形成于隋代，发展于唐宋，取直于元代，疏通于明清，近代又经历多次修建，接力棒似地不断开掘，成就了1800公里的大运河，历经沧桑，饱受风雨。运河边的建筑，如会馆、河埠、码头、桥梁、船闸及漕运衙门等都是为在实际生产中使用而建。运河边也有很多民风民俗透露着务实之魂，如江苏淮安的运河渔民的"交船头""汛前宴""满载会"等习俗。运河生产过程中也创造了许多与生产相关的艺术，如大运河号子。这些既是在实际的运河生产中形成的，又实在地有助于生产。

南水北调东线一期工程在统一规划的景观效果下建设，体现地区特色和南水北调特征，新老工程交相辉映，极大地丰富了工程沿线的水文化。同时，淮安、宿迁、徐州等运河沿线城市，利用工程建设契机，打造运河风光带等城市综合整治工程，优化了城市环境。东线工程上的淮安市作为一座历史文化名城，它的文明和兴盛，与水有着深厚的渊源。如今这个城市以水为载体，靠发掘水文化，实现古代文明与现代经济的完美结合，正全方位打造具有水文化特色的城市发展战略。

再以山东为例，南水北调干线所经过的区域是山东极富文化内涵的地区，如运河文化、儒家文化、墨家文化、水浒文化、泰山文化、泉文

---

① 李宗新：《当前水文化建设的主要任务》，《河南水利与南水北调》2012年第9期。

化、黄河文化、齐文化等，在工程建设中，能够汲取灿烂的文化给养，打造南水北调文化品牌，不仅为后人留下一座工程丰碑，更留下一座精神丰碑，不仅是调水工程，更是文明工程，充分发挥文化建设的铸魂、塑形、凝心、聚力的作用。

南水北调中线工程从长江最大支流汉江中上游的丹江口水库引水，受水区域为河南、河北、北京、天津4个省市，沿线山山水水串联成了一条山水生态长廊。丹江口水库是亚洲最大的人工淡水湖，库区跨鄂豫两省，主要位于湖北省丹江口市和河南省南阳市淅川县。淅川县是南水北调中线水源地和渠首所在地，商圣范蠡的故里，是楚始都所在地和楚文化发祥地，是伏牛山世界地质公园的重要组成部分、国家级湿地保护区、省级风景名胜区，被国务院确定为南水北调中线生态旅游观光带的龙头，旅游资源十分丰富，水是其最大的亮点。淅川县积极参与旅游推介活动，主推南水北调中线渠首品牌，启动水文化广场、水文化博物馆等重点工程建设，发展生态休闲观光旅游，打造南水北调中线生态文化旅游产业带龙头。南水北调中线沿线结合工程景观、当地生态文化旅游资源建设生态文化旅游产业带，对带动沿线经济社会发展、促进生态环境改善、弘扬和传播中国的优秀文化、向世界展示南水北调工程建设的巨大成就具有十分重大的意义。

南水北调工程沿线具有极其丰富的水文化资源，以上只是选取一些有特色的资源内容进行介绍。

二　人才优势，科研支持

南水北调工程沿线有一批开设水利水电工程专业的高校，特别是河海大学、华北水利水电大学，以水利为特色，工科为主，为全国各行各业特别是水利战线培养出一批批优秀的毕业生。

为了更好地整合和研究水文化，提升办学特色，2010年华北水利水电大学成立水文化研究中心，下设综合办公室、水利科技考古博物馆、水文学艺术研究所、水法制思想研究所和水利社会史研究所等机构。2014年，水文化研究中心获批河南省高校社科重点研究基地培育基地。研究中心整合校内的黄河文化研究所、中原科技文化研究中心、水法与水行政研究所等研究机构，聘请校外哲学、经济学、政治学、法学、文学等人文社会学科的专家，使中心学缘结构合理，研究方向设置科学，初步形成以教授、中青年博士为主体的学术梯队。学校与水利部联合举办了全国首届水文化培训班，成立了校级水文化研究会，多次承办国内水文化学术研讨会，在《华北水利水电大学学报》（社会科学版）开办"水文化"专栏，在《华北水利水电大学校报》开设"华水论坛"等，并与学校水工程水文化虚拟仿真实验教学中心合作开展水文化的三维仿真研究，旨在全面推动水文化研究。因此南水北调工程水文化数据库可以考虑由华北水利水电大学牵头，工程沿途高校图书馆共同参与建设，实行统一管理、统一维护、资源共享。

第二节　南水北调工程水文化数据库建设的原则

南水北调工程的水文化数据库建设，将主要通过收集资料、规范加工信息、资源发布与利用三个步骤完成，围绕这些步骤，确定以下四个原则：

一　联合共建，资源共享

在建库工作中，应本着共建共享的原则，资源共享是网络化信息时代的产物，而共享的基础是共建。南水北调工程水文化数据库的建设开发是一项艰巨、复杂、细致的工作，需要大量的人力、物力、财力、时间和技术的投入。单个部门建库必然会受到人才、技术、资金及信息资源的制约，因此最好采用联合建库的方式，立足区域，以区域机构和团体为主体构建战略联盟，遵循"集中管理、分散建设、资源共享"的原则[①]。各图书馆、档案馆、博物馆、宣传部门等机构，联合协作，统筹规划，在人力、物力、财力上各尽所长，优势互补，联合共建，资源共享。南水北调工程水文化数据库建设的目的就是资源共享，让更多的人了解南水北调工程的水文化特色。资源本身通过网站的形式进行展示，数据库提供的所有信息（包括文档、图片、音频、视频等），都可供用户免费浏览、观看，不限制 IP 使用，以最大程度地提高利用率。

二　标准化、规范化

标准化、规范化是建设高质量专题数据库的重要保障，直接影响着

---

① 杜亮：《航空航天专题数据库建设研究——以沈阳航空航天大学为例》，东北师范大学，2011 年。

数据库的使用效果、存在价值和发展前景。因此，数据库建设应坚持以质量为基本原则，质量控制就要求数据库的建设做到标准化、规范化、准确化完整的统一。在数据库的数据制作加工过程中，自始至终应严格按规定执行各项标准及工作细则，以确保数据库的数据与原始数据的一致性、准确性。数据库公布的所有信息资源，均由相关领域的专家学者进行审核，并按照严格的标准进行归类、勘误，以此确保最终发布的信息质量。

三　可持续性

水文化特色数据库资源建设是一项长期的系统工程，需要投入大量的人力和物力，确保特色文献资源的及时补充、利用和可持续发展。数据库的内容不能一成不变，数据录入的完成并不意味着数据库建设的完成，其生命力在于数据库的及时更新、修正、充实和完善。一方面，要及时跟踪旧信息，发现错误要及时修正，保证信息的质量；另一方面，要建立信息更新机制，既保证数据不断更新，又能使读者获取最新的有效信息，从而保证信息的时效性，使数据库始终保持良好的态势。此外，还要安排专门人员对服务器进行定期维护，对系统和数据库进行备份，以保证数据库系统的安全性[①]，进而更好地为大众服务。

四　尊重知识产权

知识产权是人们就其智力劳动成果所依法享有的专有权利，通常是国家赋予创造者对其智力成果在一定时期内享有的专有权或独占权，我们应该尊重知识产权。水文化数据库容量较大，选用文献资料多，链接的网站也多，很容易发生侵权行为，这是所有资源数字化建设过程中遇到的最普遍的问题。

对于南水北调工程水文化数据库而言，信息来源一部分是高校现有馆藏，即具有版权的电子书刊和非版权的数据信息，另一部分文献则来自民间搜集和个人捐赠，对文献信息提供者的著作权进行保护，在遵从个人意愿的基础上决定文献的利用和传播范围。南水北调工程的水文化数据库的服务目标并不作为商业用途，建库目的不是出于盈利，而是出于对知识产权的保护，数据库类型是文摘、题录型。另外，数据库链接

① 艾小马：《论永州地方特色数据库建设——潇湘文化数据库建设》，《湖南科技学院学报》2014 年第 3 期。

到的其他网站，也会说明其来源或出处。

第三节　南水北调工程水文化数据库建设与服务面向

一　收集资料

数据是数据库的核心，收集资料是数据库建设的基础。水文化数据库的建设要求其数据收集确保完整性和权威性，所以，资料收集时需要确定合理的收集范围（包括时限范围、地域范围、文种范围等）、数据源类型、收集渠道以及数据库类型。南水北调工程水文化数据库的资料有许多是地方文献，地方文献的特点是非公开发行的文献居多且分散，收集极为不易。它分布广泛，分散于各学科文献和各种载体中，分藏于众多单位里，出现于网上，散落于民间。这种分散性给地方文献的采集带来了极大的困难，我们要借助政府、民间、网络等各种渠道收集和整理地域文化资料。通过工程项目部、各地方的宣传部、档案部门、统计部门、各地图书馆、博物馆、地方史志办公室、旅游局、网络等各种途径收集各种文献资料，包括专著、文史资料、年鉴、期刊、图册、论文、会议文献等各类资源，数据资源内容丰富，内容涉及文字、表格、图片、音频、视频以及网络资源等多种类型。

二　规范加工信息

对收集到的信息进行认真审核筛选分类，去伪存真。对纸质文献可以采用扫描仪或数码相机进行图像处理，压缩转换为数字文献。对于音频和视频要按照统一标准进行转换，声音统一转换成 MP3 格式，视频转换成 FLV 格式。对信息进行加工，提取其中的关键字，在实现对图件、文档管理的同时可以根据各种描述信息，包括题名、作者、关键词、日期等，使用户通过精确查询、模糊查询、相关查询等各种便捷的方式快速定位到符合查询条件的图件、文件资料。

三　资源发布与利用

南水北调工程水文化数据库的软件平台交由专业数据库公司进行开发，一方面数据库规模能预见、数据结构也能根据需要更改，另一方面功能能根据需要调整。当水文化数据库建设成一定规模后，就应该考虑如何将其提供给读者使用。数据库资源的发布与利用主要是通过网页和网站形式实现。因此可以利用全国文化信息资源共享工程这一平台，采取多种方式，向用户推广数据库，扩大数据库的覆盖面，提高数据库的利用率；加大对用户信息利用能力的培训，培养其利用数据库的习惯，提高数据库的利用率。南水北调工程水文化数据库要做好宣传推广工作，使数据库资源能为地方经济发展提供信息支持，以文化带动地方建设，通过信息服务社会。

水文化工程建设是一项系统工程，涉及社会学、哲学、人文学、建筑学、美学等众多领域，仅靠一两个部门是难以做好工作的，必须动员社会各界的力量，调动各方有识之士共同参与，集思广益，把水文化工程与城市建筑、交通、旅游、环保等结合起来，突出水与文化的结合、人与自然的和谐，也使水文化工程更能体现城市特色。南水北调工程水文化数据库建设的最终目的，就是通过收集各种分散的水文化特色资源，合理地归类并整合这些资源，以网络为依托，最终实现综合性的水文化特色资源数据库。在用户使用过程中，保持数据的不断更新和追加，通过一段时间的积累，形成一定规模和知名度，逐步发展成为人们了解南水北调水文化的门户，从而促进南水北调工程水文化宣传和地方经济发展。

第十六章 智库四：南水北调中线工程全生命周期管理与生态文化旅游系统的虚拟仿真平台构建

第一节 平台构建的背景、目的和意义

南水北调工程是迄今为止世界上最大的水利工程。总体规划分东线、中线和西线三条调水线路。通过三条调水线路与长江、黄河、淮河和海河四大江河的联系，构成以"四横三纵"为主体的总体布局，以利于实现我国水资源南北调配、东西互济的合理配置格局。

其中中线工程从丹江口大坝加高后扩容的汉江丹江口水库调水，经陶岔渠首闸（河南淅川县九重镇），沿豫西南唐白河流域西侧过长江流域与淮河流域的分水岭方城垭口后，经黄淮海平原西部边缘，在郑州以西孤柏嘴处穿过黄河，继续沿京广铁路西侧北上，可基本自流到终点北京。中线工程主要向河南、河北、天津、北京4省市沿线的20余座城市供水。

南水北调工程创造了多项世界第一，无论是调水规模、距离，还是移民搬迁数量等都刷新了水利史的纪录，从工程的技术难度上拥有世界上最深竖井，过江过河最大直径的中线穿黄隧洞等。

中线工程从南到北共66个工程项目，这些项目建成后其发挥的作用和其意义已举世瞩目。这些工程项目的共性特点是：具有地位重要、任务明确、工期紧张、管理任务繁重、地质条件复杂、技术要求严格等诸多特点。同时，每个项目又有其自身特点和重要意义，尤其是每个项目在筹建、施工、后期管理过程中的各种原创性技术手段和方法理念均是一个个工程亮点和创新点，也成为一个个新的文化旅游景点，连接成一个亮丽的生态文化长廊。

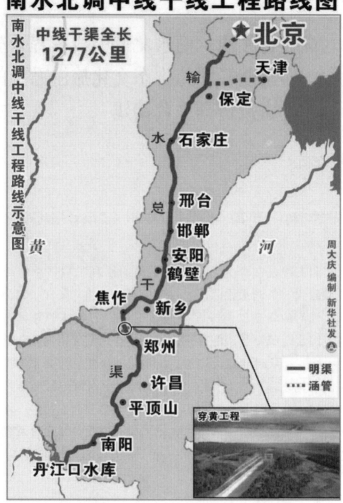

图16-1　南水北调中线一期工程总干渠平面图

资料来源：国务院南水北调工程建设委员会办公室。

一　数字系统的集成建设是中线工程管理的重大需求

"南水北调中线工程自动化调动与运行管理决策支持系统三维仿真系统集成构建"简称"数字中线系统"，是南水北调中线局立项的一个集成建设项目，其中涉及了以下四项内容：

（1）利用甲方提供的中线干线工程全线数字航空摄影成果，完成外业像控测量，进行必要的数字化处理、校正、融合和镶嵌，包括长度约 1285 公里渠河段 1∶5000 基础地理数据（DEM、DOM），形成中线干线工程基础信息资源数据。

（2）收集整理中线干线输水工程与建筑物资料，按信息资源内容进行分类和数字化整编，包括空间数据和属性数据，完成工程全线渠段、现地站内控制闸站及选取输水建筑物三维模型制作，形成中线干线工程基础信息资源数据。

（3）建设工程全线信息资源数据库及管理系统，在应用支持平台基础上，建设基础地理、影像、三维模型、工程地理、工程专题等数据库，建设资源管理系统和地理数据服务系统。

（4）建设工程全线三维仿真系统，建立以全部渠（河）段和控制闸站、输水建筑物为主体的工程全线网络三维空间信息平台，形成覆盖工程全线的三维工程环境仿真系统。

二　"南水北调中线生态文化旅游带"是南水北调工程文化开发的重大任务

南水北调办公室会同文化部、国家旅游局组织编制并印发了《南水北调中线生态文化旅游产业带规划纲要》（以下简称《规划纲要》）。根据《规划纲要》，有关方面将依托南水北调中线工程，在中华大地上建设一条人水和谐、惠泽民生的生态文化旅游产业带，为贯彻党的十八大提出的建设生态文明和"美丽中国"增添浓墨重彩的一笔。中线旅游带的构想，即以南水北调中线大型工程景观为依托，融合沿线周边地区丰富的生态文化旅游资源，使二者交相辉映，相得益彰，把中线一千多公里的山水、古迹、工程景观串成一条蔚为壮观、内涵丰富的风景长廊，建设集景观游览、文化娱乐、城市游憩、生态休闲、科普教育等功能于一体的生态文化旅游带。这一构想得到了国务院主管领导的高度重视和国家有关部门的大力支持。

《规划纲要》是对建设中线旅游带的纲领性规划，提出了指导思想、规划目标和基本原则。《规划纲要》将中线旅游带定位于世界最大调水工程、国家生态战略屏障，历史文化富集地和国家级一流旅游目的地；选择确定了丹江口大坝、陶岔渠首、穿黄工程、漕河渡槽、团城湖等 12 处工程景观节点，提出了各景观节点的规划要点；规划了以工程景观为节点，融合周边（半小时左右车程）生态旅游文化资源形成的 12 个别具特色的旅游圈；依托生态带建设和现有的交通网络，通过

"点—圈—带"融合串联，形成以南水北调为品牌的中线旅游带。

上述两个战略目标都涉及了建设工程的三维建模数字图形信息体系的建立，华北水利水电大学在近年的科研生产和实践中，一直关注着南水北调中线工程的建设进展，并积极参与了设计、施工工程机械配套，数值仿真分析、监理，三维数字建模多方面的工作，尤其在三维可视化仿真和数字图形信息系统的研究中有着明显的优势。

第二节　基本理论与概念

基于上述两个战略任务我们提出了本专项课题，以期用我们的优势与特长参与其中的工作。本团队总的优势在于：①熟悉水利工程的规划、设计、施工和管理各个专业、工种、工序的内容和细节，可以将水工程和水文化的精华描述特征融于图形数据之中；②根据施工组织方案和多维多源数据创建结构的三维精细模型，并可形成全信息数字图形图像，在虚拟仿真领域创造了多个世界领先水平的成果；③率先在国内多个大型工程中加以实践和推广，形成了数字图形的数据信息集成和处理成套理论和技术，具体内容分述如下。

一　BIM 简介

BIM（Building Information Modeling）的概念最早由 Autodesk 在 2002年提出，后来被广泛接受。各研究机构以及各大型建筑工程设计软件供应商提出了对 BIM 的定义。BIM 是在开放的工业标准下对设施的物理和功能特性及其相关的项目全寿命周期信息的可计算可运算的形式表现，从而为决策提供支持，以更好地实现项目的价值。在其补充说明中强调，建筑工程信息模型将所有的相关方面集成在一个连贯有序的数据组织中，相关的电脑应用软件在被许可的情况下可以获取、修改或增加数据。图 16 - 2 为 NIBS 关于 BIM 概念的螺旋示意图。

在设施信息委员会给出的这个 BIM 定义中，首先，界定了建设工程信息，它包含了设施的物理和功能特性及其相关的项目生命周期信息，涉及了建设工程全过程各个方面的项目信息，不仅仅局限于狭义上的建筑物三维模型几何信息。其次，BIM 是对建筑工程的一种数字化形

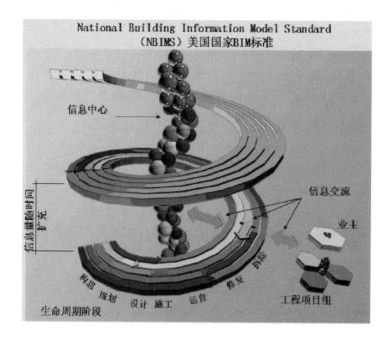

图 16－2　BIM 概念的螺旋示意图

式的表现，强调了对信息的完全数字化的要求，这也是它从根本上不同于以往的信息技术应用，可以使信息化在建筑行业得以深入发展的一个关键。同时，信息的数字化表现是在开放的行业标准下，以便为各种软件产品提供标准的信息资源并规范各种软件产品之间的兼容性，从而促进整个行业的标准化发展。

这个定义准确地界定了这种信息技术在当前建设工程领域的角色和地位，尤其是明确提出了标准化的要求。这也是一项技术在一个行业中得到广泛应用，并推动行业向前发展的一个基本前提条件。

根据 IFC 给出的定义，总结 BIM 技术的特点，主要表现为：

（1）信息多元化，包括物理信息、功能信息甚至全生命周期信息。

（2）参数化驱动，各种数据实时关联一致。

（3）遵照开放统一的工业标准，保证信息集成。

（4）参与各方协同合作。为传统建筑各专业提供了一个良好的技术协作平台。如图 16－3 所示。

BIM 的标准化主要有两个方面的内容：一方面是信息模型数据的标

准化，涉及数据结构及数据的管理、输入、输出等技术问题；另一方面是建筑模型的标准化，涉及建筑构件、材料配件、设计标准等方面的问题。GML 标准、IFC 标准和 CIS/2 钢结构标准是开放性的数据交换格式，可以被应用到基于 BIM 的商业软件之间的数据交换。为工程的地下、地表、地上结构提供了标准的叙述方式。

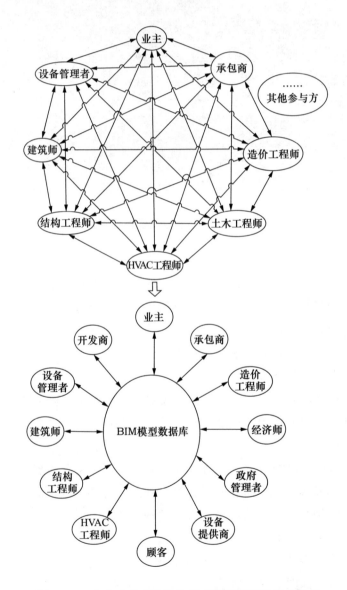

图 16 - 3　各专业从杂乱协作模式转变到有序协作模式

二　BLM 简介

BLM 理念的形成与 BIM 技术的出现和应用息息相关。BLM 即建筑工程周期管理（Building Lifecycle Management），指贯穿于建筑全过程从概念设计到拆除至再利用全过程，用数字化的方法创建、管理、共享所建造的资本资产信息。

BLM 是一种理念，目的是为了使建设工程项目增值，覆盖建设工程项目的全生命周期，即从建设意图的产生到项目废除的全过程，它包括项目的决策阶段、实施阶段和使用阶段（运行阶段或运营阶段）。BLM 的核心是信息管理，包括信息的创建、管理、共享和使用等。

建筑信息管理包括两个方面，其一是项目创建过程中建立建筑工程信息，其二是在整个项目生命周期中管理和共享这些信息，从而达到提高决策准确度，提高运行效率，提高项目质量和提高用户获利能力的目标（见图 16 - 4）。

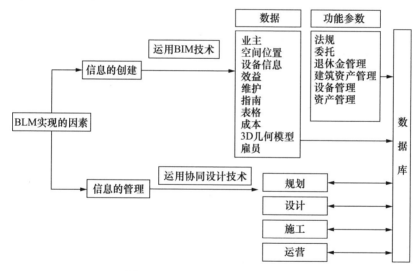

图 16 - 4　BLM 实现过程示意图

三　数字图形介质理论

数字图形介质理论方法指的是一种三维空间结构的数字图形介质模拟方法，其特征是：在计算机虚拟空间里，用图形这一载体介质模拟自然界的物理实体的真实自然状态，根据计算机图形学方法，用图形表达自然界的物理实体的外观，该图形具有可视的外形，相应的角点、边、面和体的构造及拓扑关系，用数字化、参数化方式对图形进行语言描述，形成数字化图形，自然界的物理实体的几何属性和物理属性也一并存入数字化图形的图形元素之间，将数字化图形作为一种具有几何属性和物理属性的载体，数据附着于数字化图形，而数字化图形中又隐含有数据，同时以自然界的物理方程来控制数字化图形的动作和相应的变化，各数字化图形之间的相互作用基于物理定律，反映真实自然界的运动规律和结果，数字化图形具备完善的定义、构造和表达方式、数据存储方法。数字图形介质方法构造了自然界与虚拟世界的转换桥梁。

利用图形介质方法提出的几何与非几何属性的定义和数据格式、构造方法、描述标准等，使得图形载体成为融几何特征与非图形属性随时间而动态变化的五维信息载体，并将时变几何信息和材料属性、温度、受力、变形、渗流、安全因素等非几何属性也一并存储于图形元素之中，为 BIM 技术推广提供了有价值的图形方法。

数字图形介质理论是将图形以数字化的形式表现，把相关属性赋予图形之中，置入关联信息作为随动约束，称为数字图形；并将数字图形作为具有几何属性和物理属性的载体和目标实体，在计算机空间将其视为自然界的真实物体和研究介质，遵从自然界的物理方程以控制图形体的动作和相应的变化，用计算机图形学的表现方法在虚拟的空间里用图形这一介质诠释了真实的自然状态，以数字图形介质的相互运动结果代替某些复杂的纯数值计算，得到直观和简洁的结果。

基于图形介质的 BIM 技术和数字图形介质理论创新开发了适于数字图形建模的系列参数化族库，族是包含通用参数集和相关图形表示的图元组，族中的变体称为族类型。族是 BIM 技术中使用最多、功能强大、内容丰富的图形信息工具，可轻松管理数据和修改每个族的图元所包含的尺寸、形状、材质以及相应的旅游、文化信息等参数变量。

四 虚拟现实仿真技术与引擎

VRML（Virtual Reality Modeling Language）即虚拟现实建模语言，是一种用于建立真实世界的场景模型或人们虚构的三维世界的场景建模语言，也具有平台无关性，是目前 Internet 上基于 WWW 的三维互动网站制作的主流语言。VRML 本质上是一种面向 Web，面向对象的三维造型语言，而且它是一种解释性语言。VRML 的对象称为节点，子节点的集合可以构成复杂的景物。节点可以通过实例得到复用，对它们赋以名字，进行定义后，即可建立动态的 VR（虚拟世界）。如今，在国外 VRML

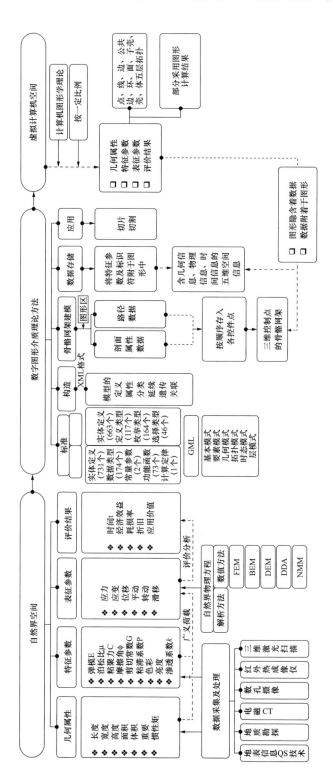

图 16－5　数字图形信息体系

已经广泛应用于生活、生产、科研教学、商务甚至军事等各领域，并取得了巨大的经济效益。

VRML 不仅支持数据和过程的三维表示，而且能提供带有音响效果的节点，用户能走进视听效果十分逼真的虚拟世界。用户使用虚拟对象表达自己的观点，能与虚拟对象交互，为用户对具体对象的细节、整体结构和相互关系的描述带来新的感受。

本团队目前已开发了基于 OGRE 数字驱动图形图像的三维引擎，并对常用的 Quest3D 进行了二次开发，使虚拟仿真的制作效果提升到一个新的水平。

五 中线典型工程框架

中线工程中，各个关键工程视为一个工程节点，构成各节点的数字图形信息子模型（见图 16 - 6）。

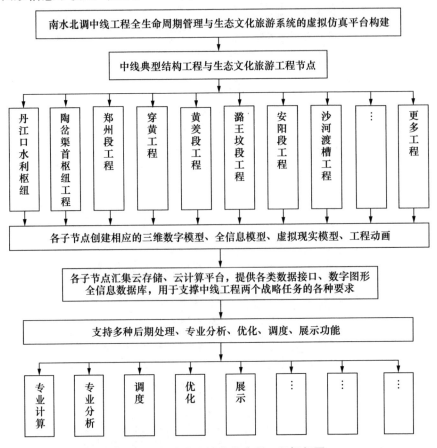

图 16 - 6 南水北调中线典型工程框架图

六　典型工程的数字图形信息模型构建

中线工程中各工程节点的内容依据具体工程特点进行定制，列出典型工程的数据图形模型，具体内容如下：本典型工程以工程科学为基础、以信息技术为手段、以交叉学科的发展为平台，将先进的 BIM 技术和 BLM 理念应用到南水北调各节点工程的施工以及后期维护之中，将南水北调各节点工程的设计阶段、分析阶段的前期资料引入其中，建立该节点工程的信息模型、数字模型以及将二者进行联系、耦合、关联的数据库。根据总体施工进度安排和规划，建立一套工程动画系统。利用虚拟仿真技术建立共享的数据平台，实时再现各节点工程的整个项目全过程，并实现场景的互动。分以下几个方面：三维实体模型、虚拟现实平台、工程动画、BIM 信息平台以及分级权限管理。

第三节　南水北调中线典型工程的数字图形信息模型构建

一　三维实体数字模型——以沙河渡槽为例

三维实体模型模块包括：三维信息模型、三维数字模型、连接二者的数据库和第三方应用的底层数据存储、数据的安全性处理。

依据 IFC、CIS/2 国际标准和 GML 标准以及 BIM 技术，将南水北调沙河渡槽工程分为以下三个主要阶段：分析阶段（Analysis）、设计阶段（Design）、制作阶段（Fabricate）。采用虚拟现实技术、可视化仿真技术、三维建模技术建立南水北调中线沙河渡槽工程中的渠道总干渠、沙河地形地貌、河渠交叉建筑物、左岸排水建筑物、公路桥、渠道控制建筑物的三维数字模型和三维信息模型。并且在该数字信息模型中实现图形与数据的统一，即图形数据关系、图形数据存储、图形数据链接，并最终实现"模型均由参数驱动、各种数据实时关联并遵照开放统一的标准、参与各方可协同合作"的特点。三种模型间的数据可以通过数据交换的格式相互转换和产生，不同的模型中的数据结构有着很大的不同，各模型之间的众多的数据要链接混合在一起。

二 虚拟现实平台

根据建立的三维数字信息模型和数据库以及工程动画建立虚拟现实平台，该平台可互动、实时、动态地展现建设过程，实现工程景观及周围环境的可视化、智能化管理可在虚拟的沙河渡槽中漫游，对工程中重大事件、特殊事件、工艺、工法、创新进行描述、记录与再现，将南水北调中线这一生态旅游带的知识性、趣味性和互动性进行全方位立体展示，对工程关键技术与问题解决方法加以介绍。

（一）三维数字模型

（1）南水北调中线沙河渡槽工程渡槽规模大，综合流量、跨度、重量、总长度等指标，沙河渡槽排名世界第一。

（2）架设重量大，单槽重达 1200 吨，为国内最重的架设预制渡槽。

（3）架设难度大，槽身为大断面 U 形预制薄结构，最高高度达 9.6 米，远高于一般桥梁的箱梁高度，且因槽身为薄壁结构，架设时采用"槽上运槽"方法，架设难度极大。

（4）结构复杂，槽身为大跨度薄壁双向预应力结构，空间结构受力复杂。

（5）大吨位预制渡槽施工吊装架设研究，解决预制架设施工中关键技术难题，填补了国内大型预制渡槽施工装备的空白，开创了大型渡槽预制吊装架设的先例。

（二）工程动画

沙河渡槽工程规模大，结构复杂。通过建立工程动画系统，可动态地追踪沙河渡槽工程各个不同阶段的工程情况，包括工程筹建期、工程准备期、主体工程施工期、工程完建期以及工程运营管理阶段的安全监测等，并按照如下顺序动态、实时、关联地展现沙河渡槽工程中各工程段施工的主要技术步骤（见图 16 - 7）。

（三）信息平台分级权限管理

主要指软件系统的应用数据基础，包括网络的出口和入口、工作流程与业务流程、沟通机制、数据交互机制、智能预警、报表展现、综合信息等。通过自动化的表格和图表，满足各业务部门的应用需要，能够及时查询工程的各项进展情况。实现沙河渡槽工程项目建设全过程的可视化、智能化和自动化，同时也为项目全过程管理提供全面的解决

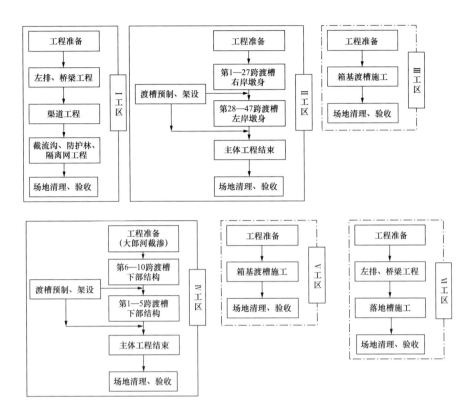

图 16 - 7　沙河渡槽施工动画的主要流程

方案。

管理平台应用的核心是业务处理的集中层。系统将业务管理从业务逻辑层面贯穿起来，按照用户的权限展现给不同的用户业务处理的结果，使得中线局、项目管理、设计单位、施工单位、监理单位等用户在最短的时间内查看到任务并处理。具体涉及设计管理、投资管理、概预算管理、招标采购管理、合同与结算管理、费控管理、仓储管理、质量管理、HSE 管理、风险管理、施工管理等。实现系统的管理性、安全性、沟通性。

三　具体操作及阶段性成果

根据上述研究内容，为南水北调中线的两个战略任务构建基础平台，并可根据不同需要，以专题科研报告的形式提供相应的数字图形、数据库和接口文件。

（1）建立南水北调中线沙河渡槽工程的三维数字模型，三维信息模型及将二者进行关联、耦合、共享的相应数据库。

（2）完善水利工程相应的图形数据库成为包容的族类库和模板。

（3）依据南水北调中线沙河渡槽工程数字模型，建立一套虚拟现实可视化仿真系统。实现真实的工程景观及周围环境的再现，场景的流畅交互，允许系统的操纵者可以在虚拟的穿黄工程中漫游。

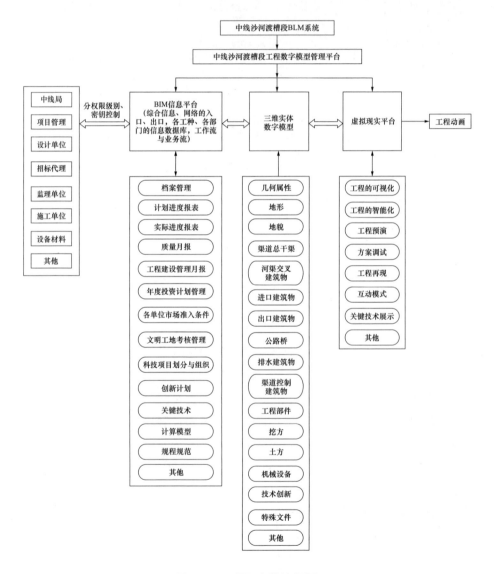

图 16 - 8　项目实施流程图

（4）依据南水北调中线沙河渡槽工程数字模型、网络信息技术、协同管理技术，建立"沙河渡槽BLM管理平台"，实现项目全过程信息的输入输出。给工程建设决策者或运行人员提供一个全面、快速、直观、形象的窗口。该平台系统具有如下功能：

——交互式数据上传与访问功能。根据访问权限，参建各方可以对数据库数据进行上传、更新、下载、阅览等，以便参建各方及时将工程最新数据上传数据库，使系统及时反映工程建设的最新面貌。

——基于网页浏览器的远程访问功能。开发基于网页浏览器的远程访问功能，以便管理人员能在不同地点方便地访问系统、及时掌握工程建设的状况，并根据需要作出批示等。

——基于三维可视化的远程展示功能。可以将工程形象、进度等信息采用三维虚拟现实模型、柱状图等形式展现在浏览网页上，访问者可以通过鼠标等人机交互工具进行操作，从不同的角度、不同的侧面全方位观察工程形象。

——远程信息发布功能。建立基于权限的信息发布平台，使用者可以根据权限将信息发布给相应的用户。

研究步骤如下：

（1）收集工作所需的各种资料，包括设计图纸、施工记录、工程图片等，所有资料尽量提供电子版本，完成虚拟现实模型及展示动画脚本。

（2）根据模型内涵及标准要求，通过数据信息模型技术对工程进行图像化、信息化研究，将沙河渡槽工程数字化；提供"沙河渡槽虚拟现实模型与工程动画演示系统"初步报告成果，三维数字模型、三维信息模型及相应数据库基本完成。

（3）采用可视化仿真技术，模拟施工全过程，全面展示沙河渡槽建设全过程，从不同路径录制工程动画。沙河渡槽工程项目全过程动画演示系统基本完成。

（4）完成并提交第一阶段最终成果，沙河渡槽HPIM模型及沙河渡槽项目的虚拟现实可视化仿真系统。

（5）完成并提交云控管理平台。

第四节 可能性与已有的工作基础

华北水利水电大学拥有一支水工程与水文化研发团队。该团队近年来已完成国家级、省部级重点项目 20 余项，各类大型水电工程、钢结构桥梁工程和软件开发等项目 30 余项，在重要核心期刊、EI 期刊发表论文 160 余篇，出版学术专著和教材 50 余部，以第一完成单位、第一完成人连续 8 年获省部级科技进步二等奖 10 项，申请国家专利 67 项，已授权 17 项，在国内外登记软件著作权 12 项。

一 水工程水文化研究已取得一系列成果

完成了包括中国及世界古代及近现代水利史、水系水环境水资源演变、古代水利工程保护与利用、治水与人类文明的关系、水利工程记忆等基础研究工作，主持承担着国家哲学社会科学基金重点项目《中国水文化发展前沿问题研究》、河南省高校"三重大"项目《中原水文化资源开发利用与数据库建设》等，出版了水文化研究丛书（一套 8 本）、中华水文化丛书系列（参与撰写 7 本）。

二 水利工程虚拟仿真项目已取得一系列成果

（一）丹江口水利枢纽项目

在本项目中开发了丹江口水利枢纽裂缝统计仿真系统，该系统主要包含大坝裂缝的统计和实时展示以及裂缝的位置坐标，缝长、宽、高的详细描述等功能，成功实现了丹江口大坝虚拟现实精细模型与数据库接口无缝对接，并使数据库分类数据与虚拟现实模型实现联动控制，由此将数据附着于虚拟现实模型而数据信息则通过虚拟现实模型反映，身临其境地表达出来，从根本上实现混凝土大坝裂缝分布状况、性能的实时掌握，可有效地应用到管理之中，为大坝安全鉴定提供了重要依据。

（二）坝陵河大桥项目

坝陵河钢桁梁架设过程可视化仿真研究是交通部中国西部重点课题，将虚拟仿真技术应用于大桥的施工过程中，对施工的全过程进行跟踪模拟，把整个工程作为一个大的系统，综合考虑系统工程中各个单项工程之间的相互影响、相互制约及对整体的施工进度、施工强度、流畅

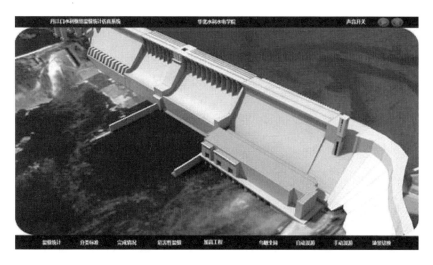

图 16 - 9 丹江口水利枢纽总体模型

程度等关键问题进行动画模拟及预演，获得更为真实的施工信息，从而为施工组织设计提供科学的依据和方案。

图 16 - 10 坝陵河工程总体模型

（三）落脚河水电站工程

通过建立落脚河水电站的仿真模型，对项目的整个施工过程进行模拟仿真，确定了合理的施工方案、优化选择施工机械及配套组合措施，

图 16 – 11　桥面板铺设

制定了切合工程施工实际的施工进度计划，直观形象地反映了项目的复杂施工工艺和过程，确保了工程建设的如期完成，降低了工程造价，为解决施工的关键技术开辟了新的途径。

图 16 – 12　落脚河水电站工程虚拟仿真模型

图16－13 落脚河水电站工程施工预演

（四）深水气田水下生产虚拟现实仿真系统

以荔湾3－1深水气田的建设流程为研究对象，开发了海洋石油虚拟现实系统，着重体现了深海油气田开发过程的运作原理，以及各设备模块之间的交互关系，并对各种典型设备如采油树、管汇、跨接管、PLET和陆上终端等设备的工作原理进行翔实的演示。本系统使客户可以足不出户对海洋石油开发有一个全方位的了解，并可进行水下生产平台的施工过程模拟，用来优化施工过程，提高施工质量，降低了施工风险和成本。

图16－14 荔湾3－1深水气田虚拟仿真模型

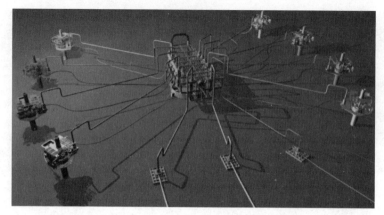

图 16 – 15 荔湾 3 – 1 深水气田采油树布置模型

（五）武都水库工程

武都水库工程是四川省在建的最大水利枢纽工程，是水利部、四川省重点水利工程。武都水库大坝基础地质条件复杂，通过数据信息模型技术对抽象地质数据进行图像化、信息化研究，将坝段所在的坝基岩层分布情况和各种不利地质构造情况以数字化的形式进行汇总、整理，建立地质数据图形库，将复杂基础处理、基础开挖、岩溶清理、溶洞回填与处理过程、大坝浇筑、施工质量控制和温度控制等技术通过图形图像手段进行数字建模，将武都工程数字化。利用"数字大坝"直接得出大坝的稳定性和安全性，形象地展示了该枢纽工程的组成和结构，真实地反映了工程的状况，为武都水库的运行管理和安全鉴定提供了充分的依据。

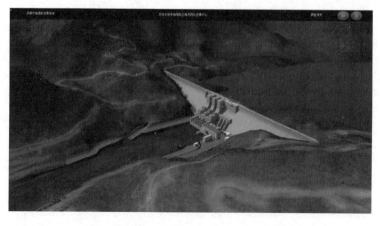

图 16 – 16 武都水库工程总体模型情况

（六）拱坝三维设计软件开发项目

以拉西瓦水电站工程为研究对象，综合了图形技术、计算机技术、网络技术、虚拟现实技术以及各专业标准规范研发的"拱坝三维可视化仿真设计系统"，实现了从二维设计到三维设计的转变，快速精确的拱坝三维实体模型使得设计和施工更加明朗直观。该软件可根据用户要求自动生成工程图纸并提供图纸管理系统，可在数据库和图形中直接对应和同步修改，相应的工程图也实现动态关联更新。这些功能大大减少了设计人员的设计工作量和劳动强度，降低了成本，提高了设计效率，具有巨大的经济效益和社会效益。

图16-17 武都水库工程复杂地质构造情况

（七）智能观测系统（948项目科研成果）

水利工程智能超站仪与3G网络数据处理系统推广与应用项目针对我国目前水利工程领域结构工程变形监测技术的不足，利用徕卡TPS1200+全站仪，研究了自动测量的基本原理、关键技术以及数据通信接口，开发了Auspic_ TPS1200自动变形监测系统，实现了工程测量自动化；开发了与TPS1200测量系统配套的功能模块，实现了建筑物变形观测数据的分析计算和综合评价；基于无线数据传输技术，实现了野外现场测量数据的3G网络数据。该成果已在河口村水利枢纽大坝施工过程变形监测、小浪底水利枢纽大坝运行过程变形监测的工作中

拱坝三维设计软件系统界面

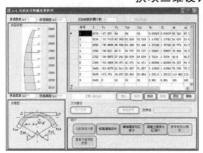

设计界面

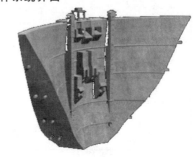

拱坝模型

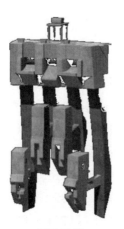

坝墩设计

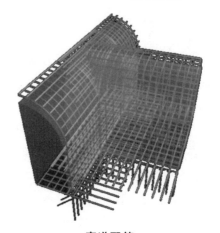

廊道配筋

图 16 - 18　设计软件系统

得到了应用，应用成果表明该系统使用方便、效果良好，推广应用前景广阔。

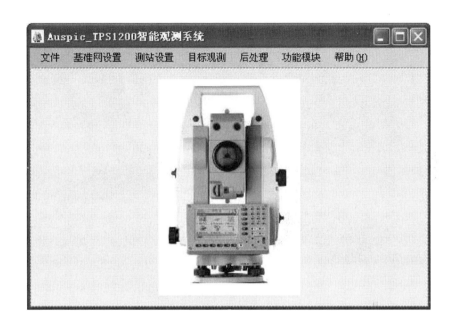

图 16 – 19 智能观测系统

（八）基于图形介质的数值模型网格的统一生成技术

提出的数字线框网格的生成方法，是基于实体图形的几何特征，只保留原图形单元的线框和拓扑关系，脱胎于实体而产生的纯点集线段围成的网络体系，每个线框体继承对应实体的几何形状和拓扑关系，对图形单元逐个排查，在给定冗余范围 R 内，发现奇异块体或尖点，并围绕该节点关联的线框端点产生归并，线框产生偏转，但不会产生缝隙和交叉，这种消除奇异点的方法为数值网格带来了极大的便利，并易于计算程序的自动处理。

代表性工程有功果桥水电站、鲁地拉水电站、溪洛渡、锦屏、小湾、萨扬舒申斯克项目。

三 结语

总之，本项目是中线工程两个战略任务中都不可缺少的基础研究工作，数字图形信息体系的建设，工程量大，内容复杂多样，做好最基础、最繁杂的精细模型建模任务，并在我们的先期工作基础和平台上进行更加精彩的后续工作，势在必行，应尽早付诸实施。

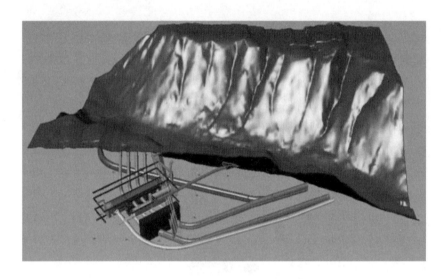

图 16 - 20　功果桥厂房结构模型

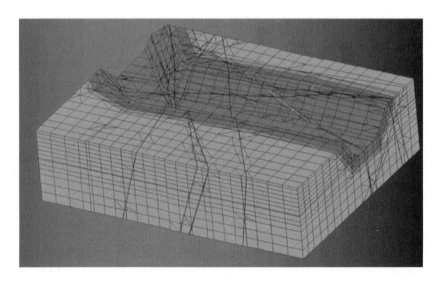

图 16 - 21　功果桥生成计算网格

参考文献

［1］（汉）司马迁：《史记》，中华书局 1959 年版。

［2］（汉）刘向：《战国策》，上海古籍出版社 2015 年版。

［3］（晋）陈寿：《三国志》，中华书局 1964 年版。

［4］（北魏）郦道元：《水经注校证》，中华书局 2007 年版。

［5］（唐）徐坚：《初学记》，中华书局 1962 年版。

［6］（宋）王溥：《五代会要》，上海古籍出版社 1978 年版。

［7］（宋）孟元老：《东京梦华录注》，中华书局 1982 年版。

［8］（元）脱脱等：《宋史》，中华书局 1977 年版。

［9］张双棣：《淮南子校释》，北京大学出版社 1997 年版。

［10］李梦生：《左传译注》，上海古籍出版社 1998 年版。

［11］杨天宇：《礼记译注》，上海古籍出版社 1997 年版。

［12］杨伯峻：《论语译注》，中华书局 1980 年版。

［13］杨伯峻：《春秋左传注》，中华书局 1981 年版。

［14］杨柳桥：《荀子诂译》，齐鲁书社 1985 年版。

［15］陈鼓应：《庄子今注今译》，中华书局 1983 年版。

［16］陈鼓应：《老子注译及评介》，中华书局 1984 年版。

［17］胡守敏：《高校图书馆特色数据库建设研究与实现》，华中师范大学，硕士学位论文，2012 年版。

［18］陈曼：《我国省级公共图书馆地方特色资源数据库建设及发展研究》，云南大学，硕士学位论文，2013 年版。

［19］杜亮：《航空航天专题数据库建设研究——以沈阳航空航天大学为例》，东北师范大学，硕士学位论文，2011 年版。

［20］《马克思恩格斯全集》（第 42 卷），人民出版社 1986 年版。

［21］中共中央文献研究室：《习近平总书记重要讲话文章选编》，中央文献出版社、党建读物出版社 2016 年版。

［22］《习近平谈治国理政》，外文出版社 2015 年版。

［23］中国水利文协：《中华水文化概论》，黄河水利出版社 2008 年版。

［24］王星光、贾兵强：《中原历史文化遗产可持续发展研究》，科学出版社 2009 年版。

［25］王瑞平等：《水与民风习俗》，中国水利水电出版社 2015 年版。

［26］冯友兰：《三松堂全集（第 12 卷）》，河南人民出版社 1970 年版。

［27］史鸿文、王燚：《文化黄河研究》，中国社会科学出版社 2014 年版。

［28］史鸿文等：《图说水与风俗礼仪》，中国水利水电出版社 2015 年版。

［29］左其亭等：《水文化职工培训读本》，中国水利水电出版社 2015 年版。

［30］向柏松：《中国水崇拜》，上海三联书店 1999 年版。

［31］何晓昕：《风水探源》，东南大学出版社 1990 年版。

［32］张盛文：《生态文明视野下的水文化研究》，厦门大学出版社 2012 年版。

［33］李民：《黄河文化百科全书》，四川辞书出版社 2000 年版。

［34］李宗新等：《中华水文化概论》，黄河水利出版社 2008 年版。

［35］李泽厚：《中国古代思想史论》，天津社会科学院出版社 2003 年版。

［36］李复兴：《水与文化》，中国市场出版社 2007 年版。

［37］陈超：《中原农业水文化研究》，中国水利水电出版社 2017 年版。

［38］周维权：《中国古典园林史》，清华大学出版社 2008 年版。

［39］尚达翔、张正武：《风水与民宅》，山西人民出版社 1992 年版。

［40］侯全亮：《生态文明与河流伦理》，黄河水利出版社 2009 年版。

［41］凌先友：《中华江河水文化》，长江出版社 2010 年版。

［42］徐光春：《中原文化与中原崛起》，河南人民出版社 2007 年版。

［43］贾文丰：《中原文化概论》，中州古籍出版社 2010 年版。

［44］贾兵强、朱晓鸿：《图说治水与中华文明》，中国水利水电出版社 2015 年版。

［45］贾兵强：《科技黄河》，中国社会科学出版社 2014 年版。

［46］程民生：《宋代地域文化》，河南大学出版社 1997 年版。

[47] 靳怀堾:《中华文化与水》(上下卷),长江出版社 2005 年版。

[48] 何晓昕:《风水探源》,东南大学出版社 1990 年版。

[49] 周维权:《中国古典园林史》,清华大学出版社 2008 年版。

[50] 吴庆洲:《中国古城防洪研究》,中国建筑工业出版社 2009 年版。

[51] 张松:《历史城市保护学导论:文化遗产和历史环境保护的一种整体性方法》,同济大学出版社 2008 年版。

[52] 李红光、马凯、程麟等:《图说水与衣食住行》,中国水利水电出版社 2015 年版。

[53] 刘永立:《河南民俗》,甘肃人民出版社 2004 年版。

[54] 尚达翔、张正武:《风水与民宅》,山西人民出版社 1992 年版。

[55] 高友谦:《中国风水文化》,团结出版社 2004 年版。

[56] 丁文安:《信阳地方特色文化资源数据库建设研究》,《情报探索》2014 年第 12 期。

[57] 毛春梅:《新时期水文化的内涵及其与水利文化的关系》,《水利经济》2011 年第 4 期。

[58] 邓俊等:《水文化研究与水文化建设发展综述》,《中国水利》2016 年第 21 期。

[59] 史鸿文、蒋帮友:《中原非物质文化遗产及其意义》,《华北水利水电学院学报》(社会科学版)2008 年第 3 期。

[60] 史鸿文等:《从中原文化看红旗渠精神的实质》,《华北水利水电学院学报》(社会科学版)2007 年第 4 期。

[61] 史鸿文:《中原文化对中华民族文化认同和中华民族精神的影响》,《华北水利水电学院学报》(社会科学版)2008 年第 4 期。

[62] 史鸿文:《中原水文化资源数据库建设概述》,《华北水利水电大学学报》(社会科学版)2015 年第 6 期。

[63] 史鸿文:《从中原文化看红旗渠精神的历史动因》,《郑州大学学报》(哲学社会科学版)2007 年第 4 期。

[64] 史鸿文:《论中华水文化精髓的生成逻辑及其发展》,《中州学刊》2017 年第 5 期。

[65] 白广思:《中原特色传统文化数据库建设研究》,《河南图书馆学刊》2010 年第 2 期。

[66] 艾小马:《论永州地方特色数据库建设——潇湘文化数据库建

设》,《湖南科技学院学报》2014 年第 3 期。

[67] 刘士林:《自建数据库建设问题研究——以三江流域历史文化资源特色数据库为例》,《农业图书情报学刊》2013 年第 6 期。

[68] 朱光耀等:《建设淮河文化资源数据库的设想》,《赤峰学院学报》(自然科学版)2011 年第 6 期。

[69] 米淑琴、赵勇:《河东文化资源专题数据库的建设实践与思考》,《大学图书情报学刊》2012 年第 3 期。

[70] 严文明:《黄河流域文明的发祥与发展》,《华夏考古》1997 年第 1 期。

[71] 严浪:《高校图书馆地方文化特色数据库建设的实践——以肇庆学院端砚资源数据库为例》,《江西图书馆学刊》2007 年第 3 期。

[72] 张凤琦:《"地域文化"概念及其研究路径探析》,《浙江社会科学》2008 年第 4 期。

[73] 张应桥:《我国史前人类治水的考古学证明》,《中原文物》2005 年第 3 期。

[74] 张婕:《地域文化特色数据库建设研究——以天津特色体育文化信息资源平台为例》,《河南图书馆学刊》2015 年第 8 期。

[75] 李宗新:《当前水文化建设的主要任务》,《河南水利与南水北调》2012 年第 9 期。

[76] 李琳:《基于地方文化资源的高校特色专题数据库的建设——以内江为例》,《黑龙江高教研究》2011 年第 8 期。

[77] 陈恒玉:《地方专题数据库建设探究——以五台山文化科技文献资源特色数据库为例》,《晋图学刊》2011 年第 3 期。

[78] 俞长保:《高校地域文化资源专题特色数据库建设探讨——以"中国汉代画像石、砖特色数据库"为例》,《图书馆学研究》2006 年第 12 期。

[79] 柳霞:《非物质文化遗产资源数据库的建设》,《东岳论丛》2008 年第 6 期。

[80] 赵艳:《广东省舞蹈非物质文化遗产资源数据库建设的设计与构想》,《北京舞蹈学院学报》2016 年第 6 期。

[81] 徐拥军、王薇:《美国、日本和台湾地区文化遗产档案数据库资源建设的经验借鉴》,《档案学通讯》2013 年第 5 期。

［82］ 贾兵强：《新常态下我国水文化研究综述》，《南水北调与水利科技》2016 年第 6 期。

［83］ 曹铁娃、刘家新：《高校地域文化资源专题特色数据库建设探讨——以天津大学图书馆"中国建筑特色数据库"建设实践为例》，《图书馆工作与研究》2009 年第 5 期。

［84］ 毛春梅：《新时期水文化的内涵及其与水利文化的关系》，《水利经济》2011 年第 4 期。

［85］ 张凤琦：《"地域文化"概念及其研究路径探析》，《浙江社会科学》2008 年第 4 期。

［86］ 李国英：《大力传承发展和弘扬黄河水文化，为推动黄河治理开发与管理事业提供先进文化支撑——在首届黄河水文化论坛上的讲话》，《治黄科技信息》2010 年第 6 期。

［87］ 王英：《浅析南水北调对中国水文化的创新与发展》，《科技视界》2014 年第 31 期。

后 记

本书是河南省高等学校哲学社会科学"三重"（省委省政府重大决策部署、经济社会发展重大需求、人民群众重大关切）2014 年重大项目"中原水文化资源开发利用与数据库建设"的阶段性成果。它凝结着河南省高等学校哲学社会科学研究培育基地、华北水利水电大学水文化研究中心创新团队的辛勤劳动，融贯着我们这个能够密切合作、协同攻关的团队的集体智慧。

本书的写作分工是：绪论、第一章，朱海风；第四章、第八章、第十二章，史鸿文；第二章、第五章，贾兵强；第三章，祁萌；第六章，王瑞平；第七章，刘明；第九章，史月梅；第十章，韩玉洁；第十一章，陈超；第十三章、第十六章，魏群；第十四章，王岚；第十五章，郭垚；书稿初成后，由史鸿文、朱海风先后进行了统稿，做了一些修订完善工作。

十分感谢河南省教育厅和华北水利水电大学的指导与资助，感谢中国社会科学出版社的关心与支持，感谢黄委会黄河博物馆和黄河文化研究与交流中心、河南省水利厅有关部门为我们研究工作提供的方便与协助，感谢所有给予我们团队诸位同仁以鼓励帮助的人！

在课题研究中，基于本书的特点和研究需要，我们参阅了大量的文献资料，在书中都尽量做了标明。但是，仍可能会有些不足，敬请原著作者和同仁们见谅。限于自身水平有限，本书难免有不足之处，诚恳欢迎各位读者方家给予批评指正。

朱海风　史鸿文
2016 年 8 月